拉姆·查兰
管理经典

珍藏版

拉姆·查兰
（Ram Charan）
[美] 斯蒂芬·德罗特　著
（Stephen Drotter）
詹姆斯·诺埃尔
（James Noel）

徐中　林嵩　雷静◎译

领导梯队

全面打造领导力驱动型公司

（原书第2版）

The Leadership Pipeline

How to Build the Leadership Powered Company
(2nd Edition)

图书在版编目（CIP）数据

领导梯队：全面打造领导力驱动型公司（原书第2版）（珍藏版）/（美）拉姆·查兰（Ram Charan），（美）斯蒂芬·德罗特（Stephen Drotter），（美）詹姆斯·诺埃尔（James Noel）著；徐中，林嵩，雷静译．—北京：机械工业出版社，2016.8（2025.11重印）
（拉姆·查兰管理经典）

书名原文：The Leadership Pipeline: How to Build the Leadership Powered Company

ISBN 978-7-111-54433-3

I. 领… II. ①拉… ②斯… ③詹… ④徐… ⑤林… ⑥雷… III. 企业领导学 IV. F272.91

中国版本图书馆CIP数据核字（2016）第169014号

北京市版权局著作权合同登记　图字：01-2011-1127号。

Ram Charan, Stephen Drotter, James Noel. The Leadership Pipeline: How to Build the Leadership Powered Company, 2nd Edition.

Copyright © 2011 by John Wiley & Sons, Inc.

This translation published under license. Simplified Chinese translation copyright © 2016 by China Machine Press.

No part of this book may be reproduced or transmitted in any form or by any means, electronic or mechanical, including photocopying, recording or any information storage and retrieval system,without permission, in writing, from the publisher. This edition is authorized for sale in the Chinese mainland (excluding Hong Kong SAR, Macao SAR and Taiwan).

All rights reserved.

本书中文简体字版由John Wiley & Sons公司授权机械工业出版社在中国大陆地区（不包括香港、澳门特别行政区及台湾地区）出版发行。未经出版者书面许可，不得以任何方式抄袭、复制或节录本书中的任何部分。

本书封底贴有John Wiley & Sons公司防伪标签，无标签者不得销售。

领导梯队：全面打造领导力驱动型公司（原书第2版）（珍藏版）

出版发行：机械工业出版社（北京市西城区百万庄大街22号　邮政编码：100037）
责任编辑：程　琨　　　白春玲
责任校对：殷　虹
印　　刷：保定市中画美凯印刷有限公司
版　　次：2025年11月第1版第35次印刷
开　　本：147mm×210mm　1/32
印　　张：10.25
书　　号：ISBN 978-7-111-54433-3
定　　价：59.00元

客服电话：(010) 88361066　68326294

版权所有·侵权必究
封底无防伪标均为盗版

CONTENTS
目 录

推荐序

译者序

作者简介

序言

再版序

导论 // 001

第1章　概述：领导力发展的六个阶段 // 016

第一阶段：从管理自我到管理他人 // 017

第二阶段：从管理他人到管理经理人员 // 019

第三阶段：从管理经理人员到管理职能部门 // 021

第四阶段：从管理职能部门到事业部总经理 // 023

第五阶段：从事业部总经理到集团高管 // 025

第六阶段：从集团高管到首席执行官 // 026

领导梯队模型在小公司的应用 // 028

领导梯队的各个阶段 // 030

第2章　从管理自我到管理他人 // 037

个人贡献者的能力越来越强，期望越来越高 // 038
初任经理的三项重要工作 // 039
疏通梯队战术 // 048
谁来负责：初任经理的转型 // 053

第3章　从管理他人到管理经理人员 // 057

部门总监错位的五种现象 // 060
部门总监该做什么 // 061
如何帮助部门总监实现领导力转型 // 065

第4章　从管理经理人员到管理职能部门 // 073

成为一名成熟的事业部副总经理 // 074
战略思维：胸怀全局 // 078
重视你所不知道的 // 083
识别职能紊乱的信号 // 085
培养成熟的、有战略思维的、全面的职能部门主管 // 086

第5章　从管理职能部门到事业部总经理 // 093

转变思维方式 // 096
管理好错综复杂的问题 // 097
学会重视所有部门 // 098
高度透明 // 100
迎接电子商务的挑战 // 101
领导力转型困难的信号 // 102
自我提升的方法：自学、历练、反省 // 105

第6章　从事业部总经理到集团高管 // 114

间接成功 // 116

管理和培养事业部总经理　// 118

把业务部门与整个公司联系起来　// 120

管理新发现的领域　// 121

警示信号　// 124

培养集团高管：培训、评价和体验　// 125

第 7 章　从集团高管到首席执行官　// 134

挑战一：善于平衡短期和长期利益，实现可持续发展　// 136

挑战二：设定公司发展的方向　// 137

挑战三：培育公司的软实力　// 138

挑战四：执行到位　// 139

挑战五：管理全球化背景下的公司　// 141

工作理念的重大转变　// 142

首席执行官遭遇困境的信号　// 145

培养首席执行官不可越级　// 147

确保首席执行官获得成功　// 149

第 8 章　问题诊断：识别领导梯队模型中的问题和潜力　// 154

尽早且时常进行领导梯队诊断的三个理由　// 155

帮助我们超越现有工作业绩的工具　// 157

诊断步骤　// 161

层级跃迁：最聪明的不一定总是最好的　// 164

第 9 章　业绩改善：明确岗位职责，设立绩效标准　// 170

明确职责的相关讨论　// 171

界定绩效标准　// 174

通过绩效标准培养领导者　// 178

实现全面绩效的策略　// 182

留住人才和培养人才之间的关系 // 189

第 10 章　继任计划 // 195

领导梯队模型视角的继任计划 // 196
将负向潜能转为正向潜能 // 199
设置清晰的潜能评价标准 // 201
如何执行继任计划以充实领导梯队 // 203

第 11 章　识别领导梯队模型中的潜在缺陷 // 217

选错人才 // 218
让表现不佳者留在岗位上太久 // 221
不善于倾听反馈意见 // 224
不善于定义工作 // 226
组织缺陷 // 227

第 12 章　职能主管的职业发展路径 // 234

集团职能主管 // 235
广泛且复杂的要求 // 236
集团职能主管未尽职的标志 // 240
企业职能主管 // 244
独特的技能要求和工作理念 // 245
企业职能主管在错误领导层级工作的迹象 // 246
培养企业职能主管 // 248

第 13 章　教练辅导 // 254

教练辅导框架 // 255
清晰、完整和令人信服的反馈 // 258
适时放手 // 262

从领导力发展的角度重新定义教练式领导　// 264

第 14 章　领导梯队模型惠及全员　// 270

使得人才发展更加简单可行　// 277

向董事会提供见解和信息　// 279

首席执行官　// 281

集团高管　// 283

事业部总经理　// 284

事业部副总经理（职能主管）// 285

部门总监　// 285

一线经理　// 286

柔性领导梯队模型适应组织的变化　// 287

致谢　// 293

翻译说明　// 296

FOREWORD
推荐序

能力与岗位的匹配，特别是各层级管理者的能力与岗位的匹配，是一个从未解决的老问题。正如彼得原理所说：在一个等级制度中，每个员工趋向于上升到他所不能胜任的地位。这话其实不太准确，员工的不能胜任很大程度上是由于"被提升"，责任更多在于人力部门，虽然员工本人未能主动寻求改进也是原因之一。

对于这部分已意识到问题的企业，不论是其人力部门还是员工本人，我愿意推荐这本书。本书通过对六个典型的管理层级最经常出现的问题，从领导技能、时间管理能力、工作理念三个方面进行了分析，提出了改进建议。以我的经历来看，这些意见是有理并有效的，本书倡导的"领导梯队模型"在100多家海外企业的实践，也已经表明了这一点。

对于另一部分自我感觉良好、尚未意识到问题的企业或员工，我也推荐这本书。"领导梯队模型"为我们提供了一套特有的诊断方法，根据一些特定的现象或线索，揭示出问题发生的具体层级，以及这个层级的人所缺少的领导技能、时间管理能力和工作理念。

除了本书带给我们的这些工具性的帮助以外，我推荐本书最根本的原因，是希望我们的企业和员工，能够从当前浮躁的对新概念和新工具的追求中，返回到对基础性管理的重视和改善上来。而作为远比资本更为稀缺的管理人才的培养和发展，正是基础性管理的重中之重。对这方面一些基本观念的梳理和厘清，应先行一步。

以本书所揭示的现象来说，"事必躬亲"就是一个明显的例子，其基本含义就是管理者做了很多下属的工作，不可避免的后果就是忽视了很多自身层级更为重要的工作。但传统上人们倾向于认为，"事必躬亲"是管理者的美德。自从引进现代管理学以来，我们就认识到这个观念的问题。不论是在政府里还是在企业里，为什么"事必躬亲"是一种如此受欢迎的管理之道呢？

当然，背后的原因很复杂。可能是基于巩固权力基础的考量，可能是借此远离是非争端，可能是对下属的不信任，可能是因为对职位提升之前的工作更为熟悉，也可能是上级"事必躬亲"的风格导致整个管理层都只能做下一个层级的工作。总之，用本书的语言来说就是：领导者没有学会做最重要的事情。

正如本书所指出的，人们总是做出这样的推断：如果一个人能够出色地完成某个岗位的工作，那么他也可以同样出色地完成下一个岗位的工作。正因为如此，几乎所有的组织都存在把人员配置在错误层级的问题：一线经理大多数的时间都在做员工的工作，事业部总经理在做事业部副总经理应该做的职能型管理工作，集团高管专注于事业部总经理应该做的业务工作。这不仅导致身为管理者的他们绩效不高，同时他们所管理的员工也会受到负面影响。不幸的是，在很多企业里这种错位甚至已经成为一种沾沾自喜的文化。

确保管理者所在的管理层级与其领导技能、时间管理能力和工作理念相符，对于企业而言是一项挑战。在当今这个领导力的需求远远大于供给的时代，在当今这个职业经理人的能力与诚信尚未确立的时代，我们必须迎接这个挑战。

本书为我们提供了一套工具。"领导梯队模型"将从员工成长为首席执行官的管理历程划分为六个领导力发展阶段，每一阶段都要掌握特定的领导技能、时间管理能力和工作理念。第一阶段：从管理自我到管理他人，重点是从自己做事转变为带队伍做事这个工作理念的转变；第二阶段：从管理他人到管理经理人员，关键的领导技能是教练选拔人才担任一线经理；第三阶段：从管理经理人员到管理职能部门，需要学会新的沟通技巧以跨越两个层级与员工进行沟通；第四阶段：从管理职能部门到事业部总经理，重点是转变思考方式，从盈利和长远发展的角度评估计划和方案；第五阶段：从事业部总经理到集团高管，必须擅长评估资金调拨和人员配置的战略规划；第六阶段：从集团高管到首席执行官，必须具备重视外部关系的视角。在此基础上，作者提出了评估、诊断和改进的一整套工具，这里不再详述。

我欣赏本书的理念和实践工具，期望你和你的企业也能在本书的启发下提升自己和企业的表现。

陈春花

北京大学国家发展研究院教授

华南理工大学工商管理学院教授

THE TRANSLATOR'S WORDS
译者序

打造领导力驱动型公司实现从优秀到卓越

被誉为"领导力开发圣经"的《领导梯队》是基于GE公司20世纪70年代以来在领导人才培养方面的最佳实践,该书中文版自2011年上市以来,重印了10多次,一度成为亚马逊网上书店领导力书籍销量第一名,很多读者称赞书的内容、学习导图和翻译质量,一些企业甚至要求各层级领导者人手一本,对照拉姆·查兰的"六次领导力转型"模型实现自身的领导力提升与转型。

2014年,我邀请拉姆·查兰先生到中国授课三天,来自中国电信、百度、中兴通讯、美团、宜信等企业的100多位高管参加了"变革时代的转型之道"工作坊和"成功领导者的核心能力与领导梯队建设"论坛。我自己也应美团网创始人王兴等企业家的邀请,多次给企业讲授《领导梯队》一书的要点,帮助企业完善领导力发展体系、加速企业领导人才培育。

企业就好比一架飞机,由三个引擎驱动:市场驱动、创新驱动和领导力驱动。过去的30多年，中国大多数企业的发展主要依赖第一个引擎——市场需求驱动增长。但在低速增长的新常态和技术创新导向的新时代，那些只靠外部市场驱动的企业则失去了台风的助力，难以为继。只有华为、阿里巴巴等少数企业在借助市场驱动腾飞之后，在空中培育出了续航的创新能力和领导力，才能够持续创造新需求、实现新跨越。

今天的商业环境已经进入高品质、个性化和敏捷快速响应的指数级发展时代！企业需要的关键能力不再是简单地捕捉机会，而是创造机会。企业发展的驱动力正从外部的市场驱动转向内生的创新驱动和领导力驱动，而根本是领导力驱动，也就是企业的各层级领导者创造性的、高效的工作，最大限度地激发全体员工的奋斗精神和创造力。GE、苹果、微软、谷歌、华为、阿里巴巴都是创新驱动和领导力驱动的典范，也是领导人才培养的大师，代表了未来企业发展的方向。

创新驱动和领导力驱动是企业内生的高级驱动力，需要精准的认识和系统的培育。当前，中国企业在领导梯队建设方面存在四类问题：第一类是"临时抱佛脚"，平时不重视、不投入，一旦机会来临，各级领导人才无论是人数，还是能力都捉襟见肘，只好求助"猎头公司"，但"空降兵"毕竟有限，企业常常错失成长的良机；第二类是"无从下手"，领导虽然重视，但人才培养的观念落后、标准缺乏、方法欠佳、收效甚微，大多数企业没有建立起领导人才的"胜任能力模型"，甚至不清楚自己到底需要什么样的人才，更谈不上如何培养了；第三类是"拔苗助长"，这类现象在高成长企业中比比皆是，常常"士兵当作排长用，排长当作连长用，连长当作团长用"，导致人岗错配、管理低效、战略执行难以到位；第四类是"重事轻人"，企业过于重视领导人才的业务能力，忽略了带队伍能力，忘记了"领导力就是通过他人去完成任务的学问"，即使担任领导职务，仍然是"员工思维"，凡事亲力亲为，不善识人用人、授权赋能、激励人心、使众人行，不能培养出优秀的下属，只能贡献个人业绩，不能贡献人才和团队。

管理大师吉姆·柯林斯领导团队历时5年深入研究了《财富》500强30年间（1965～1995年）上榜的1435家企业，从中遴选出28家企业进行对比研究，其中11家企业跨越了从优秀到卓越的天堑，研究获得了两个非常重要的发现：这11家卓越公司中有10家的CEO是从内部提拔的，而比照公司却大多是从外部猎头来的；**培养第5级经理人是企业跨越从优秀到卓越最重要的一环。**

被誉为"世界头号经理人"的杰克·韦尔奇在其自传中以"人的企业""再造克罗顿维尔，再造GE"两个章节专门谈到人才对于GE基业长青的关键作用，可以毫不夸张地说，领导梯队建设是这家世界最受尊敬企业基业长青的全部秘密，在100多年的发展中，9位CEO都是自己内部培养出来的。

华为公司在1998年发布的《华为基本法》中就明确提出了"我们强调人力资本不断增值的目标优先于财务资本增值的目标"，坚持把各级干部队伍建设放在优先的战略地位。2015年，华为公司销售收入达到3950亿元，主营业务利润458亿元，研发投入596亿元，使得华为公司成为最受国际关注的中国卓越企业之一。

《领导梯队》之所以受到企业界的广泛推崇，源于以下几个显著特点：

第一，"领导梯队模型"基于GE的百年最佳实践，总结出了大企业"从员工到CEO"领导力发展六个阶段的核心要义，"领导梯队模型"

通过准确定义六个领导力层级所需的不同工作理念、领导技能和时间管理能力，以及每个层级不称职的领导行为，有效指导各级领导者全面提升自己的领导能力。领导力发展的六个阶段是从管理自我到管理他人，从管理他人到管理经理人员，从管理经理人员到管理职能部门，从管理职能部门到事业部总经理，从事业部总经理到集团高管，从集团高管到首席执行官，帮助我们深入理解领导者如何为每次晋升做好准备，实现领导力胜任的转型。

第二，领导者的每一次晋升都是一次领导力转型，需要从以下三方面展开：**工作理念**——更新工作理念和价值观，让工作聚焦重点；**领导技能**——培养胜任新职务所需要的新能力，提升领导力；**时间管理**——重新分配时间精力资源，决定如何高效工作。查兰把时间管理与工作理念和领导技能的重要性相提并论，这一点在我翻译的过程中尚不理解，我们通常认为时间管理是新任经理需要学习的，高层管理人员似乎不需要学习，殊不知，时间管理对于高层管理人员更加重要，时间分配是价值观的具体体现。例如，乔布斯几乎每个周一的上午都是和研发部门的人在一起开会。

第三，"领导梯队模型"也是一个领导力开发的系统模式、绩效提升的行动指南、继任计划的全新方法、教练辅导的强大支持、职业发展的权威宝典。对于员工、经理人员、高管人员以及企业，可以从不同角度运用本书提供的思考框架、操作方法，帮助各层级经理人员发展自己的领导力。

第四，为了帮助读者更好地理解和运营本书的思想，我们运用了思维导图的理念，把六次领导力转型的要点提炼出来，做成一个知识要点框架图。这个创意得到了很多读者的认可，也很好地促进了"领导梯队模型"的传播。

此外，查兰博士精心挑选的通用电气等世界级企业的真实案例，与每一章节内容高度契合、相得益彰，充分展现了"领导梯队模型"的独特价值，有助于读者认真细读、体会。

最后，感谢机工社编辑5年来的统筹规划和精心组织，使得本书成为领导力发展的精品，获得多个出版界奖项。感谢责任编辑精益求精，高水准的校对编排，提高了文字的准确和排版的美感，为读者创造了阅读的另一种价值。

感谢通用电气中国有限公司原副总裁许正先生、仲量联行中国原副总裁花沭成先生、Right Management 的刘抒珍女士等朋友对于本书中关键词翻译提出的宝贵意见。

林嵩、雷静两位老师翻译了序言、致谢、作者简介、第4章，以及第 8～14 章，本人翻译了再版序、第 1、2、3、5、6、7 章，并对全书进行了统一审校。周迎朝参与了部分章节的文字录入工作和部分关键词讨论，做出了积极贡献。在此一并表示感谢！

由于译者水平有限，错误在所难免，敬请读者批评指正。

徐中博士

领导力学者、高管教练

领越® 领导力高级认证导师

ABOUT THE AUTHORS
作者简介

拉姆·查兰

　　拉姆·查兰是在全球范围内享有盛誉的公司董事会和商业领导人的咨询顾问，同时也是畅销书作者和出色的教师。众所周知，他在商业问题上的洞察力以及在解决这些问题方面的实用措施已经为众人所熟知。

　　40多年来，查兰给许多世界上最成功的商业领导人做过顾问，涉及的内容包括公司治理，以及建立领导梯队模型以实现组织成长等方面，范围很广。最近，他专注于协助董事会和管理层应付金融危机和全球经济衰退。

　　查兰的专长是董事会事务，这也是他在哈佛商学院时的博士论文题目。他积累了很多公司治理方面的知识。过去15年中，查兰始终在帮助董事会和首席执行官们应对由社会期望的提升所带来的各种实践挑战。他与管理层和董事会共同努力改善董事会的职能，并提升董事会对公司的贡献。他协助董事会进行自我评估、同行评议和对首席执行官的评估。他帮助核心领导者提升高管会议的效果和产出。通过取消和简化程序，查兰帮助管理层和董事会在公司战略以及操作流程方面达成共识。他还协助董事会在董事继任和招募时保持其构成一致。查兰本人身兼三个董事会的董事职务，包括 Austin Industries、泰科电子和印度的 Emaar MGF。*Directorship* 杂志将他评为年度百强董事之一。

查兰是一位多产的作家，算上合著在内共撰写过 17 部著作，其中包括《高效的董事会》、*Owning Up*、《逆转力——经济不确定时代的新领导法则》《首席执行官想要你知道的事》。而《执行》㊀一书更是在长达近三年的时间里，一直位列《纽约时报》畅销书排行榜，销量多达 200 万册。此外，查兰还在《财富》杂志、《哈佛商业评论》以及其他出版物上发表过多篇文章。

查兰所使用的互动式教学法和解决实际问题的能力使其在众多的高管顾问中脱颖而出。他在通用电气位于纽约州克罗顿维尔的"杰克·韦尔奇领导力发展中心"和沃顿商学院的保险专业从事了 30 年的教学工作，此外，他还获得过克罗顿维尔和西北大学凯洛格管理学院最佳教师的荣誉称号。

查兰拥有哈佛商学院的 MBA 和 DBA 学位，他不仅以优异的成绩毕业，而且在校期间还曾获得贝克学者奖（Baker Scholar）。查兰还被选为美国国家人力资源研究院的杰出研究员，目前居住在得克萨斯州的达拉斯。

斯蒂芬·德罗特

斯蒂芬·德罗特是德罗特人力资源公司的首席执行官，该公司为全球范围内的众多客户提供高管继任计划、领导绩效和组织设计等服务。

㊀ 此书中文版已由机械工业出版社出版。

目前，他已经在 40 多个企业内部开发首席执行官继任计划，这些企业包括万豪国际、花旗集团、固特异、Ingersoll-Rand、Newmont 矿业、DeBeers 和美国癌症治疗中心。他对 1200 多名高管进行了深入评估，这为本书的编写提供了大量的宝贵信息。到现在，斯蒂芬在 100 多家著名企业平均每家企业工作至少长达一周的时间。

斯蒂芬在组织与管理方面拥有长达 45 年的经验。作为一名通用电气的组织与管理工作负责人，他是通用电气继任计划系统的早期设计者与实施者之一。他最初在 INA（现在叫 Cogna），而后在 Chase Manhattan 担任人力资源主管，其工作的重点是高管继任计划、领导绩效和发展以及组织设计。同时，斯蒂芬还是这两家公司的政策委员会成员。

斯蒂芬毕业于安默斯特学院经济学专业，并且是通用电气人力资源项目的毕业生之一。

詹姆斯·诺埃尔

詹姆斯·诺埃尔是一位已退休的独立顾问和领导培训师。他之前在通用电气位于纽约克罗顿维尔的领导力发展中心担任高管培训和领导绩效方面的经理，后来在花旗银行担任高管培训部门的副总裁。在詹姆斯的职业生涯早期，他曾是位于华盛顿特区的乔治·华盛顿大学通识教育学院的副院长。他的 Neol and Associates 咨询公司，为许多企业在重要领导团队的选举、评价和培训方面提供了很多帮助。同时，詹姆斯还是三本领导力书籍的合著者，其中包括《领导阶段》和《行动学习》，此外，他还是《Pfeiffer2008 年鉴：领导力开发》的合编者之一。

PREFACE
序言

"领导梯队模型改变了我与员工的对话内容,"一家快速消费品公司的首席执行官说,"现在,我们将更多的精力放在公司的战略和人才上,而不仅仅着眼于销量和收入。"

"领导梯队模式的理论和模型帮助我们以一种条理有序的方式推进组织中的职责配置,"一位大型采矿公司的首席执行官说,"这让我们在提高基层生产力和运营业绩的同时,腾出更多的精力关注企业的未来。"

"现在,我们将重点放在开展与各个领导层级相匹配的技能培训上。"

"我们的继任计划如今已重点关注领导潜质的内在含义以及工作表现。"

"有了对员工和自我更清晰的期望,我能够在员工培训上做得更出色。"

读者对《领导梯队》第 1 版的好评让我们非常高兴。我们和读者之间的讨论以及从顾问工作中获得的经验，为领导梯队模型的改进提供了异常宝贵的反馈信息——这些反馈使得这一模型在实践方面比第 1 版中描述的内容更为有效。我们希望将自己所学到的知识传授给更多的人，使更多的企业能够将自己的领导梯队价值最大化。

自本书第 1 版出版以来，在与 100 多家企业的合作中我们使用了领导梯队模型。许多世界上最优秀、最成功的企业都将领导梯队模型作为企业人力资源方面的核心管理框架。该模型通过建立领导者所共同经历的"领导力发展阶段"，并根据各个领导层的具体职责和工作理念，来协助企业完成领导者的选拔、培训和评价。

我们修订本书所采用的方式与传统方式略有不同，我们决定不更新每一章节的案例和发生背景。读者会注意到，书中所讨论的某些商业人物目前的状况已经和本书引用的例子有所不同，这主要是因为，虽然这些案例并不都是最新的，但是它们符合本书想要表达的观点，于是我们决定依旧保留这些内容，在每章最后增加两个重要的模块。一是"一线观察"，让我们能够对模型做出适当的修改，分享更多的案例，并以近十年来世界各地多家企业的工作经验为基础，为读者提供一些建议；二是"常见问题"，在此我们对读者提出的一些常见问题进行了回答。

希望我们的工作成果，这本新的"增强版"《领导梯队》，不仅运用效果能够立竿见影，而且能够非常方便读者使用。

PREFACE
再版序

当我们与一些公司合作把领导梯队模型应用于实践时,我们发现存在一些应用中的严重问题,要确保公司运营管理和财务业绩获得持续成功,就必须对其进行及时的纠正。公司投入大量的资源进行领导力开发,却未尝所愿,问题主要有以下几个方面。

深层次的问题

(1)**各级领导者对人力资源部门工作仍不满意**。一个重要的原因是缺乏合理的架构。试想一个公司虽然设置了首席财务官一职,却没有建立起有效的总分类账、预算流程、成本核算体系和资金调拨流程,首席财务官当然不可能取得成功。财务架构使公司所有人在处理财务问题时,都具有相同的思考和行动的准则。公司需要一个稳定的架构,使领导力开发的流程和领导力开发项目保持一致。这个架构不同于管理的层级,应该为绩效和潜力开发设定共同的标准。为了发现问题、解决问题和有效地开发机会,需要建立相应的沟通语言体系和工作流程,同时,为岗位调整和绩效改进决策提供数据支持。

我们发现，大多数公司的领导力开发缺乏合理的架构。当人力资源部门全力以赴推动领导力开发却没有达到预期效果时，它们便不再继续投入，或者以另一个项目取而代之，或者尝试一个又一个新项目。这种缺乏一致性的领导力开发项目使得各级领导缺乏统一的沟通语言，缺乏彼此之间的基本信任。由于这些项目过于凌乱，缺乏一致性，因此不能为领导力开发建立起坚实的基础。本书提出了一个适合各公司具体实际的领导力开发合理架构。

（2）**领导者没有学会做最重要的事情**。我们发现随着领导者角色和职责的变化，这个问题越来越突出。大多数新职务缺乏清晰的岗位职责，工作绩效难以评估，产生了大量不切实际的期望。胜任能力模型重视的是行动而不是结果，这导致了错误的评估。大多数现有的领导力模型促使领导者产生诸侯割据的想法，让他们各自为政，排斥异己，甚至部门内部也缺乏团队合作。各自为政的心态妨碍了团队合作，使领导者更关注细枝末节，疲于应对短期利害关系，忽视了长远目标。

岗位应该以结果来定义，这是领导梯队模型的一个基本原则。随着领导层级的提升，领导力要求的标准也在变化，当一项标准达成之后，新的标准随之产生，使公司能够更快地适应不断变化的业务需求和新的市场状况，而不需要进行组织变革。这个原则也有助于领导者专注最重要的事情，对下属是否胜任做出更好的判断，全力以赴致力于完成任务，同时最大限度地减少"诸侯割据"。

领导梯队模型必须能够不断地重新定义岗位角色，以应对外部环境的变化。比如，因为业务外包等因素，非本公司全职雇用人员正承担起公司越来越多的工作。领导者岗位角色定义必须促进合作和包容，尤其是当传统的管理方法不再可行的时候。

（3）**领导者缺乏选拔人才的技能**。我们发现公司对业绩的重视，远远超过对人才选拔的重视。不管是因为忙得没有时间选拔人才，还是选拔合适人才有困难，决策层都不能够做到知人善任。在评估访谈中，我们向大约1300名公司高管提出这样的问题："你如何进行人才选拔决策？"大多数受访者简单地回答：①明确想要的人员类型（"诚实""勤奋"）；②参考一些查询获得的选拔标准；③通过面试流程选拔。

领导梯队模型有助于领导者做出正确的人才选拔决策。比如，这个模型让他们把注意力集中于那些引起变化的触发事件。有些触发事件显而易见，比如，领导者离职、退休或者得到提升。有些触发事件则不太引起注意，比如，战略转型、错误的工作方式、恶劣的工作态度以及对领导要求明显的不满。领导梯队模型也有助于公司高层判断一位领导者是不是在他适合的层级工作，以及他们晋升到下一个领导层级的潜力。

人们通常认为，选错人才是选拔流程最差的结果，但其实那只是倒数第三差的结果。其他两个更严重的问题是：①未能识别和雇用真正合适的人，在选拔流程中对这个理想的候选人视而不见；②让不合适的人在领导岗位上工作得太久。

（4）**人力资源部门工作重点错位**。之前，人力资源部门主要致力于人员供给。近年来，为了赢得对外的人才争夺战，人力资源部门更加聚焦于优秀员工的发现与获得。对内来说，人力资源部门的重心在于识别拥有高潜质的"明日之星"，把他们安排到关键岗位。这种以"投入"为中心的思路，无法获得真正的成功。

反之，人力资源部门的工作重心应该放到"产出"上。领导者要重视做正确的事情，公司有一套合理的流程确保合适的人做合适的事，有一套方法确保正确的事能够圆满完成。错误的工作设计，领导者的理念、能力与工作层级不匹配，缺乏清晰的方向和错误的人才选拔决策，在当今的组织环境中普遍存在。如果人力资源部门真正理解组织和评价，并帮助所有的领导者在正确的层级中工作，该组织的生产力将会获得巨大的提升。

影响领导梯队建设的四个外部因素

领导梯队模型之所以对公司至关重要，并不仅仅是由于公司内部人才培养不足。我们观察到，近年来出现的四个外部因素，对各级领导工作的有效性产生了巨大的影响，这些因素进一步提升了领导梯队模型的重要性。

外部招聘人才与公司需求不匹配

从外部招聘人才填补关键职位空缺常常并不尽如人意，其中原因很多。如果我们将从外部招聘人才的成功，定义为他们加盟公司三年后的完全胜任和完全认可，那么成功的比例就很低，而且职位越高，成功率越低。组织文化的不适应、人际网络的缺乏、觊觎该职位的老员工的嫉妒，以及新加盟人员把该职位看作是下一次晋升的机会……问题不一而足。风险最大的外部招聘，发生在那些加盟公司后被提升到比原来工作层级更高职位的领导者身上。一方面他们需要学着在一个更高的领导层级工作，另一方面还要掌握新公司的成功之道，这让新领导者承担了巨大的压力。面对压力，他们通常习惯性地运用在前一个公司、前一个领导职位的领导技巧和方法，这几乎注定要失败。然而，如果有一个领导力发展框架，能够帮助外部人才理解新的管理层级所需要的工作理念和领导技能，帮助公司实现新加盟人员的领导力转型，那么就可以大大提升外部人才的成功率。

至关重要的新兴市场：中国、印度和其他新兴市场

在中国、印度以及其他新兴市场做生意，意味着领导者需要学会在新的环境中有效运营。公司高管必须掌握不同的经营模式、复杂状况、文化差异以及其他方面的知识。在培养和评估这些领导者时，一定要考虑到这些情况。遗憾的是，人力资源开发框架体系并未考虑到职位变动所带来的学习和评估标准的变动，尤其没有考虑到全球化背景的影响。一位跨国公司的中国区总经理，到底需要什么样的领导技能、工作态度、工作理念和知识结构呢？他的助理又需要哪些相应的人才标准呢？是否有与之匹配的招聘、发展和测评项目，来帮助这类区域领导者在全球各地实现领导力转型呢？领导梯队模型能够适应各种全新的、不断变化的领导力需求标准，是其他领导力开发模型难以比拟的。

工作内容正在改变

为了应对快速变化的工作，柔性模式越来越重要。创新与协作成为工作的基础，传统的市场领导者不再像以往那样主宰他们所在的行业，团队结构与传统的金字塔结构并存。随着现代通信技术的发展，领导者越来越采用虚拟的而非面对面的工作方式。远程领导和有效的在线沟通，变成越来越重要的领导技能。我们注意到，各级领导者越来越多地和公司外部的合作方协作。如果评价和培养各级领导者的标准没有反映出这些工作内容的变化，领导者将难以获得这些新的技能。

角色职责尚待清晰

最后一个因素是，商业环境正变得越来越模糊，充满矛盾、复杂化和动荡不定。在这个快速变化的商业环境中，领导者不再像以前那样，能够清楚界定自己的角色和职责。例如，如何通过网络系统与员工有效沟通？当公司出现裁员或者业绩滑坡时，他们应该如何应对？在日益增加的对管理层不信任的环境中，如何建立团队信任？

如果不能清晰地定义各级领导者的角色和职责，他们就不能有效地回答上述问题。我们发现，领导梯队模型可以帮助各级领导者理解他们应该做什么，从而按照工作岗位要求表现出相应的工作理念和行为。他们知道，如果作为部门领导，就必须学会管理和评估新的事务，使他的部门工作与之相适应，并以一种真诚、透明的方式建立起团队信念。

领导梯队模型：既关注现在，又着眼未来

近年来，公司越来越重视可持续发展，创建"百年老店"，而不仅仅是关注眼前利益。许多公司的领导者向我们反映，领导梯队模型帮助他们关注公司各级领导的未来发展，而不只是眼前的业绩表现。我们也注意到，很多领导者成天忙于眼前的问题，特别是在2007～2008年经济衰退期间，他们每天都面临着艰难抉择。造成这种困境的原因是，对于公司、部门和团队的未来成功，事前几乎没有任何清楚的定义和充分的准备。没有恰当的评价标准和清晰的角色定义，领导者就不能成功地应对瞬息万变的商业环境。

因此，许多公司不能培养出足够的领导者，也无法让日常的领导工

作有效。无论公司拥有多么领先的研发项目，最终还是难以达成目标。

只有建立起领导梯队模型，才能有效地整合领导力培训项目、继任计划、绩效管理和薪酬福利。在大多数公司，人力资源部门未能有效地让上述工作赢得管理层的足够重视和各方面的支持。人力资源部门的工作很少得到有效整合。

人才标准随着工作的不同而不同，但如果绩效评估、晋升、分红和培训也基于不同的标准，那将导致工作中出现混乱。

当我们撰写《领导梯队》第1版时，我们知道许多公司非常希望有一个领导梯队模型，可以帮助他们准确判断各级领导者的工作。在过去十年，本书引起人们越来越多的关注，远远超出了我们的预想。

《领导梯队》重点阐述如何构建领导力体系架构。

当今，领导梯队架构不仅对人力资源部门有用，而且对各级领导者都非常有价值。正确理解和应用这个架构，有助于领导者的工作更加有效，特别是对于高层领导。人力资源部在领导梯队建设中扮演着关键角色，但主要是这项工程的设计师，而不是执行者。各级领导才是执行者，他们做出判断，并对成败负责。人力资源部门对领导梯队的架构设计、运用、评价和质量负责。

阅读本书后，许多读者反映，领导梯队模型从根本上改变了他们公司的人力资源体系。在这个全球化时代，我们不能继续漠视大量的领导者失败，不能继续漠视各行各业缺乏卓越的领导人才，这些问题必须得到系统的解决，领导人才的成功培养必须是有计划、有步骤、可预见的。鉴于对领导人才培养的需求日益迫切，同时领导人才培养又面临着诸多困难，本书比十年前显得更加重要、更有价值。

阶段6　首席执行官（管理全集团）

阶段5　集团高管（管理业务群组）

阶段4　事业部总经理（管理事业部）

阶段3　事业部副总经理（管理职能部门）

阶段2　部门总监（管理经理人员）

阶段1　一线经理（管理他人）

个人贡献者（管理自我）

导　　论

当今，对领导力的需求远远大于供给，这种供不应求的现象随处可见。几乎每一期《华尔街日报》都有关于著名公司从外部聘请顶尖高管人员的新闻。对领导人才的旺盛需求使得猎头公司生意兴隆。为了能够吸引顶尖商学院的毕业生到自己的公司工作，咨询公司更是开出了六位数的起薪。像麦肯锡一样，许多咨询公司也都花大量时间制定专门的战略来应对"人才战争"。为了拥有那些最优秀、最聪明的人才，几乎每家著名公司都试图用丰厚的薪水作为获得"明星"的筹码。

这种过于激进，有时甚至是不顾一切地试图从公司外部招聘人员的做法，表明公司现有的领导梯队模型存在不足。由于公司的内部培训、指导以及其他培训项目都无法使领导梯队保持完整，公司不得不从外部寻找合适的人选。当然，出色的领导者数量有限，所有公司都在争夺他们，这就导致即使将他们成功招募进来，他们也会在各个公司之间不停地跳槽。

因此，需要一种能够让公司的领导梯队保持完备性和流动性的新方法。说起来容易，做起来难。由于对领导者的要求在快速变化，大多数领导人才培养模型无法适应新的变化。不过我们发现，有一种方法颇为可行，它囊括了针对不同领导层级的不同要求。在介绍领导梯队模型以及该模型的工作原理之前，我们将向你展示当领导者供给无法及时跟上时，领导者的需求如何发生变化。

发现和培养领导人才面临的困境：新经济、全球化和公司视野

在众多导致领导人才需求增加的因素中，最重要的因素之一是信息技术革命。

新经济的出现增强了公司对业务环节中"人"这一要素的重视。新经济公司不仅宣扬人在经济中具有巨大价值，并且在实践中也遵循这一理念。互联网公司给予员工大量的财富，比如股票期权、直接参与有意义的工作以及额外的激励，来吸引那些极具天赋的人才。MBA学生在暑假来这些公司打工，然后就留在公司工作而不会再回到学校继续学业了。与传统公司不同，互联网公司为已经雇用的员工提供授权性工作、不断学习的机会，以及透明、持续的沟通，以保持公司与员工之间的"蜜月期"。

当新经济公司从传统公司吸引领导人才时，也产生了许多新的领导力问题。

随着公司的成长，公司的创始人和首席执行官必须改变自己的工作内容 由于新经济公司的成长速度很快，所以领导者必须

以惊人的速度向更高层级的领导位置转移。例如，今天他们还做着一线经理的工作，转天便因为和其他公司合并，而变成了新公司的负责人。显而易见，许多互联网公司的创始人在面临这样闪电般的角色转换时都会遇到困难。

缺乏足够的领导者，而且通过内部培养的领导者数量甚少　据猎头公司估计，在1999年年末时，互联网公司大约有1000个首席执行官职位空缺。当eBay的总裁惠特曼被问到她早期最重大的失误是什么时，她指出自己当时最大的失误就是未能在第一时间内，迅速为公司引进足够多的关键领导人才。

新的横向领导技能非常重要　新经济公司通过合并和合伙制不断地横向扩张，合伙人之间的有效整合（管理公司间的衔接）是一件必须要做的事情。对于那些习惯纵向扩张的经理而言，可能会遇到许多困难。

传统经济公司与新经济公司争夺人才　一些传统公司已经在电子商务方面做出了许多努力。几乎所有的"旧经济"产业（例如汽车、金融服务、旅游）都通过各种方式成立了电子商务公司，一场针对电子商务领导人才的争夺战变得更加激烈。

这意味着，寻找拥有合适技能的合适领导已经越来越难。在新经济条件下，由于领导者需要学习新的技能，而这些技能并不属于传统领导力的范畴，因此使得领导者的培养也变得更加困难。

与此同等重要的是，由于全球化的影响，在过去几十年中，公司已经开始意识到领导者本土化需求的重要性。从公司总部下发的指令和战略都需要本土化的阐释和应用。由于处在这种情境中的领导者（不是来自本土的领导者）必须要解决诸如文化、客户需求和当地工作习惯上的差异等问题，所以本土化领导者成为一种紧俏"商品"。此外，公司同样也非常需要能够协调、管理全球和当地事务的领导者。

最重要的问题在于，公司内缺乏有效的人才培养机制从而造成领导者数量不足。这不仅仅是公司无法培训一线员工使用信息技术革命所赋予的先进技术，或是难以培训经理具备本土领导力那么简单。实际的问题要更广泛也更深入。这个问题的部分原因是由历史造成的，在20世纪70年代末期，各家公司都在削减成本以提升竞争力，从而应对劳动力低廉国家内部石油和大批商品价格急剧上涨所带来的压力。这些公司明显地减少了在人才开发方面的投入，例如，培训项目、培训任务和管理层培训时间被大幅削减甚至完全取消。虽然20世纪90年代以来，部分项目得以重启，但是，许多关键岗位上的员工都是由这个"没钱培训"的时代培养出来的。同时，一些缺乏实质内容的培训项目也风靡一时。结果，许多高管从未获得过针对自己岗位的全面培训或开发。

此外，公司没有把领导人才培养看作战略的组成部分，而是将其视为单一的人力资源职能工作。首席执行官们认为领导者的发展超越了自己的工作范畴而不在上面花费时间。公司普遍存在着将工作职责看作是"需要完成的工作"，而不是一项与职业发展密切相关的任务。更糟糕的是，有关领导者的过于简单的定义限制了领导者的发展。很少有人认为在公司中存在着不同的领导层级，也很少有人认为各领导层级上的技能和理念存在差异。只有少数公司关心每个领导层级获得成功所必需的核心竞争力和必备的经验，并且很少有公司思索一线经理和职能经理领导力培训需要之间的区别。相反，公司更多地关注员工的个人特点和技术能力。在提拔员工时，公司期望他们能够具备工作中所需的知识和技能，而不是期望他们具备某个领导层级所需的知识和技能。公司总是做出这样的推断：如果一个人能够出色地完成某个岗位的工作，那么他也会同样出色地完成下一个岗位的工作。

考虑到上述情况，领导梯队的不完善也就不足为奇了。令人遗憾的是，公司对这种情况所采取的反应竟然是实施"吸引最优秀、最聪明的人才"战略。很多公司认为，通过寻找和培养顶尖人才，能够解决公司的领导人才问题。雇用有天赋的员工可以看作一种手段，但并非是一种战略。当然，如果公司能招募到大量有天赋的员工，那么也可以这样做。但是，从战略上来说，由于高端人才普遍缺乏，这种方法是行不通的。你不仅需要为这些人支付大量薪酬，更重要的是他们也得不到全面发展。现实中，商业明星更换岗位或公司的频率很高，这导致他们很难善始善终。通常，他们不会在一个地方待足够长的时间，让自己能够从失败中汲取教训，掌握正确的技能，或者习得维持绩效水平所需的经验。

虽然商业明星能够为任何一家公司做出贡献，但是他们的数量有限。现如今,各家公司在每个岗位、每个层级上都需要有效的领导者。同时,信息技术革命、全球化和其他因素的影响使得领导力成为领导梯队各个环节中不可或缺的要素。为了实现对客户、股东、雇员和其他利益相关者越来越雄心勃勃的承诺,公司比以往任何时候都需要更多的高绩效领导者。这意味着需要找到一种方法,保证越来越多的经理能够为各级领导岗位做好准备,并且胜任这个岗位。

未开发的领导潜能

与以前相比,公司在更多的层级上需要更多的领导者(前提是需要培养领导者而非从外部直接聘请),这自然会涉及有关领导者潜能的问题。一名普通销售人员能否成为称职的销售领导?虽然两者之间工作内容不同,但是潜能并不是一成不变的,经验表明,他完全可能实现这种转变。我们相信人的能力是可以提高的,否则社会无法实现经济发展和文化进步。然而,高管们经常将潜能视为抽象概念,比如,很难把潜能看作是一个随时间而改变的事物。当你把潜能定义成某人在未来能够胜任的某种工作时,它就容易被当作一个动态的概念。这种未来的工作潜能源自个人积累的工作能力和经验,它表现为过去取得的成就、对新技能的学习能力,以及解决更大、更复杂或要求更高的任务的意愿。员工完成的任务越多,学习的机会就越多,而且由于员工目前的挑战都已成功应对,故而其接受新挑战的意愿也在不断增强。由于工作性质的快速变化、全球化的发展机会以及通过互联网的在线学习活动，人的潜能在职业生涯中能够发生多次改变。他们能够并且确实在重塑自我。

这意味着，在谁可能是领导职位的合适人选这一问题上，公司需要保持一个开放、乐观的思维。熟练的技术人员可能具备成为经理的潜能；看起来固守部门职责的经理，则可能具备成为跨部门团队领导者的潜能。

为了充分利用这种潜能，需要辨别关键领导层级的真实工作要求，以及成功晋升所需要的条件。将个人的潜能与一系列的要求相匹配，这就是领导梯队的构建方式。领导梯队模型也将帮助你实现这些目标。

领导梯队的各个阶段

为了构建领导梯队，首先要理解大多数公司存在的天然工作层级（这里主要针对管理性而非技术或专业领域领导工作而言）。通常，在大型的、分权管理的公司中，工作层级包括六个职业阶段或六次领导力转型。领导梯队模型并不是一个木桶结构的圆柱形，而是由数条上升折线构成的图形。每一个转折点都代表了公司职位的变化——在领导层级和领导力复杂程度方面不同，这些重大变化包括新岗位的工作要求以及新的领导技能、时间管理能力和工作理念。

图 0-1 说明了领导者职业发展所经历的六个主要发展阶段。

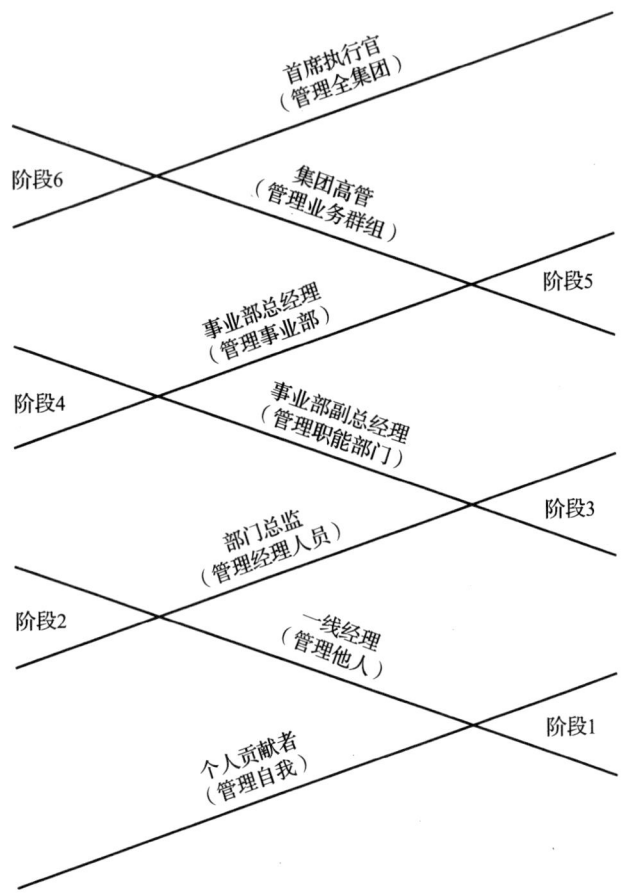

图 0-1 大型公司中的主要职业发展阶段

注：每个阶段都代表领导者在工作要求上的重要变化，包括新的领导技能、时间管理能力和工作理念。本资料基于 Walter Mahler 所完成的"关键性的职业发展转折点"中的研究成果。

尽管在这六个阶段之间还存在着其他细微的过渡阶段，但是我们并不纠缠于这些细节内容。我们的目的仅仅在于让读者掌握、理解六个领导力阶段的内涵，这一点非常重要。在随后的内容中，本书将详细介绍这六个领导力发展阶段，确定每个阶段独有的领导技能、时间管理能力和工作理念。对于领导者自身以及他们的上下级而言，认清每个阶段的相关要求与易犯的错误非常必要。有了对领导梯队模型的共识，老板将会为下属提供更好的培训以及更明晰的职责分配，下属也会认识到老板正在忙碌的工作，并给予更多的支持。

当你熟悉各个领导力阶段之后，你将会以一个全新的视角思考自身的职业发展规划。更重要的是，这种全新的视角为你提供了保持领导梯队完整性和流动性所需的洞察能力。它不仅能帮助你构建一个针对不同层级领导者的培养流程，同时还能确保他们在合适的层级上工作。正如你将看到的，每个阶段都要求领导者习得一种新的管理和领导方法，同时抛弃原有的方法。这主要表现在以下三个方面：

- 领导技能——胜任新职务所需要的新能力。
- 时间管理——新的时间分配结构，决定如何工作。
- 工作理念——信念和价值观非常重要，让工作聚焦。

确保领导者所在的领导层级与其领导技能、时间管理能力和工作理念相符，对于公司而言是一项挑战。不幸的是，许多经理都在错误的领导层级上工作，例如，他们在第二阶段（管理他人）工作，但还保留着第一阶段（管理自我）的工作理念，或是并不具备目前领导层级所需的领导技能或时间管理能力。这不仅导致身为领导者的他们绩效不高（或者干脆就是毫无绩效），同时他们所管理的员工也会受到负面影响。

当你已经完全认识了领导梯队模型的含义时，你就能够发现在各阶段的转折点处，领导者的发展如何遭遇阻滞。设想有这样一家公司，在每个转折点处都有超过半数的经理，其领导技能、时间管理能力和工作理念都与所在的领导层级不匹配；他们可能在晋升时跳过了一个层级，未能习得所需的知识，或者还保留着过去成功时所使用的管理模式。在一些公司里，至少有半数管理人员的表现低于其所在职位层级的要求。他们具备成为领导者的潜能，但是潜能却没有得到完全的发掘。简而言之，他们已经被阻滞于系统中（处于某个阶段的时间过长也会造成个人在系统中的阻滞）。

下面是两个具备领导者潜能但在领导梯队中受阻的领导者的例子。

给许多人带来麻烦的两位新任领导者

鲍勃最近被提拔为团队的经理，他正处在职业发展的第一个转型阶段（从管理自我到管理他人）。在之前的工作中，鲍勃已经证明了自己是一位能力极强的工程师，是部门内解决问题的一把好手。在技术领域，鲍勃非常优秀，公司也因此给他升了职。不过，作为一名经理，鲍勃对问题的解决总是亲力亲为，这是他在过去七年中作为一名工程师所始终坚持的。他喜欢这种工作方式，而且很享受这一过程。他的工作理念是自己找出工程项目解决方案。但是，这阻碍了他展现自己的领导能力。实际上，在鲍勃给下属分配任务前，他一直在和下属直接竞争。这让他的下属感觉很受压抑，双方都觉得在浪费时间。鲍勃不能再依赖自己的工作技能和亲自解决问题的工作理念，而是要学习规划工作任务的方法，选择最合适的人来完成它，合理设定目标，帮助员工完成工作，以及提供反馈信息。在目前和今后的时间里，鲍勃需要学习作为高效领导者所必备的能力。在第一个转折点，鲍勃需要具备人员管理和团队领导技能——这在他以后的发展阶段中非常重要。

玛丽以前是销售经理，现在是事业部副总经理，她现在正处在第四个转型阶段（从管理职能部门到管理事业部）。回顾玛丽过去的职业生涯，她积极争取新客户，热衷于客户活动，在与客户的一对一交流上投入了许多精力；她在服务理念上很有创新，她所采用的工作方式让她始终能够完成甚至超过团队的销售目标。作为事业部副总经理，玛丽却遇到了许多麻烦。她发现自己与职能部门员工的沟通要比以前与下属的沟通更困难，而且建立员工能够理解并使用的商业模式也是件困难的事。她不明白为什么工程部门和制造部门的意见总是不一致，为什么新产品总是迟迟不能推出。在一事无成之后，玛丽深感受挫，她决定凭借自己的优势"硬闯"出一条路来。她将重点放在深化和巩固客户关系方面，这让她回到了自己熟悉的领域。然而，这只是她现在的职责之一。玛丽第一次管理多个职能部门，没有重视每个职能部门的贡献，也没有了解各个部门对公司的重要性。如果她打算在目前的职位上成为一个高效的领导者，就必须让自己变成一个战略型而不是业务型的领导者。

致力于充实整个领导梯队

帮助像鲍勃和玛丽这样的领导者在领导力转型方面做出妥协和改变，不仅需要时间和资金，也需要投入精力和情感。公司需要认识到，从别的公司挖来领导者，并且只是稍加培训的话，并不能使领导梯队变得完整。为了在所有层级建立有效的领导梯队，公司需要尽早确定各级领导者的潜在人选，为他们安排成长所需的工作任务，给予他们有效的反馈意见，并且对他们进行教练辅导。更重要的是，这些事情都需要在领导梯队的框架内完成。如果没有适当的程序帮助在各个领导层级上的经理适应新的领导技能、时间管理和工作理念，那么任何培训或教练辅导都不会有太大的效果。

多年来，我们与许多采用领导梯队模型的公司（虽然它们并不总是使用本书里的术语）合作过。下面简要介绍一下其中的两家公司。

通用电气公司一直致力于推进各级领导者转型，正如本书中所探讨的那样（虽然他们的领导层级与本书的设定略有区别，他们使用"新任经理""职能经理""总经理"和"业务群组高管"等术语）。位于克罗顿维尔的培训中心一直声誉卓著，在通用电气的领导者发展中发挥着重要的作用。通用电气公司有一项被称为"C阶段"的继任计划程序，其中有一部分用来评估领导者对职位和层级发生变化时的准备情况，以及作为领导者学习业务知识、领导能力和文化技能以适应层级变化的培训项目。通用电气公司内始终拥有几名非常优秀的候选人，他们可以在首席执行官退休后顺利继任，这种做法使得通用电气成为领导者的"黄埔军校"，从而拥有非常高的声誉（不仅在通用电气公司，在其他公司内也是如此）。通用电气公司并不拥有比其他公司更聪明或更忠诚的天才员工，它的领导力优势源自公司内部在领导人才成长方面的投入，此外，通用电气公司还认识到，在各个领导层级上，领导能力可以通过掌握某些技能和理念来发展。

花旗集团是另一家早在20世纪90年代就致力于领导梯队建设的公司。花旗集团尤其擅长帮助从事交易业务的员工转变到关注利润的岗位，比如业务经理。一项针对这些员工的为期一年的培训项目（他们中的很多人已经成为其他国家花旗集团子公司的管理人员）帮助他们开发了类似战略成本管理的"硬件"技能，以及工作理念和思维过程的软实力。在软实力方面，该项目为他们提供了大量的培训以及与花旗高管沟通的机会。可以想象，对各个层级员工开展为期一年的培训项目需要一笔巨大的投资，但是这是一笔回报率很高的投资，特别是当你的培训对象是那些尽全力工作的领导者时。

理解并合理运用领导梯队模型

本书可以大略分为两个部分。第一部分（第1章~第7章）的重点是定义每一个领导力发展阶段，并且说明各阶段成功所需要的领导技能、时间管理能力和工作理念。为了保证领导梯队的完整和通畅，公司必须要了解领导力发展阶段的具体要求、在经历某个领导力发展阶段时的常见问题，以及能够依据领导者的行为或态度判定他是否在领导力转型中陷入瓶颈。当公司开始以领导梯队的要求而不是依照职位的名称来考虑领导力开发时，就能够更好地培养各级领导人才。

第二部分集中在如何运用领导梯队模型解决公司内部领导力方面的问题，并且探索发展机遇。第 8 ~ 14 章的内容将帮助公司诊断领导梯队中的问题，创建培养计划，并且更有效地提高领导者绩效。在第二部分中，本书还提供了一些工具和技术、教练辅导，解决领导者继任问题，预防领导梯队建设缺陷，以及发展领导梯队模型中的职能部门领导者。

不管贵公司类型如何，你所处的层级职责是什么，你都可以在下面的章节中找到一些适用于贵公司的信息。领导梯队模型非常灵活，公司可以根据各自的实际情况以及它们所关注的内容对其进行调整。领导梯队模型在设计中还考虑了领导责任不断变化的情况。关于领导者具有什么特征、需要做什么的传统观念已经不再适用。书中所讨论的新经济和其他因素正在引发各个领导层级对领导能力的新要求。

为了更有效地运用领导梯队模型，人们需要挑战传统的领导概念。如果没有明确的培养目标，公司就无法培养出合格的领导者，这种思维的前提是要认识到：领导者的角色和责任与时俱进地变化着。现代商业生活的现实让我们认识到领导概念的多层面、多维度。公司一旦接受这个现实，并且将其应用到领导者培养中，就更容易使领导梯队模型服务于领导者和公司。

最后,我们需要提醒的是,不要"机械地"运用领导梯队概念,换句话说,就是避免照搬领导梯队模型。我们发现很多公司将继任计划等同于领导力发展,实际上,领导梯队模型所建立的领导力标准与继任计划不同。我们希望读者能全面思考,时刻提醒自己人的复杂性。

第1章

概述：领导力发展的六个阶段

在大公司，从员工成长为首席执行官，需要经历六个领导力发展阶段。每一个阶段都是一个重大的转折，不可能通过读一本书或者参加几天的培训课程就可以学会。本书旨在帮助领导者了解每一个阶段所需要的领导技能、时间管理能力和工作理念，同时，帮助他们熟悉领导工作的特点，一旦掌握了每个阶段的要求和面临的挑战，领导者就能更好地适应领导力发展的要求，加速自己的成长。随着领导职务的晋升，面对着日益复杂化和规模化的业务，领导者可以通过了解六个领导力发展阶段的要求提高工作的主动性，增强自己的信心。本书前六章将提供胜任各领导力阶段所需的知识和工具。

在阅读每一章节时，你自然会联想到自己的公司，也许会问自己，我们的公司如何定义和区分每一个领导力阶段呢？可能的情况是：你会立刻联想到一个（或者多个）适用于你公司的转折点，而这个转折点却没有在我们的领导人才培养模式中提到，当然，肯定还存在其他转变阶段，但它们太小或者还不具备可视为主要阶段的条件。比如，在许多全球性的跨国公司，有同时负责几个国家业务的总经理和高管人员，这些地区高管人员直接向全球消费产品负责人汇报。虽然这些全球消费产品负责人管理业务群组负责人，但是他不是公司的负责人，因为他需要向首席执行官或者总裁汇报，他们没有真正的实权，我们的目的是把他们划分到业务群组负责人行列，即使这样他也可能管理几个业务群组负责人。

同样，你可能会想为什么从团队成员到团队领导者不是一个转折阶段。第一，这通常是第一阶段（从管理自我到管理他人）的一个部分。第二，团队领导者常常在人员选择和奖励上不像一线经理那样有决定权。第三，团队领导者的工作重点通常是技术或专业问题（例如，完成一个项目），而不包括其他管理职能。

每家公司都有自己的特性，可能至少有一个领导力阶段与众不同。但是在领导梯队模型的六个阶段中，你可能会找到一个与之相匹配的阶段。当你与每一个阶段协调合拍时，我们相信你会明白，领导梯队模型如何适用于你自身和你公司的情况。如果你的工作中有一个阶段不符合我们的模型，不妨创建你自己对这一转变阶段的定义、解释，然后告诉我们。

第一阶段：从管理自我到管理他人

新员工工作的最初几年是个人贡献者。无论他们从事的是销售、会计、工程或是市场工作，对他们能力的要求主要是专业化和职业化。他们通过在计划时间内完成任务来做出贡献，通过不断拓展和提升个人技能，在岗位上做出更大贡献，从而获得组织的提升。随着工作年限的增加，他们学习的内容包括工作计划、进度管理、工作内容、工作质量和工作的可靠性，需要提高的工作价值观包括公司文化和职业标准。当他们成为业绩出色、技术熟练的个人贡献者时，特别是当他们能够有效地与他人合作时，公司往往会增加他们的职责。如果他们能够熟练地胜任这些工作，并遵循公司的价值观，那么他们就将被提升为一线经理。

担任一线经理，表面上看是一个非常容易而又自然的领导力阶段，但领导工作的历程通常是从这个阶段开始的。工作出色的人通常不愿意改变他们的工作方式，他们喜欢从事原有的业务工作。结果，这些人虽然从个人贡献者提升到经理岗位，但工作方式却没有实现相应的转变。事实上，岗位是经理，思维却是业务员。例如，许多咨询顾问的升迁跳过了这一转变阶段，在暂时性地担任团队领导者之后，直接晋升为事业部总经理，导致工作经常出现失误。

在领导力发展的第一阶段，应该学习的技能包括工作计划、知人善任、分配工作、激励员工、教练辅导和绩效评估。一线经理需要学会如何管理他们的时间，使得他们不仅能够完成自己的工作，同时还能够帮助其他人完成工作。一线经理不能把所有的时间都用来"救火"、捕捉机会或者只顾自己，他们必须从自己做事转变为带队伍做事。

对于新任经理来说，转变时间管理方式是一件困难的事。部分原因是许多经理仍然热爱原有的工作方式，甚至他们担任公司高管时仍然沿用工作初期的工作方式。但是随着领导层级的不断提升，要求经理们把越来越多的时间用于管理，而不是事必躬亲。如果经理们从开始担任管理职务时就没能学会管理自己的时间，那么随着职务的提升，必定会对公司造成不利。这就是领导梯队建设不通畅以及各级领导工作效率不高的原因。

实际上，在这个阶段，最大的挑战来自于工作理念的转变。具体而言，他们必须学会如何管理而不是仅仅担任这个职务而已。他们必须坚信，把时间用于帮助他人、制订计划、教练辅导和类似的工作，是他们的职责，而且他们必须把通过他人完成任务作为自己取得成功的关键。例如，在金融服务业，一线经理发现这种转型非常困难，他们不但要成为出色的业务专家，而且要学会帮助他人高效工作。这些理念与他们作为个人贡献者时获得的成功毫无关系，所以当他们担任经理时，很难顺利实现这种转变。领导技能和时间管理能力容易测评，然而工作理念的评估却要困难得多。有些人表现出好像正在按新岗位要求做出调整，但实际上仍然固守着其作为个人贡献者时的工作理念。只有当上级领导强烈要求他们转变工作理念，或者当他们意识到转变工作理念是获得成功的必要条件时，他们才会主动地转变工作理念和工作方式。

第二阶段：从管理他人到管理经理人员

相对第一阶段而言，领导力发展的第二阶段经常被忽视。尽管它是构成一个公司管理基础的重要基石，选拔和培养了公司未来所有的领导者，但很少有公司在领导梯队培养体系中做好这个环节。

与第一阶段工作最大的不同是，第二阶段是纯粹的管理工作。在第一阶段，经理人员仍然要承担一部分个人贡献。但在第二阶段，他们不再需要直接做出个人贡献。他们必须掌握的关键技能包括选拔人才担任一线经理，分配管理工作，评估下属经理以及教练辅导。同时，他们必须学会超越部门利益考虑全局性战略问题，并积极地给予支持。

在第二阶段，经理人员如果只重视个人贡献和部门工作，而忽视对其他部门和公司整体的贡献，那么他们的角色转变将非常困难。通常的情况是，一线经理还没有实现领导技能、时间管理能力和工作理念的转型就被提升为部门总监。结果，虽然他们坐在部门总监的岗位上，却干着一线经理的工作，从而导致上下级管理不通畅。由于没有经过一线经理岗位的足够历练，他们仍然认为个人贡献大于管理工作，结果阻碍了管理流程。他们不仅长期持有这种错误观念，而且还将这种观念灌输给下属经理人员。他们总是提拔专业能力出色的员工，而不是真正具有领导潜质的人才。他们不能有效区分哪些人只能做好自己的工作，哪些人能够有效领导团队。

部门总监必须能够识别一线经理中普遍存在的阻碍管理工作的错误观念。他们必须清楚，一位软件项目经理如果更愿意设计软件而不是管理他人，就不能提升他担任项目经理。他如果不能从管理和领导他人的工作中获得满足感，无论他在软件设计工作方面多么出色，作为项目经理他只会失职。实际上，部门总监面对的一个严峻挑战，是把那些不能胜任管理工作的一线经理重新送回原有的岗位。

由于一线经理难以获得足够的管理培训，故而教练辅导对他们非常重要。他们依赖上级领导对他们的切身指导，但有些部门总监却不愿意投入足够的时间来做教练辅导工作。在大多数公司，教练辅导没有得到足够的重视，也很少有总监把它视为一项重要工作。

第三阶段：从管理经理人员到管理职能部门

这个阶段的转变比想象的要困难。从表面看，管理经理人员和管理职能部门的工作非常相似，但实际上却存在一些显著的差异。前者是部门总监，后者是事业部副总经理，同时主管几个相关部门，他们需要跨越两个层级与员工沟通，因此需要培养新的沟通技巧。此外，他们还必须管理自身专业以外的其他工作，这就意味着他们必须懂得专业以外的工作，而且还必须学会评估它的价值。

事业部副总经理需要向事业部总经理汇报工作，因此，他们必须有全局意识，能够兼顾多个部门的需求和利益。他们需要具备两项新的技能：一方面是与其他部门团结协作，另一方面是基于工作的需要与其他部门争夺资源。与此同时，他们还必须擅长制定战略，不仅为自己的部门，而且统筹整个业务部门的战略规划。他们需要经常参加业务工作会议，与其他部门主管并肩作战。这些工作都需要占用他们的时间，因此，他们必须学会适当授权给下属经理。

领导力发展的第三阶段要求管理者更加成熟。一方面，成熟意味着他们的思考和行动像事业部副总经理，而不是部门总监。另一方面，也要求他们有开阔的、长期的战略眼光，对于他们所主管的部门有前瞻性的、准确的长远考虑，这常常给他们带来巨大的挑战。在这个管理层级，他们的领导能力主要体现在制定职能战略，以确保业务领先于竞争对手。他们必须通过促进开发更具创新性的产品，或者开拓新的渠道来实现部门最大价值。他们必须推动主管部门获得持续发展的竞争优势，而不是仅仅取得短暂的辉煌。

> 汤姆的经历诠释了这个层级领导者面对的挑战。6个月前，汤姆被任命为工厂厂长。他有五位下属经理：四位管理工厂，一位负责原材料采购。尽管汤姆的经历使他在销售、财务和其他职能领域得心应手，但他不擅长制订工作计划，这与他以前熟悉的管理工作和与一线员工打交道有很大不同。汤姆不仅感到全面管理生产运作的各个环节，使之融为一个高效运作的工厂非常困难，而且渐渐与许多员工变得疏远起来。在很多公司，像汤姆这样的管理者勉强能够蒙混过关，他们的长处往往能

够掩盖他们的短处。但如果进一步观察，我们就会发现，汤姆并没有在他的领导岗位上完全履行自己的职责。例如，汤姆应该培养跨层级沟通的技能，这对他很重要；他必须知道，在不影响下属管理人员权威的情况下，如何了解员工们在做什么，他们工作的怎么样。如果汤姆缺乏这种管理技能，那么他要么会干预过度，导致下属经理人员与他疏远，要么会疏于管理，导致管理失控。

幸运的是，汤姆的公司有一个合适的评估项目，认识到汤姆面临的困难，为他提供了教练辅导和最恰当的培训课程，帮助他建立起了这个领导层级所要求的能力。

第四阶段：从管理职能部门到事业部总经理

这个领导力阶段通常带给管理者最大的满足感，同时也最具挑战性，这项工作对公司至关重要。事业部总经理通常获得很大的授权，具有领导天赋的领导者常常感到如鱼得水。他们清楚地知道自己的管理工作与市场结果之间的关系。同时，这也是一个职业的巨大跨越，主要体现在领导技能、时间管理和工作理念的不同。它不是一个简单的战略性、跨部门思考的问题（尽管继续提升这些在前一个岗位中培养的技能非常重要）。现在，他们全权负责一个业务单元，而不是只需理解并和其他职能主管一起工作就行了。从事业部副总经理到事业部总经理的变化在于，事业部总经理不是从部门的角度评估计划和建议方案，而是从盈利和长远发展的角度进行评估。为了获得成功，事业部总经理必须改变他们先前的思考方式。

在新的岗位上，可能有更多新的、不熟悉的工作等着他。对于那些只在一个部门工作过的人来说，事业部总经理岗位意味着以前从未接触过的新领域，因为突然之间他们将面对许多不熟悉的工作，承担前所未有的责任。他们不仅要学会管理不同的部门，而且需要熟练地与各方面的人员协同工作，敏锐地意识到各部门的利益点，并清楚、有效地与各方面人员沟通。更具挑战性的是，如何兼顾长远目标与近期目标，取得恰当的平衡。事业部总经理必须完成季度利润、市场目标、产品计划和人员管理目标，同时兼顾未来 3~5 年目标的实现。这种平衡持续困扰、考验着事业部总经理，要求他们投入更多时间思考，并成为善于思考的领导者。他们不需要每天去做具体的工作，而应该把更多的时间用于分析和反思。

当事业部总经理不能实现这种转变时，公司的领导流程就受到阻滞。例如，一个常见的问题是，事业部总经理对支持性部门重视不够。指导和激励财务部、人力资源部、法务部和其他支持性部门是至关重要的工作。当事业部总经理不理解或者不重视支持部门的贡献时，这些部门的员工就不会尽职尽责。如果领导们轻视或者忽略了他们的作用，他们在工作中会三心二意，甚至玩起公司政治，导致公司内部矛盾重重。即使事业部总经理并不了解某些部门的工作，他们也必须学会获得各部门经理的信任、建议和反馈。

第五阶段：从事业部总经理到集团高管

这个领导力阶段看起来没有什么难度。人们总是认为，如果你能够成功地管理好一项业务，那么你也能够管理多项业务。这种认识的错误源于他们不了解这二者的区别。事业部总经理关注自己亲自管理的业务的成功，而同时主管多个业务的集团副总裁，关注事业部总经理的成功。这是一个重大的区别，因为有些领导者只有当成功大部分都归功于他们时，才会获得满足。可以想见，一位集团副总裁如果不能关注他人的成功，就不能够激励和支持下属管理人员获得成功。或许他的工作会让他有挫折感，因为他确信自己比下属任何一位经理干得都出色，但却不能够亲自去做。在上述两种情况中，公司的领导流程都会受到阻滞，副总裁对主管部门要么支持不够，要么干预过多。

这个阶段要求领导者在四项关键技能方面进一步提升。第一项技能是集团高管必须擅长评估资金调拨和人员配置的战略规划。这是一项复杂的商业技能，包括学会正确的提问，有效地分析数据，以及从公司的角度去理解哪些战略规划最有可能成功，最应该得到支持。

第二项技能是培养事业部总经理。他需要清楚哪些事业部副经理的能力最适合担任事业部总经理，并提升自己的教练辅导能力。

第三项技能是评估业务的投资组合策略。这与事业部的战略有很大不同。他第一次需要问以下几个问题：我们有合适的业务群吗？为确保当前和未来的盈利，需要增加什么业务？削减哪项业务？调整哪项业务？

第四项技能是集团高管必须精于评估自己的核心能力，采取冷静客观的态度，评估手中的资源，基于分析和经验做出判断，而不是盲目乐观。

在这个阶段，领导者能力获得更加全面的发展。领导者可能掌握了必要的管理技能，但如果他们没有开放、善于学习的思维，他们的领导才能就不能够完全发挥出来。集团高管需要处理多项业务带来的复杂性，考虑社区、行业、政府和各种礼仪活动。他们必须为做出重大决策承担更大的风险和不确定性，并且要做好准备在这个岗位上工作很长时间。他们也要清楚华尔街对公司盈利的期望。在这个工作范围很大的岗位上，集团高管不能再用专家的心态去工作，他们需要以更加开放和包容的眼光去看待各项工作。

需要指出的是，一些小公司没有这个发展阶段，首席执行官通常承担了公司的全部管理职责。

第六阶段：从集团高管到首席执行官

当公司高层领导力出现问题时就会影响全公司。一位首席执行官，如果没有完整地经历所有发展阶段，他的工作可能不仅影响其直接下属的工作绩效，而且会影响公司全体员工的业绩表现。他不仅不能有效地培养其他管理者，而且也不能胜任首席执行官的岗位。

领导力发展的第六阶段，其转变更多地集中在经营理念而不是管理技能方面。首席执行官必须确认自己的角色和职责。作为一位组织的最高领导，他必须是一位有着远大抱负的思想者，同时善于建立公司的运行机制，推动公司实现每个季度的业绩目标，并确保公司长期战略目标的实现。权衡取舍是首席执行官日常的功课，他们必须学会适应和掌握这门艺术。此外，敏锐地觉察并熟练地处理外部利益相关者关系、重大的外部变化以及积极主动地加以应对，变得越来越重要。首席执行官必须具备重视外部关系的视角。

首席执行官需要清楚，他们的年度业绩通常取决于三四个关键的决策，他们必须把这些决策放在优先位置，并持续以它们为中心开展工作。从战略到公司愿景的思考，从公司运作到全球业务发展，这些视角的转变看起来差异不大，实际上却大相径庭。首席执行官必须学会"抓大放小"，聚焦于公司全局性事物，例如，如何更好地构思、开发、生产和销售客户真正需要的产品，而不是具体的产品开发细节。

最后，首席执行官必须团结一批业绩出众、雄心勃勃的领导人才，虽然知道他们中的某些人觊觎首席执行官的职务，却仍然重用提拔他们。通过各种沟通方式激励公司全体员工，是首席执行官最重要的职责之一，也只有首席执行官才能做到。

首席执行官领导力出现问题，通常有两方面原因：

- 首席执行官没有意识到这是一个需要转变工作理念的重要阶段。
- 公司没有意识到，培养一个能够成功实现角色转型的首席执行官不是一件容易的事情。

对于第二个原因，首席执行官的领导力需要通过一系列多元化的岗位长期锻炼来培养。最好的培养方法是，为他们的成长设计量身定制的培养路径，在不同岗位锻炼和提升他们各方面的领导才能。虽然教练辅导有助于高管加速成长为首席执行官，但通常还需要足够的时间、经历和岗位锻炼。

首先是意识和意愿的问题。我们观察到许多首席执行官之所以失败，原因在于他们没有意识到这种转型的必要性，或者转型不到位。他们仍然沿袭担任集团高管时的工作理念、时间管理和工作方法，没有能够适应首席执行官岗位的新要求。他们仍然在管理业务部门，而不是整个公司。

领导梯队模型在小公司的应用

领导梯队模型主要应用在大的集团公司，但我们也把它成功地应用到中小公司（一些公司甚至只有20名员工）。从本质上来看，这个模型反映了任何一个公司的管理层级。小公司逐渐成长时也会产生不同的管理层级。在此，我们简要介绍领导梯队模型在中小公司的应用。

在人数少于20人的公司，通常只有一个管理层级：从管理自我到公司老板，公司的创始人通常从个人贡献者转变为管理者。在成功地设计一款产品或者开创一项服务之后，他必须雇用更多员工，这就开始了他的第一个领导力发展阶段。如果公司生存下来，他必须投入大量时间去学习、运用一些管理技能，包括教练辅导、制订计划和奖励员工。如果他不擅长这些管理技能，员工就会辞职走人，更糟糕的是，"身在曹营心在汉"，出工不出力。这是一个小公司成功转型为大公司的关键阶段。在大多数情况下，公司的寿命只能延续一两代管理者。在获得风险投资的公司中，创始人经常被在大公司获得丰富经验的管理者取代。如上所述，小公司的领导者经常受制于公司规模和外部环境。

随着公司业务的扩张和人员的增加，创始人必须经历第二个领导力发展阶段。由于不能再凡事亲力亲为，他必须任命中层管理人员负责相关管理工作。他要做的是，弄清楚整个公司的工作是否相互协调，资源是否有效利用，客户是否真正满意。从本质上讲，创始人将经历第二个领导力发展阶段：从管理他人到管理经理人员。他必须确保全公司的努力能够创造效益，并实现可持续发展。另一项职责是，基于客户需求和竞争形势，设定公司的发展目标。

当增加一个新的管理层级时，小公司往往失败。我们曾与一家金融服务公司密切合作，该公司向小公司提供兼并收购的贷款。在发放贷款前，公司要求我们帮助其评估贷款公司是否有能力管理并购后变大的公司。在研究了大约 50 家贷款公司后，我们发现失败的公司都是源于它们的领导者没有改变原来的工作习惯，他们很难放弃事必躬亲，也很难信任一个新的管理层级。换句话说，他们不能够或者不愿意实现关键性的领导力转型。

随着公司的成长，理解公司成长中的领导力转型至关重要。我们曾与一些小公司共事，它们成功地采用图 1-1 所示的模型实现了转型。

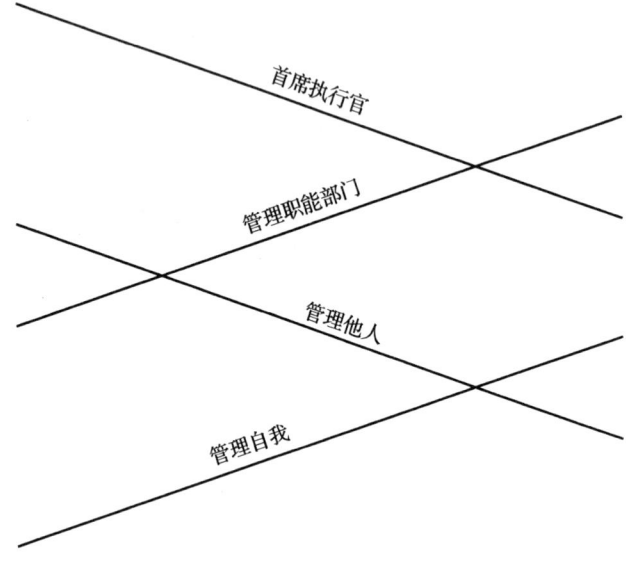

图 1-1　小公司领导力发展模型

大集团与小公司不同。在小公司,首席执行官与大公司的事业部总经理类似(对短期目标和长期目标负责,并协调政府关系、客户关系等方方面面),部门总监常常被归类到公司团队成员。

了解了以上异同,小公司也可以和大集团一样应用这种领导力发展模型。

领导梯队的各个阶段

充分了解每个阶段,有助于揭示隐藏在每一个层级中的领导力问题,也为这些问题的解决提供了办法。公司常常意识不到,各级领导者之所以没有充分展示他们的领导才能,是因为公司没有知人善任。公司往往注重管理岗位的财务考核指标,而不是领导技能、时间管理能力和工作理念。其结果是,事业部总经理花大量的时间去争取客户,而不是制定有效的业务发展战略。或者,事业部总经理的上司——集团高管,从不关心下属的工作理念是什么,以及这些理念与他的工作是否匹配,当这位事业部总经理的战略出现失误或者未能达成目标时,也不会唯他是问。

如果公司敏锐地意识到这些领导力发展阶段,领导力发展问题就能很快被发现,领导者的能力也就能够得到正确的培养。当一位新任事业部总经理仍然固守先前的工作方式,把面对面销售看得比什么都重要,没有培养出新岗位要求的关键领导技能时,这种情况很快就会被发现。针对这些问题,可以制订出一个有效地培养计划。与此同时,他的直接上司——集团高管,也被要求承担培养职责,指导他学会如何制订战略计划并有效地分配时间。

通过建立六个领导层级的合适的领导力标准,公司能够加速领导人才的选拔、培养和继任工作。领导者可以清楚地知道现任岗位和下一个层级之间的任职资格差距,清楚下一步需要接受的培训和岗位锻炼,以及现任岗位领导力发展不足带来的危害。领导力发展阶段还有助于人力资源部门制订领导人才培训方案,有针对性地提升领导人才的领导技能、时间管理能力和工作理念,而不是依赖普及式的培训项目。此外,领导者为晋升到下一个领导层级所做的准备能够得到清晰的识别，而不是笼统地与现任岗位的业绩表现混为一谈。这种模式为公司提拔领导人才提供了客观的标准。无须完全考虑现任岗位的业绩表现、人际关系和个人偏好，领导人才就能够获得晋升。当一位领导者在现任岗位上驾轻就熟并表现出更高层级的某些领导潜质时，公司就可以提拔他。领导梯队模型为组织提供了一种测评领导者能力与岗位匹配度的工具，让不合适者走开。

领导梯队模型还创造了三方面的价值：一是减少领导者的精神压力。当一位领导者被破格提拔到新的领导岗位时，由于缺乏相应的领导技能、时间管理能力和工作理念，导致工作压力巨大。如果采用领导梯队模型，就不会出现跨越式的晋升。二是领导者的晋升速度比较合理，频繁调动不利于培养必要的领导能力；反之，长期在一个岗位工作，不走出"舒适区"，也不能培养出新的领导才能。领导梯队模型提供了一套测量标准，评估领导者是否为晋升做好了准备。三是领导梯队模型缩短了通常的领导人才成长为集团高管的时间跨度。这种模型清楚地定义了从一个层级晋升到更高层级需要做好哪些准备，一旦完成在某个岗位的历练，立即擢升到新的岗位，绝不虚度光阴，浪费他们卓越的领导才华。

单从人才管理的角度来看，领导梯队模型最大的贡献在于公司不需要从外部引进人才来支持公司的发展。公司完全可以从员工开始各级领导人才的选拔和培养，建立起自己"人才辈出"的领导梯队。

常见问题

问：领导梯队模型能够覆盖公司中的每位员工吗？

答：在我们合作过的公司中，这个模型大概覆盖到80%～85%的职位。因为领导梯队模型最初是为业务部门管理人员晋升设计的，公司中的很多职位，典型的是一些高级别专家或许并不适用这个模型，包括战略分析师、税收律师、福利设计师、保险专家和财务专家等，当然，这个模型对他们的职业发展也有一定的参考价值。

问：我是一位专家型人才，如果想要进入业务部门的领导岗位，我应该做些什么才能有机会进入领导梯队？

答：专家型人才通常负责全公司某方面的具体专业性工作。如果对商业运营缺乏深刻的理解，他们就需要努力提升这方面的能力，学会领导一个技能和背景多元化的大团队。你如果真想进入业务部门，最好在职业生涯早期就从事业务工作。必要的话，你还应该接受由于岗位调整带来的降薪，以及放弃专家岗位带来的自豪感，从零做起，这对于你从专家型人才转型为业务型领导至关重要。

问：如果我们公司或者业务层级与这个模型不吻合，我们可以采用它吗？

答：能够与领导梯队模型完全吻合的公司很少。我们建议贵公司不必生搬硬套这个模型，而是合理运用其核心原则和思路。例如，很多公司的市场部门和人力资源部门没有所有的阶段。营销副总可能不得不同时兼任市场部总监。在这种情况下，无须为了套用这个模型而去"削足适履"。

问：建立一个人才辈出的领导梯队，面临的最大挑战是什么？

答：以下是我们观察到的三项最大的挑战。

（1）公司未能及时地觉察到，领导者在错误的工作理念驱使下，努力地做本应下属做的工作。虽然他们比下属做得又快又好，但这会导致他和下属的领导能力都得不到发展。

（2）公司并不要求各级领导者培养下属，尽管每位领导者都希望能……所以对培养下属感兴趣。

（3）公司高管把所有的时间都花在今天的产出上面，而没有着眼未来，这将导致公司无法适应未来发展的需要。

问：如果我没有经历过某一个领导力发展阶段，要如何补救？

答：很多在财务或者人力资源部门工作的领导者没有机会经历完整的领导力发展流程，他们同样获得了成功。你需要首先评估自己在现有岗位是否完全胜任。如果不胜任，就需要仔细分析自己缺乏哪方面的能力。如果是由于在前一个层级的锻炼不够充分，那么就请求你的上司或者人力资源部帮助你弥补这个缺陷。（如果不是的话，你就要对本书中涉及你错过的那个阶段格外认真了。）

问：领导梯队模型与公司的胜任能力模型相关性如何？

答：胜任能力模型被广泛应用，我们需要有效地解释它。不幸的是，胜任能力模型没有体现出层级差别，"一刀切"的模型带来了严重的弊病。我们建议贵公司把胜任能力模型与各层级的工作要求结合起来，进行适当的调整和完善。这将提高贵公司胜任能力模型的实用价值。如果胜任能力模型与实际工作缺乏联系，那他们的价值何在？我们注意到，在大多数公司，业务主管们经常忽略胜任能力模型，因为这与他们的实际工作没有明确的相关性。

> **一线观察**

- 领导梯队的规模取决于公司的规模。每个公司都有"一揽子"领导工作，大公司的大，小公司的小。基于我们与不同规模公司的合作，我们发现在大公司中新旧职位之间的"突破点"更多，所以领导梯队模型需要进一步展开，从而和公司的规模相吻合。

- 领导梯队模型不分国界，对于发达国家快节奏、极度成功的公司和发展中国家的公司都有帮助。领导梯队中的各个阶段以及各个阶段的需求，都是通用的。

- 阶段的个数因公司而异。有些公司有六个阶段，有的有七个阶段，也有的是四个阶段，但领导梯队模型的基本思想是一致的。我们发现因为我们列出了六个阶段，人们容易把六个阶段当作公司的普适状况，但事实并非如此。领导梯队模型应该得到适当的分化，并均匀调整各个层级的间距。

- 公司经常存在领导职位过多，但领导力不足的状况。我们发现领导梯队模型最大的好处就是能让人突出意识到"多领导综合征"的存在。它指出公司应当怎样以提升至领导角色的方式奖励优秀的个人贡献者。技术能力强的人应当获得一个头衔，领导几个人并获得加薪，但他们仍然应该把大多数时间用在技术性工作上。

- 界定一个技术人才的发展轨迹，也是个很好的想法。考虑到前边提到的几点，我们发现技术能力强的人也应当有自己的晋升轨迹，并同时获得加薪。定义一个技术人才的发展轨迹，并不是什么难事。实际上，这个发展轨迹早已存在，只是使用得不够广泛。这个发展轨迹为那些没有领导能力或者不想做领导，同时又想接受更大挑战取得更多报酬的人，提供了一个很好的选择，它确实对领导梯队建设的畅通很有帮助。

- 职能部门主管以及更高级别的领导更应该着眼于未来。正如我们前文已经提到的，着眼未来的工作很难，但却是保证长远成功的必然要求。一味囿于解决当下的问题，将耗尽领导者的时间。职能部门主管以及更高级别的领导者应该把这些问题交给下属，以腾出自己的时间去应对未来的挑战。

第2章

从管理自我到管理他人

当人们被提升到第一个领导岗位时,他们常常认为自己有成功的把握。作为业绩出色的员工,他们的努力得到了认可和回报,有理由为此庆祝,他们打电话给家人,在最好的酒店聚餐庆祝,信心满满地认为自己已经为新岗位做好了准备。

实际上,第一次担任经理要想获得成功需要一个重大的转变,即他们的工作成果不再是通过自己亲自做去获得,而是通过下属和团队的努力去获得。尽管他们可能已经敏锐地意识到这种必要的转变,但从他们的行为表现来看,在心理上还是很不适应,典型的表现是,他们往往因为自己擅长某项工作而直接插手下属的工作。例如,一位投资银行的经理,可能亲自组织一项复杂的交易,而不是支持下属去做,他喜欢向人们展示自己在这方面的专长。另一种情况是,当他们对下属的工作方法感到不满时,便亲自去做,这在无形中产生了与下属的竞争。在这个阶段,放弃曾经为他们赢得经理职务的工作和职责，是一件非常困难的事。

在一个以知识工作者为主的公司，这种转变尤其重要。今天，一名年仅 22 岁的网络公司员工，明天就可能成为一个公司的首席执行官。他不需要等 30 年才能爬到公司高层，也许仅仅需要 5～10 年（甚至更短的时间）就可以准备就绪。另外，知识型公司里的初任经理对公司产出（在成本效率和收入增长方面）有很大影响。如果他们仍然像个人贡献者那样工作，其影响力就会大大降低。因此，公司仅仅在口头上说这一阶段有多么重要是远远不够的，还必须采取切实的行动。

为了帮助领导者成功实现转型，他们需要清楚在领导技能、时间管理能力和工作理念方面的新要求，以及如何实现转变。首先需要明确的是个人贡献者层级的工作技能、时间管理能力和工作理念。

个人贡献者的能力越来越强，期望越来越高

通过互联网和其他方式，一线员工获得了令人难以想象的大量信息，他们有很大的自由空间去创新，影响运营结果和服务客户。但由于一线经理的"半军事化"管理理念，员工们不会利用（或聪明地利用）这种自由。

依靠发号施令、谨慎地封锁信息和独断专横，经理们不可能调动员工的积极性，创造组织的最佳业绩。通过控制信息来控制员工的时代已经一去不复返了。今天，员工希望获得过去被认为是少数人才知道的信息，希望可以参与到决策制定的过程中。同

时,他们也希望在工作方式上有一定的自由度。换句话说,在完成任务的过程中,他们既需要指导也需要自由。

领导者必须清醒地意识到,在职业发展方面,今天的大多数员工比过去的员工更加务实和清醒。他们目睹了由于公司裁员父母和朋友失去了工作,知道真正的工作保障是具备生存的技能,清楚自己的职业发展路径。因此,他们渴望职业发展机会。

一线经理需要顺应这些新的形势。当然这并不容易,因为他们大多是业务出身,擅长利用专业技能完成任务,但并不熟悉如何了解和满足员工的需要和期望。他们缺乏经理岗位必要的处理人际关系的丰富经验。

如何弥补人际关系的缺陷呢?他们首先需要认识到第一层级领导工作的特点,这将有助于他们提升这方面的能力,释放团队员工的最大潜能。

初任经理的三项重要工作

表 2-1 概述了这一层级必须经过的转型。

表 2-1 第一阶段:初任经理工作

个人贡献者	一线经理
工作技能 • 技术或者业务能力 • 团队协作能力 • 为了个人利益和个人成果建立人际关系[①] • 合理运用公司的工具、流程和规则	**领导技能** • 制订计划——项目计划、预算计划和人员计划 • 工作设计 • 人员选拔 • 授权

（续）

个人贡献者	一线经理
	• 绩效监督 • 教练辅导与反馈 • 绩效评估 • 奖励与激励 • 沟通与营造工作氛围 • 为部门发展建立上下左右的良好关系 • 获取资源
时间管理 • 遵守考勤——按时上下班 • 按时完成任务——通常是短期的时间安排	时间管理 • 年度时间计划——时间安排、项目进度 • 与下属沟通的专门时间——一是自己的需要，二是下属的需要 • 为部门和团队工作设定时间方面的优先次序 • 与其他部门、客户和供应商沟通的时间
工作理念 • 通过个人能力完成任务 • 高质量的技术或专业化工作 • 遵循公司的价值观	工作理念 • 通过他人完成任务 • 下属员工的成功 • 管理性工作和修养 • 部门的成功 • 像一位真正的管理者 • 正直诚实

①担任一线经理人后，这项技能很少运用。
资料来源：Drotter Human Resources, Inc.

如表2-1所示，这次转型既有工作内容的变化，也有工作性质的变化。单是工作能力的要求之多就让人感到压力巨大。表2-1告诉管理者：必须停止考虑自己，把精力放到关注他人和团队上。这次转型说起来容易，做起来却很难。

我们发现，转型可以概括为以下三个方面：

- 界定和布置工作，包括与上司、员工沟通，需要他们做什么，以及工作计划、组织结构、人员选拔和工作授权。

- 通过监督、指导、反馈、获取资源、解决问题和交流沟通，提高下属的胜任能力，从而高效开展工作。
- 建立与下属、上司和相关部门坦率交流与相互信任的合作关系。

以下逐项阐释这次转型的关键能力。

界定和布置工作

工作设计和授权通常不是培训的重点，公司认为这是管理者天生固有的技能，或是很容易掌握的技能。公司也许认为分工会自然产生（销售人员懂得地理，生产人员熟知制造流程），根据这些自然分工布置工作。尽管由于工作的差异看起来容易分配工作，但也需要准确判断，特别是当一线员工感到工作超量或者与上级失去联系时。人员裁减、工作层级减少、公司合并以及其他因素，使员工感到他们有太多的活要干，但没有人告诉他们如何做好。一线经理如果知道如何有效设计工作，就可以消除员工的不良感受，使他们积极地面对工作任务。良好的工作设计可以让员工感到他们在从事有价值的工作，自己的专长得以发挥，能力得以提升，职业发展更有前景。

遗憾的是，许多一线经理由于没有与关键人员有效地沟通，结果在工作设计和安排时跌了跟头。只有通过有效沟通，一线经理才能很好地理解部门的工作要求，合理布置工作，使得人岗匹配，任务得以及时、高效地完成。

对一线经理来说，听取直接上级的意见当然重要，但与同级、客户、供应商、业务伙伴和其他有关部门的沟通也变得越来越重要。例如，销售经理如果清楚地知道客户想要什么产品和服务，他的工作就会更加有效，可以据此来布置下属的工作，有效地满足客户的需求。

当然，沟通需要占用很多时间，很多一线经理习惯将时间用在"做事情"上面，而不愿意花时间与人沟通，这将导致由于缺乏充分的信息做出草率的工作布置。

授权对新任经理是另一个挑战。经理首先需要清楚做哪些工作，谁最合适去做。但放手让他人去做你非常擅长并且为你带来成功的业务，新任经理在心理上难以接受。通常只有当他们意识到授权并不意味着放弃时，他们才会迈出这一步。经理岗位要求公司提供相应的培训和指导，帮助他们掌握如何有效授权、定期检查、工作跟踪、解决问题、业绩评估、奖励激励，以及教练辅导他们的下属。

新任经理人还必须学会知人善任，选拔合适的人做合适的事。这似乎学起来很容易，但他们很快就会发现，找到能够做事的人容易，价值观、习惯与公司吻合却很难。大多数人辞职或者被解雇，主要是因为与公司的价值观、习惯和领导风格不适应，只有少数人是因为缺乏工作需要的特定才能。经理们如果能够敏锐地意识到，并且雇用那些与公司风格和价值观相适应的员工，就可以极大地提高他们工作的有效性。

提高下属的胜任能力

领导力在第一个管理层级出现问题的明确信号是员工感到压力很大。当员工感到不知所措、抱怨上级没有足够的支持时，这表明经理缺乏这个岗位所需的关键技能。以下是一些显著的迹象：

- 把下属提出的问题看成是障碍。
- 补救下属的工作失误，而不是教会他们如何正确去做。
- 拒绝与下属分享成功，对他们的问题和失败避而远之。

要帮助员工就要关注他们，看他们在做什么，如何做的，这需要投入大量的时间和精力。经理既需要定期与员工沟通，也需要密切关注工作流程的执行情况。他们要询问是什么阻碍了工作完成，什么促进了工作完成。监督是一项主动而非被动的工作，仅仅动笔记录是不够的，当结果与期望一致时，就应当给予员工适时的鼓励，比如，在员工肩头轻轻一拍表示肯定，同时给予积极的反馈意见；当结果令人失望时，应通过监督获得的信息进行计划调整、方法调整、加强培训，以及要求增加更多资源支持等措施，让工作回到良性发展的轨道。

也许最简单的技能是许多新经理在作为个人贡献者时从未重视的一项技能——亲和力。亲和力不是指让办公室大门敞开，被动回应员工提出的问题，而是一种积极的态度，从言语到行动，都显示他是一位平易近人的领导，让员工喜欢与之亲近，并随时可以找到他。这与其说是一种技能，不如说是一种价值观和工作方法。只有当经理确信亲和力是领导力的一个必要因素时，他们才会在行动和感情上做到平易近人。

建立人际关系

这项变化主要是基于价值观的转变。尽管建立与上司、下属、客户、供应商等的人际关系需要一些技巧，但主要还是取决于价值观。作为个人贡献者，建立人际关系常常不是最重要的。近年来，互联网等因素给个人贡献者的工作带来了更大的独立性，即使要求他们团队协作，他们的工作仍然有很大的自由度。

但是，管理工作的特点是高度的相互依赖性。经理们需要在横向和纵向上建立信任、开放的沟通渠道。这项转变对经理而言常常比较困难：一方面是作为个人贡献者时，他们可能没有学会构建人际关系，另一方面是他们的公司文化可能没有对此给予足够的支持。在一些公司中，建立关系有拉帮结派之嫌，让人想到拍马屁和其他公司政治。克服这类障碍需要管理者们的共同努力以及上级领导的精心指导。

此外，经理必须学会重视、建立三类人的合作关系。

上司（包括所有层级的上司）——首先换位思考，从下级对上级通常所持的对立视角转变为理解管理者的视角。与上司建立良好的合作关系，也将获得他身后的资源、信息等支持，从而与全公司的管理工资联系起来，理解公司是如何运作的。

直接下属——这是建立相互尊重和支持的工作关系，而不是凭个人喜好去交往。一线经理需要对下属的成功负责（反之亦然）。

因此需要建立一种互利互惠的关系。正直诚实是建立良好人际关系的关键。一旦被他人看成是欺骗者和操纵者，一线经理将永远不能与员工建立富有成效的合作关系。

供应商、客户和其他相关人员——比起对员工的要求，经理与他们建立合作关系要求有更开阔的视野和思路。与这些利益相关方建立起"双赢"关系，通常是一种新的体验。向"外部人"提供信息，或者就某些问题向其提出警告，是一件需要在认识上重新调整的事情。

两个在转型中遇到困难的例子

为了理解新任经理在第一次转型时遇到的困难，也需要了解公司应该对他们的转型做些什么，以下分享两个案例。这两个真实的案例展示了一位新任经理面临挑战和努力的适应过程，在缺乏必备领导技能的情况下，他们是如何开展工作的。

巴里成为一家大型制药公司的地区销售经理时，他把这看成是一个机会，可以挣更多的钱，在公司里能有更大的影响力。当公司向他提供这个职务时，尽管巴里很喜欢先前的销售工作，但他还是毫不犹豫地接受了。先前的工作有很大的自主性——大部分时间在各地出差，与各种各样的病人、医院管理人打交道，不用待在公司总部办公室。

作为一名领导八位销售员的销售经理，巴里不得不花很多时间观察销售员的工作，招聘和培训新人，与其他销售经理开会交流，写大量的书面报告（评估、报告等）。他不仅对不再拥有自主性感到难受，同时大量的书面工作也令他很不适应，销售签单带来的心理满足感已经荡然无存。巴里在销售经理的岗位上苦苦挣扎了两年，他的下属也在挣扎，因为当他们渴望得到指导时，巴里并没有给予他们有力的支持。尽管巴里知道某些销售员处理客户关系不当，但他很难把问题向他们解释清楚。刚开始，他的确想帮助下属纠正错误，但下属的自我防卫意识很快令他感到厌倦。最后，巴里辞去了销售经理职务，到另一家公司担任销售代表，在那里他获得了更大的工作自主性和更高的薪酬。

其实，在巴里的管理层级上遇到的领导力问题是可以防止和解决的。巴里如果接受了有效的培训，掌握领导岗位上所需的沟通技能和其他技能，他就会清楚地知道，作为一名经理，员工对他的期望是什么，经理该做什么，从而胜任领导工作。巴里虽然可能不是天生的管理者，但如果能够获得及时的教练辅导和帮助，他还是有可能胜任经理一职的。当巴里获得更多的管理经验后，会变得越来越成熟，他的工作理念自然就会发生变化，意识到沟通和建立人际关系的重要性。遗憾的是，公司没有合适的评估机制来确定巴里的工作理念是什么，对他的工作方式有多么深的影响。公司如果能够做出正确的评估，巴里就可能步入"超级销售员"的发展轨道，或者专门为他设计一个培养方案，帮助他成功转型为一名经理人员。

玛丽是一个成功转型的典型案例。作为一家通信公司的程序设计员，玛丽对技术工作以及创造性地解决问题有很大的满足感和成就感。当她从事技术工作时，感到非常自信和从容，但在处理人际关系问题时，却有点不太自信，手足无措。三年后，她被提升为所在研发小组的经理。

不同于巴里所在的公司，玛丽获得了公司提供的专门为新任经理举办的培训，学到了必备的领导技能，例如如何设计和分配工作。在与人力资源部门的合作过程中，她学会了招聘和面试新员工。当然，这些培训仍然有限，当玛丽的上司要求她的小组开发新的系统并对此施加了巨大压力时，她忘记了自己的角色，过多地参与了下属的工作。她要求下属每天报告工作进展，常常命令下属听从自己的想法，而不是教练辅导他们自己找出解决问题的办法。玛丽似乎认为她能够将自己的想法灌输给小组成员，并认为如果她亲自编写程序，所有的问题都能迎刃而解。事实上，玛丽的越俎代庖削弱了小组成员的积极性，剥夺了他们得到指导的机会。他们不仅没有按时完成任务，而且开发的系统漏洞百出。

玛丽的上司意识到她遇到了管理问题，经常为她提供教练辅导，并通过360度评估来帮她实现领导方式的转型。当听到她过去非常熟悉且合作良好的小组成员说她管得太细、不善于分配工作时，玛丽非常震惊。而且，他们的评价显示玛丽的管理方式阻碍了他们实现自己的目标。这些反馈迫使玛丽以一种新的视角来看待这些问题。尽管她在理智上仍然认为管理细致是对的，但在情感上已经接受了改变的要求。通过教练辅导，玛丽逐步理解了如何授权，并要求自己努力做好。教练辅导和测评反馈帮助她改变了工作理念，她终于意识到，如同她喜欢的技术工作一样，把她的技术专长和领导技能结合起来，帮助下属成功完成任务，也能带给她同样的满足感。玛丽的转型并非易事，她花了好几个月的时间才学会有效授权，放手让下属去做重要的工作。她的上司意识到她在进步，给予她足够的时间、建议和鼓励，帮助她实现这个转型。

疏通梯队战术

初任经理要实现顺利地转型，需要有效的方法。这些方法有助于他们为转型做好准备，观察他们是否成功转型，支持他们克服转型中出现的问题。这些方法之间可能有某些交叉，接下来逐一进行分析，以帮助公司有效地运用。

> 方法一，准备：让初任经理清楚地知道新岗位的要求，包括领导技能、时间管理能力和工作理念，并为他们实现转型提供必要的培训。

这一步比较容易，也经常被忽略。初任经理需要清楚了解新岗位胜任能力的具体要求，而不是泛泛的要求。公司可以把表2-1所罗列的三方面转型要求与公司实际相结合，向初任经理解释清楚，指导他提升新岗位所需要的领导技能。有些公司树立学习榜样，帮助初任经理从身边的优秀经理身上学习这些技能和理念。上司应该与初任经理讨论如何成功转型，并解答一切相关的疑问。

在让初任经理了解岗位技能要求的同时，工作理念的转变更为重要。正如前面所强调的，个人贡献者的重点是专业能力，他们重视的是快速有效地完成任务，但如果初任经理的注意力仅仅放在专业技能上，他们就可能忽略工作理念的转变。他们将简单地学会新岗位要求的领导技能，却不明白这种转变的真正含义。这就可能引发各种各样的问题，没有相应的工作理念作为支撑，就不可能有持续的热情、精力和创新。

通用电气公司建立了一个有效的矩阵，把价值观和业绩结合起来，分成四个象限（见图2-1）。

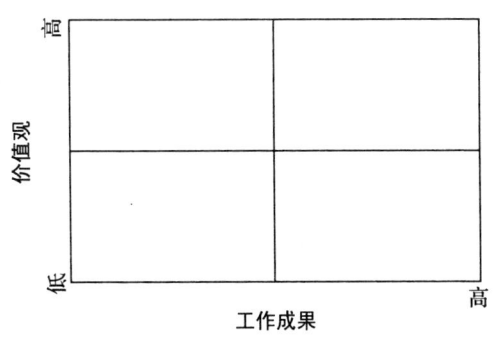

图2-1 通用电气公司领导矩阵

如图2-1所示，优秀员工位于右上角，他们既与公司价值观保持一致，工作业绩又十分突出。处于右下角位置的员工虽然工作业绩突出，但与公司价值观冲突，这种员工的处理最为棘手。通用电气的做法是，他们如果不能改变价值观与公司保持一致，就必须走人，因为价值观冲突迟早会抵消他的贡献。公司可以采用这个矩阵向初任经理表明，仅仅掌握必要的领导技能远远不够，他们还必须从根本上转变自己的价值观，成为真正的管理者。

培训也是实现转型的重要组成部分。初任经理不可能在上任之前受过充分的培训，更不用说有人帮助他们转变价值观和有效地管理时间。上司或者导师应该对其进行培训和辅导，让有抱负的初任经理学会招聘、授权、团队建设、工作设计等技能。

> 方法二，监督：确认初任经理在转型中是否遇到了困难，困难是什么。

有三种方法有助于评估初任经理是否实现了成功转型。

观察 旁听初任经理与下属的沟通，看看他们是否展现出必要的领导技能。

抽样调查 通过360度评估（评估本章讨论过的领导特质）、员工态度调查和其他评估工具，了解他人如何评价初任经理的行为和态度。直接下属可以提供评价上司是否胜任的真知灼见。

差距分析 询问初任经理对自己的领导技能、时间管理能力和工作理念的看法。将这个结果与前面的观察、抽样调查进行比较分析，让他们知道三者之间的差距。

> 方法三，干预：定期提供反馈和教练辅导，帮助初任经理实现转型。如果他们遇到困难，就采取措施帮助解决。

干预是解决领导力发展障碍的必要措施。上司需要采取某种程度的行动加速初任经理的转型，而不是任凭他们沿袭作为个人贡献者时的态度和行为。以下是集中有效的方法。

教练辅导与反馈 上司对初任经理的一对一教练辅导无可替代。尽管评估报告和课堂培训可以帮助初任经理提升能力，但要强化和放大这种提升，上司直接与他们沟通、听取问题并给出明智的建议更为重要。时间管理常常给初任经理带来困扰，他们把太多的时间花在具体工作而非管理上，因此他们常常对时间管理培训辅导感兴趣。此外，上司还应该把初任经理的能力提升作为绩效考核的一部分。

向同事学习，增强合作 组织经理人员相互交流领导技能是一种非常有效的学习方法，让他们彼此交换工作思路和感受，探讨共同关注的问题。实际工作中团结协作更能促进领导技能的提升，掌握技能的有效方法。让下属向公司中的标杆学习也是一种有效的方法。

会议、读书和旅行 这将帮助初任经理从自己的视角主动实现转型。在会议上，初任经理可以谈谈自己上任一个月（或更长时间）里学到了什么，这将帮助他们加深对自己转型的认知，说出自己关注的问题。指定阅读的书籍和文章也有助于他们进一步调整自我。与上司一起外出为初任经理提供了办公室以外的机会，可以在一个宽松的环境中与上司沟通他们自己面临的问题。

工作调整　一些初任经理还没有为新岗位做好准备，他们需要重返员工岗位继续锻炼和准备。另外一些从本质上不具备领导潜质，不适合担任领导工作，应该被安排在能够发挥他们才能的专业岗位上（如从销售员到超级销售员）。

必须重点指出的是，初任经理首先需要实践并完善他们的领导技能。掌握领导技能是实现角色转变的第一步，这让初任经理学会有效地分配时间，认识到工作理念转变的重要性。如果初任经理缺乏授权的能力或者教练辅导的能力，他们就会花较少的时间去做这些事情，而更喜欢将时间花在他们擅长的事情上——数据分析、产品设计、软件开发和其他个人贡献者需要完成的任务。他们不愿在以前的同事面前显得无能，因此尽可能多地做他们过去擅长的事情。他们也在逃避承担经理的责任，诸如团队的工作效率、工作产出和员工能力发展等。

这就是为什么上司应该指导初任经理练习新的领导技能，在有困惑时提出问题，并寻求他人的帮助。一旦他们熟练掌握了新的领导技能，他们不仅愿意花更多的时间去做，而且非常重视这些新的能力。如果初任经理明确意识到工作理念转变对胜任新岗位至关重要，新的领导技能可以帮助他们的团队实现目标并获得组织的认可，他们将欣然接受新的工作理念。

谁来负责：初任经理的转型

初任经理培训在各公司都很普及，这为他们提供了一些有用的领导技能，但培训不是灵丹妙药，人力资源部门不可能开发出某种培训项目，帮助初任经理神奇地实现领导力转型。这次转型的直接责任在他的上司，上司需要学会如何指导初任经理实现转型。遗憾的是，上司们很少接受这方面的培训。

由于一线经理是各管理层级领导者的来源，这个问题就显得尤其重要。如果贵公司正面临各层级领导人才的短缺问题，那么其源头就在于一线经理的培养出了问题。一种简单而迅速的评估方法是，贵公司的大部分初任经理是否在接受领导技能、时间管理能力和工作理念的培训与考核，他们是否对下属员工的成功尽了全责。如果没有，就说明贵公司领导梯队建设的源头出了故障，不要指望从基层向其他层级输送领导人才。解决这个问题的关键在于一线经理的上司，第3章我们将讨论他们的领导力转型。

常见问题

问：我们公司有很多不同类型的管理职位，我无法分辨"管理他人"的定义是否对他们都适用。基于工作类型的不同，我们应该如何区分？

答：我们整理出了六种一线经理的类型。

- 管理很多从事产品生产的计时工人的工厂领班；
- 管理八九个分散工作的销售人员的销售经理；
- 管理约四名经过严格训练的下属的财务经理；

- 管理30名直接下属的呼叫中心经理;
- 实验室中负责一个博士研究团队的经理;
- 管理几名熟练技术工人的工程部经理,包括电工、水暖工、装配工、木匠。

这些管理者都做着相同的工作:计划工作、分配任务、监督进度、给予反馈、教练辅导、绩效考核、招聘和解雇等。这些工作对六类一线经理来说都是一样的,需要调整的只是时间分布和工作重点。

员工的专业性越强,一线经理的计划越要面向未来,给予他们足够的空间,让他们施展自己的才能。对于工厂领班,需要考虑计时员工的未来发展,但更重要的是强调即时的专注和反馈。呼叫中心员工既需要未来的愿景,也需要在处理麻烦问题时的帮助。对于销售经理,既要给员工提供落单技巧的培训,也要重视产品和服务的培训。管理不同的员工,目的都是让员工自我管理,但方法多种多样。

问: 如果我有两三个直接下属,那我算是个经理吗?

答: 可能不是。你至少要花一半的时间在管理工作上,才算得上经理。如果你大部分时间都用于从事技术工作或专业性工作,那你只达到"管理自我"的最高层级。

问: 一个新任一线经理转型不成功,初期的迹象是什么?

答: 第一个迹象是不能有效地与直接下属合作:下属很难找到他,必要的会议太少,没有从人性的角度去了解员工,缺乏有效沟通。另一个迹象是不能向上司清楚沟通成功的标准、主要的问题、业务的优先次序等事项。他们处于管理的孤岛,最终导致业绩不达标。

问: 我是业务发展部的负责人,直接向集团战略部领导汇报。现在,我有三名直接下属,那我算是一名一线经理吗?

答:不。你的工作内容和汇报关系决定了你属于职能型经理。你的工作影响全公司,你参与管理和促进全公司的业务。"一线经理"指的是管理的业务直接促进公司的产品或服务的开发、运营与销售的人,他们工作的影响范围远远小于你的工作。

一线观察	

- 要成功实现这个阶段的工作理念转变,比通常想象中的更具挑战性。我们发现很多一线经理的工作理念都停留在"管理自我"阶段,他们仍然把大部分时间用在喜欢和重视的专业技术工作方面。因此,在把一个人提拔为一线经理之前,首先要评估一下他们放弃部分专业技术工作,重点从事管理工作的能力和意愿。通过安排组长或者项目经理的职位,考察他们对别人的成功负责的能力和意愿。在做出任何正式任命前,评估此人是否可以从帮助别人取得成功中获得满足,并足够珍视它以获得持续努力的动力。

- 至少每年调整一次一线经理的队伍,这是继任计划必需的要求。这个层级上犯错,会让公司付出多种代价:产量下降、士气低落、质量问题和员工管理不力等,领导人才继任规划也将面临失败。把业务明星放到管理他人的岗位上,却没有做好相应的管理工作,这在很多公司普遍存在。一线经理是公司各层级未来领导者的摇篮,这个继任计划流程必须充分考虑这个层级,以保证每年至少一次的继任计划全面回顾。在一线经理岗位上工作6～12个月仍然不能胜任者，必须做出调整，目标是精干高效，一部分经理将在未来获得提拔，另一部分经理将在这个层级有效地工作很长一段时间。

- 一个正在出现的、令人不安的趋势：经理越来越多，直接下属却越来越少，这是对业绩突出的个人贡献者给予的回报。但由此带来的问题是，对于新任经理而言，管理工作很少。结果，他们并没有真正学会如何管理，徒有经理的职务，却不会真正地管理工作。虽然他们期望未来获得新的提拔，但是他们并没有对此做好充分的准备。如果管理职务代表的是地位而不是一系列的管理工作要求，公司的管理就变得"形同儿戏"。把晋升作为对高绩效个人贡献者的一种回报，将给公司的管理带来巨大的麻烦。

- 选拔个人贡献者担任一线经理，需要注意两项要求，一项显而易见，另一项比较微妙和隐蔽。显而易见的要求是完成任务、成就动机、勇挑重担和人际关系良好。微妙和隐蔽的要求包括：学习的兴趣和能力，充分运用所学知识的能力，乐于支持同僚提出的建议并推动这些建议付诸实施，对他人的成功表现出真诚的欣赏。他的上司应该注意到这些隐蔽的要求。

第3章

从管理他人到管理经理人员

从管理他人到管理经理人员，也就是从一线经理到部门总监（或高级经理）。大多数公司有一线经理的培训项目，但很少有公司为一线经理的上司安排相应的培训项目。部分原因是，公司错误地认为管理他人和管理经理人员之间几乎没有区别。公司的逻辑是，如果你能够培养出一线经理的领导技能，那么你当然也能够培养出与前一个职务相似但更重要的领导技能。另一方面是心理上的原因，这一职位常常只被看成是职务晋升而不是一个重要的事业发展阶段。与被提升为一线经理时的各种庆祝相比，晋升为部门总监时通常更多的是内心的喜悦。

但是部门总监与一线经理在领导技能、时间管理能力和工作理念方面都有重要的区别，如果没有实现这个阶段的领导力转型，总监们只是敷衍塞责，将给公司带来严重的损害。短期来看，人员管理将会出现混乱或不力。部门总监负责的是公司中人员最集中的部门,完成绝大部分的生产性任务,其结果直接与公司的产品和服务紧密相关。可以想见,部门总监如果不能胜任自己的岗位,工作质量和工作效率将会受到多大影响!事实上,他们的工作很大程度上决定着公司的执行力和竞争优势。

长期来看,领导力转型的缺失将会影响他们在更高领导层级的表现。我们曾与一些没有实现这个阶段领导力转型的高级管理人员共事,他们就缺乏关键的领导技能。这个层级的领导力转型包含了公司领导力模型的核心品质。

下面让我们通过一个领导者的转型经历,来看一家公司如何错失了这样的培养机会。

授权的失误

20世纪90年代初期,维克受雇于一家大型技术公司,担任软件开发经理。从原先管理一个14人的软件应用部门到成为管理150人的部门总监,12名下属经理分别负责开发、采购和维护现有软件。维克的新上司面临重大的转型挑战、时间期限和竞争压力。

作为一线经理,维克非常胜任,他不仅接受了良好的培训,而且接受了360度评估来提高他对自己管理长处和短处的认知,以帮助他努力地克服缺点。在新岗位上,维克投入了大量时间学习他主管的所有项目,了解下属员工。他发现,有些重要的项目进度落后,很多下属经理不如自己优秀,团队士气低落(经常加班却业绩不佳)。

凭借担任一线经理培养出的果断和能力,维克很快采取了行动。通过定期项目检查、重新调整工作重点和配置技术专家,他取得了一些进展,但这些进展并不能令维克和他的上司满意,同时,他也为人的问题所困扰。每天早晨,一群人排着长队等在维克的门口,向他请示工作和获得批准。很快,维克就没有足够的时间来处理部门预算和项目问题。

部门总监工作的重点是授权给一线经理,体现在领导技能、时间管理能力和工作理念三个方面。维克没有对一线经理进行恰当的授权,相反还剥夺了他们应有的权力。他直接向员工布置工作,自己检查项目,剥夺了应该属于一线经理的职权。所以,员工们开始越过自己的上司与维克沟通,导致维克的时间紧张。

如果维克能够实现恰当的领导力转型,就可以做出不同的反应。从一开始就发挥团队的力量,听取大家的意见。如果建议不太合适,维克也不会轻易做出否定,而让一线经理做出选择。通过给下属做出项目决策的授权,从而让他们对这些决策负责,维克创造了一个良好的环境,让下属磨炼他们的领导技能。

同样,维克腾出更多的时间观察下属经理如何进行管理。维克第一次把他们当作从事管理工作的经理对待和评估,而不是把他们当作从事专业工作的个人贡献者。通过关注下属经理的领导技能、时间管理能力和工作理念,维克明确如何有效地教练辅导下属经理。

如果公司帮助维克顺利实现了这个阶段的领导力转型,他就可以把各方面工作做得很好。需要注意的是,维克的公司完全没有意识到他需要这方面的帮助。部分原因是看上去他已经做好了充分的准备。作为一名出色的经理，他似乎可以顺理成章地担任新的领导职务。但这种假象很容易让人上当，因此，在我们确定这个领导力发展阶段的能力之前，让我们把注意力集中在那些看起来适合，实际上却存在差距的信仰和行为上面。

部门总监错位的五种现象

专业能力很差的情况通常是不存在的。大多数担任部门总监职务的经理，都具备良好的专业技能。他们的提拔常常与他们担任一线经理时的出色业绩和专业技能密切相关，所以，在这个阶段，难以实现领导力转型的原因常常是在领导力的核心技能方面出了问题。

授权问题 一线经理常常存在这类问题，但有时可以敷衍过去。但随着领导层级的提升，授权不足的负面影响越来越大。如果一位领导者有7位直接汇报的经理和70名员工，他不可能亲自处理每一件事情。当他们的权力被削弱的时候，一线经理通常比个人贡献者更有挫折感、他们感到气馁（因为作为经理，他们坚信自己负有一定的决策责任）。更糟糕的是，由于决策集中和决策缓慢，工作的进度变得缓慢。部门总监自己承担了太多的工作，不断受到工作的烦扰，没有足够得力的下属经理可以帮助他。当然，授权问题也不仅仅是授权不足，有可能是授权方式不当，他们缺乏授权后的问责系统。

绩效管理问题　这个问题在于，部门总监很少或者不善于向下属经理提供反馈，没有给出正确的努力方向，下属不确定真正的目标是什么。换句话说，部门总监不能有效地与下属经理沟通。

团队建设问题　总监仅仅把下属经理当成个人，而不是把他们组织成高效的团队，无意之中助长了个人主义，影响了团队的信息共享和协同支持。

仅仅囿于完成任务的思维模式　总监们没有充分考虑新岗位的领导力转型，他仍然像一线经理一样开展工作，而没有意识到自己是一个经理人员发展的教练和导师，也很少对战略和文化层面的问题表现出兴趣。

选拔"自己人"　总监经常有机会选拔下属经理。遗憾的是，他们缺乏这方面的训练，经常选择和他们相似的下属。这不仅导致了人员结构不够多元化，而且由于他们缺乏领导才能，从而阻碍了领导梯队的畅通。总监也经常挑选自己的朋友或者从前的下属，而不是挑选真正有能力胜任一线经理岗位的人。这种做法可能引发重大灾难，因为这些朋友通常不愿意挑战他们的上司，从而不会给工作带来新的视野和理念。

部门总监该做什么

以下四种领导技能至关重要：

- 选拔和培养有能力的一线经理。

- 让一线经理对管理工作负责。
- 在各部门配置各种资源。
- 有效协调自己的直接下属部门和其他相关部门的工作。

下面，让我们分析一下上述每项技能，以及相关的时间管理和工作理念。

选拔和培养有能力的一线经理

选拔有能力担任一线经理的个人贡献者，对部门总监而言是一项陌生的工作。他们不习惯评价个人贡献者领导团队的意愿、沟通能力和计划能力，以及在压力下的决策能力。

决定领导人选，对他们而言常常是一件相对新的任务，他们需要对员工有足够的了解才能进行甄别，哪些人适合担任一线经理。让他们领导团队和领导项目，是两种识别人才的方法。

当然，有些部门总监不重视一线经理的选拔工作，习惯于选拔自己相信的领导者或者熟悉的人员。只有当部门总监意识到，他们不仅仅是在挑选自己的团队成员，也是在为组织培养未来的领导人才时，才会真正重视这项选拔工作。我们也发现，有些部门总监在选拔一线经理时面临困难，因为他们不喜欢区别对待下属。挑选一名经理，等于间接地告诉其他人，你们不够好，这会让总监感到不舒服。部门总监需要学习如何有效挑选经理人员，虽然选择熟悉的人员或者与自己相似的人比观察、考验备选人员要容易得多，但是如果部门总监不在这方面投入足够的时间，他们就不能培养出选拔人才的能力。

培养一线经理是一项创造支持性环境的艺术，这意味着，允许他们犯错但不允许失败，积极支持一线经理学习面试技巧，撰写业绩评估报告，提出建设性的批评。总监需要艺术性地运用权力，激励和指导下属经理，而不是贬低或者打击他们的积极性。很多上司对一线经理犯错的本能反应是，当着他们下属的面进行严厉的批评，让他们觉得自己毫无权力。谨慎地运用权力，对部门总监非常重要，部门总监要清楚地知道给予批评的最佳时机（私下而不是公开），以及如何传递这种反馈意见（就事论事，而不是批评一个人的性格或者智力水平）。

让一线经理对管理工作负责

尽管他们作为一线经理时能够让员工尽职尽责，但作为部门总监，他们需要调整自己的工作重点。他们必须学会评估不同类型的工作，开发一种新的评价下属经理的工作框架。这种评价是基于下属经理决策的质量、绩效反馈的频率和质量，以及与其他部门协作的能力和通过团队产生结果的领导能力。熟练掌握这些技能，不但需要大量的实践，还需要一些时间来学会如何设定既具有挑战性，又不是好高骛远的弹性目标。

部门总监工作的一部分，是调整那些不称职的一线经理。在很多情况下，这比调整普通员工困难得多。调整一名普通员工的理由往往很清楚，业绩不佳或者他的价值观不符合公司的要求。但调整一位新任经理或者将其解雇，则涉及很多无形的因素：不够重视管理，或者没有在管理方面花足够的时间。及时发现这些问题，并进行调整，需要巨大的勇气、坚定的信念和绝对的自信。让业绩不佳的一线经理继续待在原有的岗位，将会阻滞领导梯队的源头，流失业绩出色的优秀员工。因此，总监需要懂得何时进行人员调整。

在各部门配置各种资源

对于部门总监来说，这项工作他们并不熟悉，也不像听上去那样简单。学会资金调拨、技术资源配置、人员配置以提升业绩，是一项需要通过实践才能掌握的艺术。以下是部门总监需要回答的有关资源是否有效利用的问题。

- 每个部门是否能够按时完成任务，并在质量管理和成本控制方面达到要求？如果没有，还需要其他什么资源？
- 我们是否拥有最佳的内外部资源组合？这种组合应该如何进行调整？
- 哪些部门在浪费资源？应该采取什么措施？
- 考虑到整体的产出要求，现有的部门结构是否合理？哪些资源需要重新配置？
- 哪些人不适合在这里工作？如何尽快让合格的人员替换他们？

问题还没有结束，考虑到个人和部门的具体资源要求，还需要做出其他判断。

- 哪个部门工作最有效,并应该给予新的挑战性项目(风险最大的项目)?
- 哪些部门应该获得更多的资源(因为它们能够更有效地利用资源)?
- 谁应该得到最大幅度的加薪?
- 谁最需要教练辅导?谁需要我投入更多的时间?

有效协调部门工作

部门总监必须打破部门藩篱,让信息共享,相互团结协作。他们要从只重视某个特定部门的功利心态,转变到对各部门一视同仁。同时,他们既要在一线经理中又要在员工中灌输平等的理念,让信息、想法在各部门顺畅地流动,促进工作,促进团结协作。

打破部门边界,既是工作理念问题,也是具体的工作流程问题。部门总监需要监督自己的部门和其他部门之间的协作状况,提出问题和改进意见。同时,他们要有一种更敏捷的管理技巧:理解、传达职能部门战略、业务战略和公司使命,通过传达和检查这些工作与公司战略的匹配程度,帮助本部门与其他团队的有效协同,实现组织的业务目标。有效的跨部门合作通常会加速工作效率,一位能干的部门总监能够帮助组织获得更大的竞争优势。

如何帮助部门总监实现领导力转型

首先需要让他们意识到管理员工和管理经理人员之间的区别。

在人们的思想里，这两类管理是相似的，因此必须进行有效的区分。必须有人最好是他们的上司向他们清楚说明新的领导技能、时间管理能力和工作理念。但是，仅仅将这些要求简单地进行描述，还不足以防止产生维克这样的现象，当一线经理工作不顺利的时候，还要替代他们工作。所以，必须有合适的目标和标准，帮助新任部门总监实现领导力转型。这些标准包括以下方面：

- 工作效率提高的程度；
- 工作质量提高的幅度；
- 教练辅导的频率和效果；
- 提升或者为其他部门输送一线经理的人数；
- 新任一线经理的成功率；
- 工作中的团队合作；
- 在新领域的团队合作。

所有这些标准中，最重要的是培养一线经理，使他们对新的岗位做好准备。缺乏经验的一线经理，可塑性很强，他们会自然模仿上司的一言一行。如果上司不能或者不愿意以身作则，树立正确的榜样，引导他们向正确的方向发展，领导梯队在源头就会受到阻滞。如果组织出现了这种问题，唯一的办法就是从外部招募优秀人才，这注定要遭受失败。

部门总监工作的一项重要职责，是向一线经理传达正确的信息。教练辅导是一种更加互动的方式，它可以帮助部门总监传递他们的信息。从真正的意义上讲，教练辅导是一门需要身体力行地关心他人的艺术,它把领导与员工紧密地连接起来。当领导关心员工时,员工就能感受到,这是领导工作的重要内容。当教练辅导关怀严重缺失而工作压力又很大时,人员流动率就会很高,人们会辞职去寻找拥有更好的学习和发展机会的新工作。

这并不是说,每一位部门总监都可以培养成优秀的教练。没有人天生就是教练,有些经理人员天生就缺乏这方面的才能,但是大部分经理还是有能力去教练辅导下属(至少给予真诚的、有用的反馈意见)。这种能力的开发取决于上司的培养,还有外部专业教练的帮助。遗憾的是,许多企业的外部专职教练,由于不了解公司业务,很难给予真正有效的指导。我们通常建议,在教练技术培训课程之后,通过小组练习来进一步提升教练辅导技能。

最后,在这个快速变化和不确定的时代,至关重要的是部门总监必须有全局战略思维。他们在向下属解释和传达公司的发展目标时发挥着重要的作用。如果公司忽视了他们的大局观培养,他们就可能成为变革的阻碍。例如,杰克·韦尔奇在通用电气公司刚开始推行他的变革计划时,部门总监层被称为"混凝土层"。一开始,他们抵制任何创新见解,将精简机构、裁员和授权看成是一种危险。通用电气公司决定,在克罗顿维尔培训中心实施一项"卓越管理者"培训项目,这不仅有助于受训者获得必要的管理和领导技能,也充分阐释了公司再造的文化和业务背景,帮助学员理解公司战略,化解他们的抵触情绪,消除他们对公司变革的流言蜚语和错误认识,而这些正是阻碍部门总监积极、高效工作的关键所在。

及时发现在这个领导力转型阶段面临困难的部门总监，相对于发现顺利实现转型的部门总监，要容易得多。卓有成效的部门总监有什么特征呢？他们的工作态度和行为方式如何反映这个领导力阶段的要求？

一位优秀的部门总监

戈登在一家大型通信公司管理一个技术团队，有七位一线经理向他汇报工作。在职业生涯早期，他非常渴望出人头地，但到了年近40的今天，他变得重视工作的稳健性和意义。值得注意的是，来自上司、下属经理和同事的360度评估报告，对戈登做出了非常积极的评价。这并不是因为戈登是一个缺乏主见的人，或者在他手下做事很安逸。实际上，戈登对工作要求很高，他为团队和每个人设定了很高的考核标准。但是大家认为，戈登的要求是公正的，而且他清楚和及时地阐释了他的要求。戈登也非常清楚自己的主要工作职责：培养优秀的经理人员。他总是在下属工作出色或出现错误时提供真诚的反馈意见，随着经验越来越丰富，他的反馈意见也更加明确和有建设性。尽管他的反馈可能一开始刺痛了某些人，但他不会把批评意见转变为人身攻击。戈登非常了解下属，总是针对下属的不同需求，因人而异地与他们互动交流。当他谈起自己的下属时，自豪之情溢于言表。他认为，自己的重要成就之一，就是许多下属经理得到了晋升，并在新的岗位上工作出色。事实上，公司其他部门的员工也想在戈登手下工作，因为戈登在培养未来的公司高管和领导人才方面，比其他任何人都做得好。戈登也非常善于授权，为下属提出工作目标，允许他们以自己的方式去实现目标。他也精于人才选拔，并在这方面投入了大量的时间。

出于个人的原因（他不想搬家），戈登可能不会在公司获得新的晋升。但是，他完全履行了一位部门总监的职责，甘当新任经理事业发展的"起飞坪"。

常见问题

问：我是一个小公司的职能部门主管，我们公司没有部门总监的职位。我应该如何做，才能确保学到部门总监职位上的管理技能呢？

答：尽管你是一个职能部门主管，你仍然必须做很多部门总监的工作。所以，你的工作应当关注帮助业务总监学会如何管理，并让他们对管理工作负责。同时，你要在整合自己所管理的工作单元方面多下功夫。不幸的是，因为你更多的是在参与日常的事务和产出，而很少做职能部门主管应该做的工作，故而你最大的问题在于你无法发展职能部门主管的管理技能。认真阅读职能部门主管的章节，检查一下你的日程表，以确保你为恰当处理职能部门主管的工作留出时间。很可能的情况是，你花在业务总监工作上的时间比花在职能部门主管工作上的时间要多。

问：在选拔一个部门总监的时候，要看哪些最关键的东西？

答：首先，寻找对管理工作有真正热情的人，这意味着此人必须有合适的工作理念。当你完成过一次工作理念的转变后，下一次就变得容易了。其次，看这个人有没有表现出系统思维能力。部门总监要把自己负责的业务单元联系起来，同时要把自己负责的业务单元和同僚们的业务单元联系起来，发现并理解工作流程、哪些工作必须联系起来以及怎样建立这些连接，这种能力对问题的解决和组织的建立都非常必要。部门总监必须观察整个公司，并理解公司应该如何运营。这种能力很难被教会，必须得到重视。

问：在做继任计划的时候，我们应该如何对待部门总监这个层级呢？

答：部门总监是第一个完全依靠管理技能而非从事专业技术工作的管理层级，因此这也是最适合跨职能调动的层级。事实上，管理技能的提升是领导者成功的关键，而这个层级上的跨职能调动可以加速领导者管理技能的提升。

问："管理经理人"这个职位设置不止一个层级，这有可能吗？我们是一个非常大的公司，在职能部门主管和一线经理之间，设置了两个层级。

答：是的，大公司有两个"管理经理人"的层级，这是很有可能的，这种情况出现在公司跨多个地域或者公司的员工人数非常多时。这两个层级应当以同样的标准衡量，不同之处主要在于管理的对象。较低层级的"管理经理人员"管理的是一线经理，而较高层级的"管理经理人员"管理的是低层级的"管理经理人员"。两个层级的主要职责都是整合工作、分配资源和培训管理者，区别主要在于教练辅导和发展下属的要求。

一线观察

- 本章对管理者角色做了清晰的区分，很受读者欢迎。一个知名的电子产品生产商把"管理经理人员"的角色用很大的字体写在工厂的墙上，让每个人都知道一线经理和部门总监的区别，帮助每个人知道遇到问题应该向谁诉求。而过去，计时工人经常跳过一线经理直接去找部门总监，部门总监经常向计时工人直接分配任务。

- 学会正确的提问是部门总监一个非常微妙的技巧。最常见的情况是，他们询问一线经理（询问这些问题的时候，实际上他把一线经理当成了"管理自我"的一线员工）一些产量或者质量方面的问题，如"你什么时候能完成这个项目？"或者"为什么产品质量会有问题？"当他们询问这些问题时，一线经理会负起责任，完成这些工作。他们会通过这些问题认定部门总监想加速进程或者保证质量。这些因为非凡的个人能力得到提升的一线经理通常的做法是，恢复到原来的角色，成为"管理自我"的一线员工。因此，部门总监应该问的是管理和领导方面的问题。例如，"你应该怎么做才能保证项目能够按时完成？"或者"你手下的员工对质量标准理解多少，你如何保证产品可以达标？"这些问题会引发不同于上述的回应，能帮助一线经理聚焦于正确的工作。不能向一线经理恰当地提问，将抑制一线经理的发展。

- 要认识到"不明确地带"给这个层级管理者带来的难度。部门总监通常不参与公司战略和发展方向，也不应该亲自做技术性工作或指导一线员工的工作。所以，他们既没有领导这个公司，也没有触及产品。他们非此非彼，导致他们忽视了自己真正的角色——将高层战略传达给基层员工，将基层员工的执行能力反馈给战略制定者。如果他没有和上司进行足够的沟通以了解公司战略、发展方向、公司要务和问题，他就无法用这些指导下属的工作，只能凭借自己已经知道或者理解的东西和他们沟通。这样，他们通常就被称为"混凝土层"。

- 要理解，管理深度的缺乏通常是源于公司对部门总监层面的要求不够。公司不要求他们参与开发预算或者制订长期计划。取而代之的是，他们把部门总监视为一线经理的扩展。增加对部门总监的要求，给他们自己制作预算的权力。确保以适当的代价完成正确的工作，应该被视为这个层级的常规做法。参与长期计划对他们是一种拓展，为他们提供机会展现自己成为事业部副总经理的潜力。一定不要因为对部门总监要求不够，而人为制造一个事业部副总经理继任的鸿沟。

第4章

从管理经理人员到管理职能部门

从管理经理人员到管理职能部门,也就是从部门总监到事业部副总经理(职能部门主管),这是一个很大的晋升。在小公司里,事业部副总经理是班子成员,有资格享有股票期权、俱乐部成员资格、车辆、公司主管地位和其他形式的身份特征。被任命为事业部副总经理的人将成为企业高管团队的一员,并向事业部总经理负责。大多数情况下,他不久前的同级同事现在要向他负责。他以前所工作的职能部门同事即使现在比他低两三个层级,也要向他负责。作为分管事业部副总经理,他将以不同于以前的方式进行经营管理。虽然他的业绩在一定程度上取决于他如何使用所获取的信息,但他也清楚,他并没有获得想要的所有信息,也不确定已有的信息是否全部准确。所以,如果他想要继续在该层级上取得成功,就必须能够熟练地收集和理解信息。

所有这些都需要成熟的领导技能，而这样的技能要靠他自己获取。成熟的领导者具备移情能力，能够把握时机、准确判断，并且掌握信息来源；他们已学会设法通过正式和非正式的方法来收集公司内外的信息。他们学会了如何在不抑制创新和冒险精神的同时与他们的下属交谈（并纠正他们）。他们已经意识到长期和短期规划的重要性。换言之，不管作为管理者还是领导者，他们都已变得成熟。有些领导者永远都无法成熟起来，这给他们的部门和业务带来很大损害。领导力成熟度是描述这个阶段要求的一个总体概念，要培养它就要先理解它，让我们先了解它的两个基本要素。

成为一名成熟的事业部副总经理

要明白"成熟"的意思，让我们先后从职能和业务的角度看待这个词。从职能角度看，成熟是指从多个角度对职责进行思考的能力。处于职能管理层级以下的人通常给人的感觉是他们的职责彼此割裂。作为事业部副总经理，他们必须转变想法，坚信自己的职责是为了支持总体的业务目标。这样的信条导致如何权衡工作中的困难变得必要。这也意味着职能部门的领导者要创造出新的职能结构来更好地支持公司的需求，他们需要将结构从集中式改为分散式，同时忍受转变带来的困难。

领导力成熟度还涉及学习如何与多层级的群体交流。由于额外层级增加，同时也由于人员横向（在不同的办公室、地区和国家）和纵向分散，使有效的交流变得更为困难。在职能部门之前的管理职位上，他们习惯于经常与直接下属见面，开展一对一的面谈。但现在这种模式并非一直都可行。交流的双方有时候相隔很远，有时候他们挤不出时间进行这样的交流，因此，成熟的领导者应当学会委派任务和信任下属，而不必总是亲自参与频繁的长篇对话。这样的领导方式也适用于领导者在纵向和横向层面展开管理。

在职能部门要一起为了公司利益合作时，领导力不成熟就会显现出来。通常，在找出谁该为问题负责或者在事情进展良好、要决定谁应得到奖赏时，经理们就会被卷入其中。虽然公司对任务责任的划分可能是超越职能边界的，但他们不会照此进行绩效评价和奖惩。因此，不成熟的事业部副总经理就会在项目成功之后为团队的奖赏争执不休，因为他们做了大量的工作，或者他们会指责其他事业部副总经理的过失。他没能与其他职能部门进行有效协调并克服困难，他缺乏成熟的领导方式，只是一味地怨天尤人。

成熟度的另一方面还涉及要像商人而不是官员那样思考。对于在部门层级工作了十年以上而且没有任何其他经历的人来说，这是一个重要的思维飞跃。事业部副总经理并没有接受这样的教诲：要能够考虑一项决策如何影响一个人所处的"群体"以及范围更大的社会。因此，发展关注整个企业的视角而不仅是部门的视角才能形成成熟的观念。

全局视角源于实践经验。理想的状态下，公司在专职工作组、委员会和项目团队中都要有年轻、高效率的人才，公司应当给他们委派任务，这些任务能迫使他们有效规划和执行那些超越职能范畴的创意。通过开发一个跨职能部门的关系网络，以及积极锻炼战略思维，他们更可能快速成长为领导者。

领导力不成熟很难进行鉴定。如果一位事业部副总经理在他自己的职位上非常出众，有很好的业绩记录，他的缺陷就会显得相对不重要或可能被忽略。在这个层级上，你要清楚哪些行为和态度暗示着领导力尚不成熟，而我们正好有这样一个经典案例与你分享。

新任事业部副总经理的常见缺点

威尔的发展一帆风顺，在其职业生涯的大部分时间里，他都在管理生产部门，并对最新的生产流程和设备表现出极大的兴趣和学习能力。当威尔被提升到新的职位上，并且负责公司最热门的新产品的生产时，他提出的创新的产品改进和成本缩减方案引起了管理层的关注。成为部门总监之后，威尔很满意他的领导职位，他在军队时也曾担任过领导职务。

大多数情况下，威尔做得很漂亮。他授权下属测试新发明的生产技术，并教他们如何培养自己的下属。尽管满足于工作的进展状况，威尔却抱怨没有足够的资金来加快生产产能的增长。在威尔任职的两年里，他的业务规模扩大了一倍，他和团队成员也因他们所做出的贡献而得到了奖励，其中最好的奖励就是威尔被任命为制造部门负责人。

威尔管辖九位部门经理，他们负责生产计划、质量控制、采购、制造和其他领域。此外，信息技术主管、人力资源主管和其他支持性人员不定期向威尔汇报。威尔提升得太快了，上述经理大部分都比威尔年长。

作为主管领导，威尔努力获取采购和其他两个生产操作领域的知识，他之前很少接触这些领域。他反复了解这些领域，并审查他们的目标、计划和预算。经过威尔自己所认为的客观分析之后，他认为采购环节运转不佳，其他两个生产操作领域人员过多。他断定，如果将用于这些领域的资金转移到他之前的新产品生产领域，将能很好地满足生产制造部门的需求。

在威尔缩减预算后，负责这些工作的直接下属被激怒了。当威尔声称自己观察到他们缺乏效率时，采购部门负责人当即辞职。威尔的上司知道后，比那些直接下属更生气。威尔的肤浅分析并没有揭示出那两个生产操作部门在维系客户关系方面所发挥的决定性作用，也没能反映出采购部门已经筹划已久，准备寻找那些质量下滑的供应商的替代人选，采购部门负责人很善于寻找优质产品供应商并与他们建立合作关系。威尔凭借他那有限的知识和专业技能就贸然下结论，还把他的发现当作借口来为他先前钟爱的项目提供资金。简单来说，威尔没有培养出作为一名成熟的领导者应该具备的领导力。

当某人专注自己喜欢的事物，这预示着他将在这个阶段面临难题。通常，新任事业部副总经理都会被安排管理多个领域，他们对这些领域并不熟悉或根本没有相关经验。没有好的参照，他们就会高估自己以前熟悉的职责领域的价值，低估他们不熟悉的领域的价值。威尔应当从关注部分新项目为主的操作导向过渡到关注该部门所有项目的战略导向。遗憾的是，没有人告诉威尔该这么做或者让他往这个方向发展。

战略思维：胸怀全局

最优秀的事业部副总经理是那些具有战略思维，并在具体管理时胸怀全局的人。要同时具备这两个条件，需要一定程度的领导力成熟度，这不是大部分职能部门主管天生就具备的。在某个职能领域工作就是要战略性地思考，并且负责该职能范围内的一两个领域。大部分职能部门主管在一两个领域内表现出色，从而变得成熟起来。例如，市场营销部门的负责人可能会擅长以下某个领域：广告、沟通、品牌管理、产品管理、直销等。当他擅长其中某个领域时，其他领域内他的能力就往往是有限的。很少有人能理解职能范围内所有领域的最新知识，很少有人能平衡现有的职能要求和未来业务目标间的关系，很少有人能明白所有其他领域的职责和对公司的贡献度，以及这些领域与他自己的职能之间的相互影响机制。

要保证领导梯队在这个层级足够开放并具有较高的灵活度，职能部门主管必须学会重视、培养必要的工作能力，在职能战略与整个职能部门管理上下功夫。如果缺乏足够的人才，他们还应随时准备好能够从外部招募人才以满足部门工作的即时需要。让我们先审查战略方面的要求。

职能战略

在晋升到这个领导层级之前,领导者已经在自己的职能范围内为职能战略实施制订出支持性的经营计划。现在他们必须提升为制定职能战略。以下是该层级战略的五项要求。

长期思维(3～5年) 事业部总经理必须制定出长期战略,而副总经理要制订出与长期战略相吻合的计划。对于那些习惯于以年为单位思考工作的经理来说,将职能战略的时间框架与事业部战略的时间框架相匹配是项陌生的任务。成熟度的概念在这里再次凸显其有用性。

觉察最新发展动态 这对职能部门主管是一个挑战。职能部门主管要积极掌握技术方面、经营方面和专业方面的最新进展,这一点非常必要,会直接影响到他们部门对企业竞争优势的贡献能力。在目前的环境下,达不到最先进的水平将会落伍于时代。在网络社会,新技术信息很容易就能被他人获取,同时人们可以通过互联网寻找争取新机会。职能部门主管需要利用网络和其他工具了解那些能让他们的部门保持或达到优势地位的新进展。戴尔、丰田等公司就是通过瞄准最新发展水平的职能战略来取得竞争优势的。客户根据他们的规格需求来定制电脑或汽车,并且很快就能收到货物。需求流动技术已为这些公司带来竞争优势,同时,掌握新流程和新技术的职能部门主管也能帮助他们的公司获取相似的优势。

全面了解商业模式的细节、长期的战略方向和目标　这看起来似乎显而易见，而且易于实现，事实却并非如此。新的职能部门主管通常只是片面地了解甚至误解这项工作，有时是因为他们在各自的业务领域工作太久而缺少与外界沟通。成熟的领导者能够意识到他们必须把握整体而不是那个让他们觉得惬意的细节。如果职能部门主管能回答以下问题，就证明他对商业模式和长期战略的理解很深入。

- 该业务要实现的目标是什么？
- 在市场中想要如何给自己定位？
- 战略在最近是否发生改变或是否将要发生改变？
- 我的部门是否能为公司的竞争优势做出贡献？
- 每个职能部门必须为该战略贡献什么？
- 我的部门做出的努力如何影响该战略？
- 我的部门如何影响其他部门所做出的贡献？
- 在该业务领域，如何实现盈利？

将职能部门的所有方面纳入战略思考　在此，职能部门主管要转变他们之前的时间管理方式。过去，他们可能只花很少时间来了解那些他们不负责的职能领域。但现在，了解其他职能领域是必需的，并且他们要花很多时间。不管一位职能部门主管的直接下属多有能力，他都要负责将所有的零星意见整合成切实可行的战略。如果没有足够的知识，他无法有效地做到这一点。

在支持业务战略、盈利和竞争优势（而不仅仅是支持职能领域的成功）的职能领域进行权衡的能力 这要求职能部门主管识别不同职能部门之间的联系。有时这些复杂的联系必须通过持续的对话才能发现。因此，职能部门主管需要花时间与他们的直接下属交谈，了解他们的每个团队如何与其他团队很好地合作。职能部门主管还要了解战略和系统思维，这样才能将他们正在负责的事情与更大的业务问题和目标联系起来。

管理整个职能部门

整个职能管理领域拥有众多职责，其中最重要的职责可能是如何进行有效沟通。在过去的职业生涯中，经理一般已经具有自己的沟通技能，但现在是要从交谈转变为倾听。这个层级的领导是信息密集型的，如果一位经理没有充分利用所掌握的事实和想法就做出决策和政策发布，这将会造成领导梯队的严重阻滞。从外界的客户、供应商和行业分析家以及内部的同事那里征求意见和信息是必要的。在公司内部，必须给予每位员工平等的倾听机会。在职能部门各个层级安排与员工的例行倾听会议是绝对必要的，这是建立"纳谏能力"和在危险与机会出现前觉察它们的唯一方法。举办这些倾听会议时，经理们应该积极倾听并且开放思想，这样才能回答以下问题：

- 员工们都在做什么工作？
- 他们是否得到合理的管理、发展、奖励和指导？

- 他们是否对业务战略、盈利模式、职能战略、商业挑战、竞争形势和短期重点工作有足够的了解,以便正确地开展工作?
- 他们面临什么问题?
- 阻碍是什么?
- 在改进他们自身、所在职能部门以及公司绩效方面,他们有哪些想法?
- 正在发生什么创新?
- 决策周期的速度是否足够快?

倾听(与"只讲不听"相反)是成熟领导者的特征之一,积极的倾听需要耐心、共鸣和平易近人。显然,职能部门主管也需要和他们的员工交流。在这个领导层级上,管理人员不可以沉默寡言、独断专行,也不可以只与他们的直接下属交流。由于要了解更多层级的想法,职能部门主管必须要与各级管理人员和所有下属部门的职员交流。互联网、内部网、传真或其他手段的使用促进了一些对话的实现,但是仍无法替代面对面谈话和由此产生的情感成分。这就意味着职能部门主管需要在倾听方面投入更多的时间,减少在一般性事务上所花费的时间。

职能部门主管必须掌握多种倾听技能。例如,他们既要聆听说出来的内容,还要领会那些话外音。他们要留心大家回避的话题,以及解决特定问题时犹豫不决的态度。他们还要能够反复将谈话内容与谈话对象的背景联系起来,这是指对话中的每个人都有其自己特殊的假设和经历,这些假设和经历塑造了他们的谈吐风格。在进行绩效评价时情况更是如此，一个人可能认为某项业绩很出色，而另一个人可能觉得很一般，这取决于他们的背景和经历。职能部门主管要学会在交谈时考虑这些不同的背景，以避免误解。

重视你所不知道的

由于职能部门主管要应对如此多新的陌生问题，这样的挑战是双重的。

- 他们如何学习应对新问题？
- 他们如何学会重视这样的问题？

对年轻、有上进心和有抱负的职能部门主管来说，重视新出现的陌生事物是一个特殊的挑战。由于不够成熟，他们常会陷入陷阱，想要知道所有的答案。觉得自己一定要"对得起"他们的晋升，他们上任的第一天就造成领导梯队的阻滞。他们绝不愿意问问题，或者说"我不知道"，以免被他人认为他们不应被提升到其所在的领导层级。在理想状况下，职能部门主管喜欢学习他们不懂的东西。在他们上任初期，他们的下属也乐于接受和解答这些问题或不确定的情况。客户和终端用户也同样很乐意为他们提供知识和想法。关键在于职能部门主管要积极与其他人对话，仔细倾听并思考他们所听取的信息。他们只有在完全理解自己的工作后才会真正去重视它，而学习的热情有助于他们适当地调整自己的理念。下面的故事就证明了这一点。

罗恩的故事

罗恩被任命为一家中型运输公司的销售主管。他来到新公司时声誉很高,被全权委托去重振一个经营不善的销售团队。尽管这是他第一次担任职能主管,罗恩的确是这个领域的专家,他曾帮助前任雇主的销售团队取得很好的成绩。罗恩很容易就在销售部门进行了一次彻底的大检查,他辞退了很大一部分员工,任命自己带来的下属,制定以前曾为他带来成功的制度。

幸运的是,罗恩曾接受过良好的培训。他经历了现任职位前的每个领导阶段,并认识到在经历这个新阶段时,他必须转变他的工作理念、学习新的领导技能和时间管理能力。因此,他没有重复以前所做的事情(把精力和时间集中在提高销售业绩上)。相反,他努力与他的直接下属、年轻的销售人员、客户服务代表和执行人员开展面对面的交谈。虽然公司的首席执行官将罗恩招进来,但罗恩并没有把精力都放在与首席执行官搞好关系上;他努力去了解其他职能部门主管所关注的事情。收集到足够的信息后,罗恩制定了一个战略,将公司的复杂事务及其部门内的下属职能部门间的关系全部考虑在内。令大部分管理层人员惊讶的是,他选择关注客户服务的改善。因为大家都以为他会从公司外引进顶级销售员,或者重组销售团队,使其变得与他在前任公司所带领的高效团队相似。然而,罗恩认真倾听并战略性地、全面地思考他管辖的部门业务。销售增长缓慢主要是因为客户服务不到位,而不是销售力量薄弱。这一做法吸引了新客户，同时也维护了现有客户。

幸亏罗恩的洞见，公司的绩效大幅度提升，他也被提升到担负更大职责的新职位。

识别职能紊乱的信号

如同更低层级的领导一样，职能部门主管常常依赖相同的领导技能和时间管理能力，延续前一职位的工作理念。虽然这清晰地预示着他们没能很好地实现角色转型，但他们在某一下属职能部门的优秀绩效常常掩盖了这样的预警。他们看起来似乎做着了不起的工作，因为他们不断想出好主意，在一个领域内不断做出好成果，但其实他们阻碍了整个领导梯队，因为他们没有理解到这个领导层级上真正重要的职责，没有实现角色转型的经理所履行的职能无法使业务朝着战略目标迈进。由于他们对某些工作内容的偏爱，他们在职能部门内引起了愤怒、不满和职员流动，他们最后也会因损害职能部门的长期绩效而失败。

要识别在这一阶段出现问题的经理，请看以下三个方面的症状。

（1）无法从项目运作导向转变到战略导向。

- 缺乏经营业务的整体思维。
- 缺乏长期考虑（更多关注短期）。
- 缺乏将职能活动与业务目标相联系的职能战略。
- 忽视公司的职能部门标准、需求、政策和规划。

（2）不能重视和应对不熟悉或兴趣不大的工作。

- 花很少时间抑或不花时间与不熟悉部门的人员交流或处理相关问题，把大量时间花在熟悉领域的人员和事情上。
- 在薪资、奖金和预算方面表现出对熟悉部门的偏爱。
- 其职能部门内的人员流失率高于正常比率（虽然这也可能归咎于必要的人员清理）。

（3）作为领导者的表现不成熟。

- 不是很愿意承担领导者的职责，更乐于扮演事必躬亲的管理者和执行者。
- 不相信他人，尤其不相信不熟悉的职能部门的下属。
- 不能授权，必须掌控所有事情。
- 倾听和表达方面的沟通能力很差，除了与亲信下属打交道外，不与他人接触。
- 授权过多，缺乏有效的控制系统（或者相反）。

虽然领导者不成熟在前两个方面也有表现，但第三组症状则更能显示某位经理在这个阶段遇到麻烦了。

培养成熟的、有战略思维的、全面的职能部门主管

成熟是从成功和错误中学习的结果，换言之，学习源自经验。理论上来说，人们应该可以从更大的范围来考虑业务，既能在成

功，也能在失败的情况下深思熟虑。他们通过展现自己的不成熟行为，并通过咨询、培训和反馈等途径从自己的错误中吸取教训。虽然很多相对年轻、高绩效的员工正在被提升到职能部门主管的职位，但他们的成熟度很可能并没有得到全面的发展。要帮助这些领导者成长，需要将他们安排到背景、技能和经验各不相同的职能部门或下属部门的特别小组、团队和管理委员会中，与多元化背景的同事一起高效工作，这将是宝贵的成长经历。职能部门主管不仅会学习到新工作领域的知识，还会与使用不同方法和技能的其他人建立关系，这样能使他们摆脱熟悉职能的限制，帮助他们看到更广阔的选择。

培养战略思维能力是一个更正式的过程。在该职位上工作3~6个月后，这些能力的培养需要通过大学培训课程、咨询项目或者内部培训课程来完成。然而，最好的培训方法应当包括亲身实践活动，开展这些活动时，领导者需要利用该职能部门的资料、面临的挑战和相关资源。任务完成后，他们应该获得评估和反馈。

旨在帮助领导者成为全面职能部门主管的培训可能涉及多项活动，但最好的一项活动就是与其他职能部门主管交流，他们能够分享各自对这一特定管理岗位职能的看法。他们觉得什么地方需要改进？如何有效协同？同级人员的观点可以为新的职能主管提供更多见解，这将远远超出他平常所拥有的认知范围。

公司可以通过一个培养进度表定期检查领导者的成长速度。如果要成功地实现这一新的领导力转型，职能部门主管就要在如何支配时间上做出重大调整。需要安排用于制定战略、与各个下属职能部门代表交流的时间。职能部门主管要在日历上标记出这些活动的日期。此外，他们还要花时间找出跨行业的学习标杆、参与社交网络，例如，青年总裁协会（YPO group）等。对职能部门主管的工作日程定期检查，将了解他们是否在成长为合格的职能部门主管方面真的花了时间。

评定领导者成长的最好方法可能是观察其成熟度，我们已经发现很多可能的信号，但成熟度也可以用谦虚等特征来评价。一位成熟的领导者并不需要精通每个职能领域（事实上也不可能），但他愿意承认别人比他知道得多，愿意向他人学习。同样，成熟的领导者意识到如果他们要成功，就必须同他人合作。要做到这一点，他们应学会授权、沟通，并确保信息顺畅、快速地流动。

最后，成熟度的一个清晰信号就是摒弃以前的老套做法。当老的做法成为规则，职能部门和下属职能部门就只会各行其是而无法合作。尽管管理层试图摒弃这些固有做法，但陈旧的态度会依然存在。成熟的领导者要转变这种仅服务于本职能领域的意识，建立一套更综合、更全面的经营理念。

常见问题

问：除了履行职能外，职能部门主管的主要目标是什么？

答：职能部门主管的主要任务是为一项业务或一个公司建立竞争优势。他们通过为客户提供服务来决定如何击败竞争对手。他们必须清楚竞争对手都在做什么，并找出实现业务差异化的方法。例如，"我们比竞争对手拥有更优秀的员工，因为与同行业的其他公司相比，我们的招聘、培养和培训都更为有效"，或是"我们在解决客户问题和服务客户的时候更具创新精神，因为我们进行了更有效的市场调查和客户沟通工作"。职能部门主管必须将自己看成是竞争前线的一员，正在与那些试图在市场中获胜的对手进行直接竞争。

问：为什么职能部门主管常常与他们的同僚（即其他职能部门主管）竞争而不是合作？

答：职能部门主管的两个常见误解可以用来解释这个问题。首先，这些领导者在争夺公司资源的时候常常假设这是一个"零和游戏"。他们相信其他经理所获得的每一元钱都是自己所损失的，因为整个企业的总资金额是固定的。其次，他们展开竞争而非合作是因为继任未决——他们认为自己是在与同僚竞争下一任事业部总经理的职位。

这些假设都是错误的。在第一个误解中，企业发展并不是零和游戏。企业总体上发展得越好，各部门就能获得越多的资源。因此，职能部门主管必须意识到如果他们不能帮助其他职能部门，这种缺乏合作的行为就会反过来先影响整个企业，然后影响他们的资源分配。从乐观的立场看，他们应该明白如果他们帮助其他职能部门实现了企业目标，就会创造新的利润并且赢得他人的好感，这将使得公司资源更容易获取。同样，个人成功和进步只有在企业成功时才更有可能实现，以付出同僚代价而获得的个人成功不会给企业或者个人带来任何好处。

问：培养高效职能部门主管的最好方法是什么？在他们到达这个层级之前或之后，是否应该接受跨部门的管理任务？

答：某些下属职能部门的任务对职能部门主管的发展很有帮助。例如，生产、制造、工程、质量控制、采购和生产计划方面的任务，或者至少三个领域内的任务有助于人们为制造职能部门经理的职位做准备。其他职能部门还有多级下属部门，它们的任务都需要掌握。从单一的下属职能部门获得晋升并不能获得想要的成就、经验和知识。而且，应当在到达职能部门主管职位前提供跨职能的任务。对企业的不同见解以及其他职能部门工作的一手知识对于准备成为职业部门主管的人来说，是很有用的准备。

一线观察

- 成为职能部门主管的过程比我们之前所描述的更为棘手。新的职能主管必须理解他们不再是职能部门的一员，而已成为该职能部门的领导者。履行职能工作，例如解决最难的技术或专业问题，已不再是他们的职责——不管这些任务有多么重要。这样的工作应该是让部门总监或更低层级的人员来完成。在职能问题方面的应对和处理将会使职能部门主管陷入日常或近期工作，尽管他们更应关注未来的发展。当他们解决了最艰难的技术或专业问题，其他人员就不会学习如何解决这些问题了。

- 让我们先明确在特定环境下如何界定职能部门主管的问题。有些公司只有一个业务单元，它们的首席执行官既是事业部总经理也是首席执行官。因此职能部门主管同时领导公司的职能工作和事业部的职能工作。公司的职能工作使企业得以维持经营，也使企业在业界有一定地位。

- 企业的职能工作集中在服务客户或者确保客户服务质量方面。在这种单一的业务配置中,公司的职能工作常会受到不良影响,而长期增长也遭受损失。职能部门主管必须有效组织以完成公司的职能工作和事业部的职能工作。

- 另一类例子来自这样的公司:产品经理向事业部总经理负责并且承担盈亏责任。产品经理认为自己承担的是事业部总经理的职责。然而这种盈亏责任的承担方式通常是错误的。他们其实不需要承担成本和收益的责任,甚至不需要承担其中任何一项责任。大部分成本发生在制造环节,而这个环节并不对产品经理负责;收益是销售部门产生的,也不对产品经理负责。因此这些产品经理虽然影响着产品的生产和销售,但并非直接管理上述过程。这些职位应当被界定为职能部门主管而不是事业部总经理,战略和竞争定位是职能部门主管职位的关键要求,但是与事业部总经理的要求还有差距。

- 无法在职责范围内维持业务或企业的利益是一种常见的严重问题。如果职能部门主管在孤立的状况下工作,不与事业部总经理或其他职能部门的同级别人员合作,该职能的价值就会大打折扣。正在开展的工作可能很符合职能标准,例如,科学而精确的调查或高质量的招聘项目,但不能支持整个业务策略。很多情况下,职能部门主管是对专业领域而非企业展现忠诚或做出奉献,或者职能部门主管也可能不同意这项业务策略。不管原因是什么，要保证职能部门主管了解并接受业务策略，该职能部门的所有成员也要如此。

- 急于任命职能部门主管层级的人员对个人和公司来说都是不利的。不要屈服于诱惑而急于将聪明、有抱负的人安排到这些关键职位。我们发现这些职位太重要了，不能交给没有做好准备的人，不管他们有多聪明。本章强调情感成熟是一项主要的要求，大多数人要花上好几年时间来培养这种情感。如果年轻人看似很快便掌握了下属的职能，就在提拔他们成为职能部门主管前先让他们成为部门总监，并承担跨职能的任务。作为一名职能部门主管，更宽广的业务视角和对新职能的学习将会为竞争优势的追求奠定良好的基础。跨职能的任务转换有助于他们变得成熟。

第5章

从管理职能部门到事业部总经理

许多公司高管把担任事业部总经理的经历看成是他们职业生涯中最愉快的时光。作为事业部总经理,他们全面负责产品或服务的研发、生产、营销等工作,同时,对成本与收入承担责任,有很强的掌控权。第一次担任事业部总经理意味着一个巨大的挑战——可能是所有六个领导力发展阶段中最大的挑战。这不是简单掌握新的领导技能和时间管理能力的问题,事业部总经理将不得不改变他们的思维模式。

任何从事业部副总经理晋升为事业部总经理的领导者,都注定要经受"领导力变革"。事业部总经理处在一个众目睽睽的位置,所有的职能部门主管、公司高管、金融界以及其他利益相关方都密切注意着他的一举一动。许多事业部总经理都有"孤身应战"的感觉——比起担任副总经理,他们从上司那里得到的指导少之又少。此外,工作越来越复杂,制定业务战略和整合各部门工作需要把各方面的分散信息综合运用。当然,还存在一个巨大的工作理念转变:从重视主管职能部门的作用到全面重视所有部门的作用。

当前,随着电子商务的普及,企业竞争的方式正在发生根本性的变化,这对事业部总经理工作的影响比对其他层级领导工作的影响大得多。

接下来我们深入分析事业部总经理面临的几个富有挑战性的转变:领导技能、时间管理能力和工作理念,以及为什么事业部总经理岗位把那么多非常成功的事业部副总经理搞得焦头烂额。我们先来看看一位非常聪明、富有才华的事业部副总经理第一次担任全面负责工作的领导者时是如何应对的。

并非只有超人才能做出超凡业绩

卡特琳娜是一家大型金融服务公司优秀的事业部副总经理,作为业务主管,她成功地扭转了公司的信用卡业务。她对金融业务的敏锐,以及对信用卡业务运营细节的把握使她创造出引人注目的业绩。当卡特琳娜受命领导一家刚刚兼并的南美银行时,没有人感到意外。卡特琳娜曾在多个国家工作过,对国际性工作非常适应。这家银行处于亏损状态,原因包括支行太多,缺少明确、系统的战略和监管不力等。她为有机会全面领导一家银行重振业务激动不已。

卡特琳娜有信心重振这家银行。她大权在握,对于实现公司高层的期望毫不怀疑,但卡特琳娜错了。虽然她在成本控制方面做得比任何人都好,但她的重振战略基本上是操作层面的。她希望完全依赖自己的专业优势使银行每项工作都正常运转。她通过实施更有效的流程极大地增加了信用卡业务的盈利，并试图在更大范围内如法炮制。一些新流程是有效的，但这远远不够。该银行产品组合十分广泛，有些产品已经过时，她应该放弃这些产品而不是更有效率地运营这些产品。她考虑的是"把事情做得更好"，而不是"我们应该做这件事情吗"。

卡特琳娜意识到仅仅改善流程是不够的，她废寝忘食地深入银行每一个部门工作。在担任事业部副总经理时，为了达成既定目标，她经常开夜车通宵工作，并取得了成功。现在，这种"超人"般的努力却失败了。面对问题的复杂性，她一筹莫展。卡特琳娜反复考虑是否该关闭不盈利的支行，但支持者与反对者力量相当，她难以采取行动。卡特琳娜过细的管理方法触及银行的潜规则，人们不喜欢被一个外行告知每天应该做什么。很快，人们不再主动参与，只是让干什么就干什么。

卡特琳娜想向上司求助，但她不愿意这样做。她知道大家都在注视着她，期望她做出非凡的业绩，在这种情况下，她最不愿意做的事情就是向上司表示自己的无能。而且，上司"远在天边"，对这家银行也缺乏感情。以前，卡特琳娜与各位上司关系密切。现在，上司在交代任务时已一再说明，她要依靠自己，"希望你自己解决自己遇到的问题"。事实上，她已竭尽全力。卡特琳娜最终离开了这家银行，也离开了那家金融服务公司。她始终不明白，为什么一个看起来绝佳的机会却变成了"滑铁卢"式的惨败，卡特琳娜、她的同事以及那家金融服务公司都蒙受了重大损失。

转变思维方式

第一个要求是转变思维方式。这看似容易,其实很难。虽然所有的领导力转型都需要转变思维,但这一次是里程碑式的转变。从范围广度、权衡利弊到时间分配、内部决策、外部决策等方面都与以前有质的不同。事业部副总经理关注的是能够做什么?能否得到订单?能否设计和优化薪酬方案?能否按时交付产品?但是,事业部总经理必须关注完全不同的一系列问题:如何实现业务增长?如何提高盈利能力?如何增强竞争优势?

此前,作为事业部副总经理,他们都热衷于提高生产力水平。现在,他们必须按一套新的衡量标准来调整工作重心,必须在全球背景下,从盈利能力和可持续竞争优势的角度来思考问题。由于多年习惯于从战术层面思考短期的部门业务目标,要实现思维方式的转变并不容易。

部门策略思维与业务战略思维大相径庭。显然,后者要求具备更广泛的视野。事业部总经理必须考虑到无数的外部因素,包括客户、竞争者、人口数据、经济趋势和其他外部利益相关方,例如政府和社区。业务战略必须同时考虑本行业和全球相关事务。

思维转变的难度不容低估。不管对新任事业部总经理如何强调思维转变的必要性,他总是本能地回到原有的思维模式。在一二十年职业生涯中,他一直在重复使用的、注重短期目标的思维模式。就像卡特琳娜一样,在压力下,即使她知道在新的领导职位上这样做是不对的,但她还是又回到过去的思维模式中。

管理好错综复杂的问题

表 5-1 说明了当今的事业部总经理有可能遇到的复杂问题。

表 5-1　大多数业务中的 100 个要素

广告	子公司	资产	权力	汽车
坏账	福利	账单	蓝图	债券
品牌	现金	支票	承诺	交流
社区活动	竞争者	计算机	顾客	承包商
版权	成本	信用	员工名单	企业文化
客户	数据	能源	伦理	经验
专长	工厂	设备	家具	目标
商誉	主意	个人贡献者	革新	保险
智力资本	内部网络	存货	岗位	工作
知识	实验室	领导人	分类账	负债
许可证	获得许可	后勤	标志	市场定位
测量标准	会员资格	使命	抵押	网络
票据	办公室	组织	所有者	合伙人
专利	退休金	计划	流程	产品
利润	项目	工程	潜在客户	原材料
房地产	应收票据	报告	声誉	研究
收入	奖金	风险	制度	服务
股票	股票期权	战略	供应商	供应
系统	技术	威胁	头衔	商标
培训	工会	远见	仓库	担保

没有人能够为承担这些重任提前做好准备，不但有许多方面不熟悉，而且它们数量之多，令人咂舌，虽然一些事业部副总经理曾被赋予跨部门的职责，为承担更广泛的责任做了准备，但这远远不够。因此，学习新知识（应该做什么，怎么做好）不但需要时间还需要提前准备。

如果学习仅仅是线性的，也许比较容易。部门经理也需要了解部门内部不熟悉的各项业务，因此，这类学习过程并不陌生。但是，这里所说的学习既是线性的，又是立体的。从概念上讲，挑战在于：在多元化的人员、部门和流程中建立联系。这种"连接"的责任绝非儿戏。事业部总经理既要为短期目标建立联系，又要为长期目标建立联系。例如，新招聘的员工不但要能胜任眼下的工作，而且在他们中间还要产生未来的事业部副总经理和事业部总经理。销售不仅要建立盈利客户群，而且还要培育出未来几年的忠诚顾客。

问题的复杂性远远超出事业部总经理个人能够处理的范畴。有些部门经理在依靠个人能力时，可以获得成功，但是，担任事业部总经理却不行。单打独斗就要遭受和卡特琳娜一样的失败。事业部总经理需要把部门经理整合成团队，而不是各行其是。任何公司都有大量的复杂问题，需要运用多种方法综合治理才能解决。一个人力资源问题或许也是战略规划和预算问题。事业部总经理要整合强有力的团队并领导它，让每一位成员都高效工作。只有这样，他才能成功地解决遇到的复杂问题。

学会重视所有部门

事业部总经理来自于传统的事业部副总经理岗位，开始承担全面的责任。他们需要时间掌握关键的领导技能，学会如何从业务整体的角度看问题，表面上看这并不困难，仅仅是花一些时间，动动脑子，有点毅力就行了。实际上，真正的困难是学会正确评估每个部门的作用。从担任事业部总经理开始，部门偏见成为严重的问题，这可能导致多方面的结果：要么对某一部门过度宠信，要么不能充分认识另一个或多个部门的贡献。

虽然主要部门的作用也可能被低估，但对支持部门的忽视将是一个非常严重的问题。一位事业部总经理曾经这样说："在我的职业生涯中我都一直避免与人力资源部门的人打交道，但是现在我却不得不直接管理他们。"在通常情况下，这种态度可能源于过去一次不愉快的经历（比如，人力资源部门曾阻止他提拔一位心爱的下属），或者因为忽视其作用。令人吃惊的是，虽然事业部总经理对人力资源、财务、法律、审计、信用、保险和统计之类部门知之甚少，但他们仍然可以获得晋升。

如果事业部总经理认识不到这一点，就会常常忽视那些支持性部门的作用，这将影响他的领导力。优秀的支持性部门是公司承担业务的早期预警系统。它们最先发现销售的突然变化、员工士气问题和法律纠纷。通常，支持性部门人员能够在问题爆发之前就控制它、解决它。此外，它们也是事业部总经理的耳目。因为支持部门为各个部门服务，它们最了解各部门的情况，帮助事业部总经理全面掌握各个方面的最新动态。其他下属可能接触不到这些最新情况，或者不愿意向上汇报。遗憾的是，许多事业部总经理都没能有效利用支持部门来促进公司业务的有效运营。

高度透明

每一个领导职务的工作都有一定的透明度。每位新任经理都有一位上司监督他,看他在新的岗位上表现如何。然而,对事业部总经理的监督,无论是上司还是员工,都更为严格。公司业绩在很大程度上取决于事业部总经理如何经营业务。

事业部总经理上任后,最重要的变化是什么,大家都拭目以待。几乎人人都有疑问:

- 他会获得成功吗?
- 他将改变战略吗?
- 他能争取到我们所需要的资源吗?
- 他将维持团队的现状吗?
- 既然已大权在握,他是否会有所改变?
- 他会偏袒他曾经工作过的部门吗?
- 他将过度集权还是过分放权?
- 他将受到公司的关注吗?

事业部总经理对上项目、做计划和人员管理拥有很大的权限。这让他的一言一行都会受到人们的关注。他们必须用这种权力来冒险和学习,事业部总经理也面临各种各样的问题,有时需要冒险和试错来获得答案。由于大家都在观察和评价事业部总经理,所以他的错误常常被夸大。

比较一下事业部总经理与事业部副总经理的透明度,这很有意义。事业部副总经理的透明度存在于部门内部。虽然下属也琢磨事业部副总经理的每一句话，观察他的每一个举动，但是，因为有共同的业务目标和共同语言，大家容易相互理解。当然，可能有的事业部副总经理和事业部总经理也受到关注。但总的来说，事业部总经理受到的关注更加强烈。

迎接电子商务的挑战

据估计，电子商务将成为美国经济增长最快的部分，2010年全球有几亿人在使用网络交易。传统业务和新兴业务同时在网络交易中欣欣向荣。许多总经理都面临增加电子商务带来的挑战。

虽然各级领导者都受到电子商务的影响，但事业部总经理的工作受到的影响最大。他们的工作理念、领导技能和时间管理能力都必须进行相应的调整，许多以前对业务本质的理解都必须改变。以下是他们面临的一些共同挑战：

- 毛利下降是一个不争的事实。这要求公司成本下降（成本控制和加速资金的周转）的幅度要大于产品价格降低的幅度。
- 业务模式可能在一夜之间就变得过时，公司有可能从巨人变成矮子。
- 很快每家公司的业务都是全球化的了。
- 基础结构必须引导发展，如果它不能迅速、顺利地发展到一定程度，公司将失去顾客，前景难料。

- 成本快速攀升，令人难以想象；对技术和技术人才的投资是必要的，但这两者随时都可能被淘汰。
- 品牌变得比以往任何时候都重要，它有助于公司从无数的公司中脱颖而出。
- 权力的天平向顾客倾斜。
- 无论是对人力资源部门还是对各级领导者，人员计划必须放在绝对的优先位置。
- 智力资本可以创造业务的差异性和公司的竞争优势，内部网络、思想库、全球在线检查，诸如此类都可以吸引多种多样的人才来解决问题和利用机会。

领导力转型困难的信号

观察事业部总经理在领导力转型中是否存在困难，需要丰富的经验，因为这种迹象并不明显。举例来说，如果在业务经营上有困难，他不会到处抱怨，也没有哪位聪明的领导者会贬低电子商务的作用。当事业部总经理勉为其难时，这种征兆就会变得明显。他们比其他任何领导层都更有可能做持久的、难以完成的工作。

下面是一些常见的在该转变过程中遇到麻烦的征兆。

缺乏激励的沟通 似乎新职务带来的困难让领导者变得"词不达意"了。担任职能经理时，说起话来慷慨激昂，头头是道，现在却难以激发团队成员。他们出现了"语言障碍"，过去，他们与员工使用共同的职能部门语言，现在却要找到适合各个职能部门的语言。问题的根源在于他们没有学会从不同的角度来考虑业务，因而也没有学会用一种全新的、令人激动的方式来讲述它。在面对团队或一对一的谈话中，他们都没有找到合适的参照系把话讲得清清楚楚。

没有能力组建强大的团队　因为工作的复杂性、不熟悉和工作量很大等因素，事业部总经理建立起有效的团队至关重要。然而，有的事业部总经理会坚持做"独行侠"，这种心态的普遍现象是，直接下属太无能，他们经常表现出对某个部门的偏爱（他曾经工作过的部门），对其他部门的疏远。也有可能是由于事业部总经理不能理解和激励事业部副总经理，和他们一起努力工作，当他们在一起工作时互不信任。有时候，他们相互争吵不休。如果事业部管理团队喜好争辩、互不信任、效率低下，这就表明总经理工作失职。最后，有些总经理不知道如何从外部招聘到优秀的团队成员。

另一种情况是，他们是通过产品或技术来运营业务，而不是通过人员。事业部总经理不是依靠管理团队去处理业务问题，而是亲自处理产品和技术的具体问题，他们仍然处在个人贡献者的状态。这种行为不仅影响事业部副总经理发挥作用，也让事业部总经理自己难以集中精力从事战略性的工作。在这方面存在问题的事业部总经理，是不可能被提拔为未来公司的首席执行官的。然而，有些事业部总经理虽然也是通过管理产品和技术来经营业务，也能进入公司高层，但他们通常是通过猎头公司来实现的。

没有掌握业务赚钱的技巧　作为事业部总经理，他们的职责是通过业务来赚钱，并且提高投资收益。然而，很多事业部总经理不明白改善盈利状况的要求是什么,虽然他们在一定程度上理解盈利的要求,但是他们不能把这种要求转化为正确的行动。例如,从生产运营或者财务部门提拔的新任事业部总经理,有时对客户的要求感到困惑,错误地认为这就是盈利的关键,而没有看到完整的价值链。他们仅仅关注某一个环节,因此低估了销售部门的作用。

不能认清盈利的来源,主要是缺乏对业务核心流程的理解。要理解,就需要下功夫,也就是要承认自己在这方面的无知,找到值得信赖的相关专家,主动询问更多的问题。从熟悉一个部门的领导者,转变为管理不熟悉的跨部门业务,是一个巨大的挑战。有些事业部总经理很容易滥竽充数,而不是全力以赴、虚心学习,弄清业务成功的关键流程。事业部总经理应该有足够的自信承认自己在某些方面的欠缺,并且乐意把工作交给具有这方面专长的人去做。

时间管理问题 如果事业部总经理一味走马观花地从一个部门到另外一个部门,根本没有时间与核心人员讨论问题,那么他肯定会遇到麻烦。事业部总经理经常遇到时间管理问题,他们难以在上级外部活动和拜访客户等工作中找到平衡点,原因在于他们还受到先前工作岗位带来的思维影响,总是希望做更多的事情。他们热衷于事必躬亲,而不是打造高效的团队,并把具体工作授权给他们。成功的关键在于,事业部总经理要做那些从整体业务的角度来看应该优先做的事情,既能创造短期的业绩,又能创造长期的业绩。

忽视"软环境" 忽视了组织文化的领导者，没有意识到价值观反馈和组织信仰的重要性。结果，他们不愿意在企业文化建设方面投入时间、精力和资金，明确组织的工作理念。对事业部总经理而言，他们是企业文化的监护人。然而，他们却常常忽视企业文化的建设或者把这项工作放在次要的地位。

自我提升的方法：自学、历练、反省

自我提升主要靠自己，上司的帮助是辅助。在事业部总经理的领导力转型过程中，需要面对许多新的挑战，其中最难的莫过于如何处理各方面的复杂问题。图 5-1 所示的三角形分析工具，对于理解复杂性非常有效。

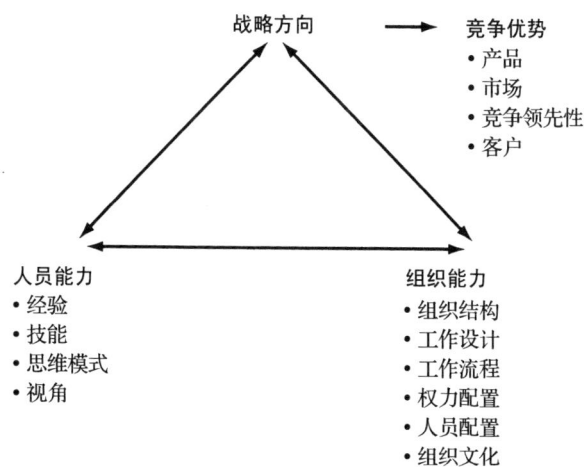

图 5-1 协同三角形模型

资料来源：Drotter Human Resource, Inc.

如图5-1所示，该三角形展示了事业部总经理的主要工作职责、所需要的知识以及各方面的相互关系。把这些知识转化成工作计划和行动，就能很好地解决工作中的复杂性。

例如，如果市场份额下降，或者业务没有获得应该的市场份额，事业部总经理通过这个三角形考察相关影响因素，提出合理的问题，问题的答案就可以成为事业部总经理决策的重要依据。这种方法有助于避免为了获得市场份额而采用降价之类的单一行动。

帮助事业部总经理学会评估和协调各个部门的工作，发挥团队的优势，需要各方面的配合。理想的情况是，所有的事业部副总经理都具备必要的经验和专业知识，能够完成总经理交付的任务，赢得总经理的充分信任。实际上，这种情况并不多见。因此，事业部总经理的上司应该考虑以下问题：

- 鼓励他们花时间与每一位部门经理沟通，学会提问、倾听和反馈。
- 帮助事业部总经理跟每一个部门设定目标，并把这些目标与公司的管理目标连接起来，让支持部门能够提早发现可能出现的问题。
- 建议事业部总经理培养这样一个习惯，每次商务出差都带一名部门经理随行，这可以帮助他更好地了解各个部门的作用和实际情况。

虽然改变事业部总经理的思维模式并非易事，但是如果他的上司在其上任之初就提出告诫，可能就会变得容易一些。上任之初或者遇到新困难时，人们更容易接受建议，因此，上司要为事业部总经理安排一系列的会谈来明确以下问题（见表 5-2）。他们必须要实现领导力的转型，包括领导技能、时间管理能力和工作理念。

表 5-2　基于协同三角形模型的问题示例

战略方向	• 我们有适销对路的产品吗 • 我们在正确的市场中竞争吗 • 我们的竞争优势能够继续保持吗 • 我们的业务定位有差异性吗？可持续吗 • 我们选择的客户细分市场合适吗
组织能力	• 为了定义客户需求，我们有正确的流程吗？市场潜力如何 • 我们的产品研发部门是否获得了足够的授权 • 我们的成本是否太高，因此不得不提高产品价格 • 面对挑战，我们的各部门是否有效地组织起来了
人员能力	• 员工是否具有创新精神 • 面对客户的需求，我们是否擅长设计出他们需要的产品 • 我们是否有客户导向的思维模式 • 我们是否清楚要在哪些方面竞争？我们的目标是什么

资料来源：Drotter Human Resource, Inc.

在最初的探讨中，上司应该把重点放在如何平衡短期业绩和长期定位的关系上。这是一项艰难的思维模式转变，事业部总经理需要学会统筹兼顾，而不是顾此失彼。上司通过帮助事业部总经理界定问题、合理地分配时间和资源，可以提高他们平衡全局的思维能力。

事业部总经理的工作透明度更高。有些事业部总经理在以前的岗位上已经比较成熟，善于适应抛头露面的场合。面对各方面的关注，有些事业部总经理本能的反应就是防御和固执。为了帮助他们变得更加开放和具有灵活性，可以尝试以下方法：

- 在正式公布之前，找一位值得信赖的同事，事先沟通自己的想法、决策和方案是否可行，避免在公开场合被否决。
- 当对某些决策或答复没有把握时，坚决说"不知道"，然后承诺在某个时间前给予答复。
- 决策之前，充分听取正反双方的意见，有时也寻求外部专家的建议。
- 考虑《华尔街日报》的反应：问自己如果这个想法或者交易明天出现在《华尔街日报》的头版，你做何感想？

最后一个问题——电子商务的挑战，要不断要求自己和其他人开拓自己的眼界和学识，能够有效地把电子商务和现有业务结合起来。以下问题有助于了解他们的电子商务知识和相关能力：

- 我懂电子商务吗？我真的理解吗？我愿意像控制业务部门的传统思维模式挑战吗？
- 信息技术部门真正了解电子商务吗？如果他们把业务与电子商务割裂，这将损害现有业务而不是帮助现有业务与电子商务结合。
- 如果人才很重要，我们能否做到以人为本？我们是否吸引并留住了优秀的人才？
- 我们的行动是否迅速？

思维模式的成功转型

在许多公司里，领导梯队出现阻滞，原因在于事业部总经理不能应对新职务带来的复杂性。他们总是回到熟悉的领导模式中，而不是投入时间和精力调整自己的思维模式，应对新任务带来的挑战。

当加里被任命为一家大型金融机构的事业部总经理时，他没有退缩不前，而是知难而进。加里在商品交易部门工作了10年，完成了一系列难度不断增加的任务。他表现突出，所以当他的上司获得升迁时，他理所当然接替了上司的职务。他的晋升是众望所归的，因为加里的业务部门被认为是全球一流的，他为业务部门的成功做出了杰出的贡献。

加里的上司也曾经非常成功地领导了这个部门，加里上任后可以非常容易地维持前任制定的战略。部门收入已经达到5亿美元，运营利润达到23.8%。但是加里不打算维持现状，他运用三角形评估工具分析业务战略方向、组织能力和人员能力。他也乐意向下属和客户请教，不怕暴露自己的"无知"。

他发现行业需求已经饱和，传统产品的价值不断下降，欧元区即将变成现实，并将减少对其产品的需求。在欧洲，他的业务最强，但是人员分布不合理，业务目标也很分散。在团队的密切合作下，加里得出结论：目前的业务模式不适合当前的现实和客户需求。

这个发现令人不安，但正是这个发现改变了他对主管业务的发展思路。这一点并不容易，其中原因很多。重要的一条是，老上司提拔了他，他却要实行新战略，改变前任已被证明的成功战略。加里努力适应新的复杂环境，充分信任团队成员，在他们的帮助下采取行动。结果，他们制订了业务转型计划，不再经营产品交易，转而提供专业咨询。这意味着，交易员人数将减少，提供交易咨询的专家人数将大幅增加。这也意味着获得新客户和服务现有客户的基本流程将要改变。

结果表明，加里的新战略获得了巨大成功，他和他的团队敏锐地抓住了增加公司盈利的新机会。咨询服务降低了业务风险，利用了许多新的市场机会。这些都需要勇气。虽然加里比大多数新任事业部总经理更加引人瞩目，但他并没有因此而畏首畏尾。相反，他充分准备、团队协作、克服困难、建立关系，实施业务发展所需的正确战略。

常见问题

问：为了帮助事业部总经理顺利实现领导力转型，有哪些好方法？

答：走出习惯了15年左右的舒适区，是一个巨大的挑战。在部门层面形成的习惯、思维方式、日常交流和工作关系，短时间难以改变。第一步是调整时间表。新任事业部总经理的上司或者人力资源顾问需要投入大量时间帮助他调整自己的时间表，包括留出专门的时间进行战略性的思考和制订工作计划，拜会重要客户的高级管理人员（而不是一般的销售联系人），与直接下属尤其是曾经的同僚一对一地深入交流，评估跨业务的关键流程，倾听基层人员的意见。新任事业部总经理可能感到驾轻就熟，但是他们对这些问题理解的视角发生了改变，不再从部门的角度而是从整个事业部的角度来看问题。

第二项关键行动是建立自己对关键人员和员工群体的评价标准，同时清楚地阐释这些评价标准。原先基于部门的评价标准，需要尽最大限度地由基于事业部业绩的评价标准取代。

第三项关键行动是明确他们希望做出的贡献。当任期结束的时候，他们希望听到别人如何评价自己？这些答案包括快速成长、卓越领导力、市场领导者、优秀的教练……当他们明确努力的方向时，他们将全力以赴去获得有助达成目标的技能。

问：整合零碎的信息，做出重要的判断，是一项重要的领导能力。它的具体含义是什么？

答：这指的是找出业务中的各个相关因素，并理清它们的相互影响关系。许多事业部总经理曾经是成功的部门经理，他们在管理原有部门时能够把本部门和部分外部因素联系起来。现在，他们在做决策时，必须理解和连接与业务相关的所有因素。例如，如果公司给客户一个更大的折扣，这将对其他客户、公司的市场定位、盈利能力、供应链、供应商关系、研发预算、销售佣金产生什么影响？计划、决策和行动必须考虑对各方面的影响，这要求事业部总经理必须了解业务的各个方面，特别是那些他们从前回避的方面。

问：成为合格的事业部总经理最困难的是什么？

答：许多事业部总经理告诉我们，他们在人员评价方面困难重重。从前认为合格的人员，现在从事业部总经理的角度看，他们并不胜任。他们的工作不得不进行调整，甚至被解雇。总经理们感到，他们过去对下级的评价更多地依赖于忠诚和过去的业绩，但现在的评价则主要是依据下级现在的工作表现。在众目睽睽之下，总经理必须公正和一以贯之，无论他是否愿意。

> **一线观察**
>
> - 从本书第 1 版发行以来，领导者对电子商务的看法变得越来越重要。相较十年前而言，电子商务今天对公司的发展至关重要。但是，领导者在利用电子商务改造原有业务的过程中，并不尽如人意。许多网站很难搜索，词条解释错误，图片使用不当，充斥着过时的信息。事业部总经理必须更加关注电子商务，而不是授权给技术人员去完成。让公司网站看起来舒服，完善网站内的所有词条，培养电子商务合作伙伴，获取和答复网络问题，应该是事业部总经理的重要职责之一。
> - 通常，事业部总经理陷于完成短期目标的工作。虽然思考战略和规划战略也是他的重要工作，但往往投入时间有限，或者托付给他人。完成每个月的业绩指标，看起来是事业部总经理唯一的专注点。从关注部门业绩到关注事业部的盈利能力，似乎实现了工作理念的转变，但实际上他们都仍然是关注短期业绩指标。事业部总经理不应该把战略规划工作完全授权给战略规划部门。他必须非常清楚自己的业务市场在哪里，未来的竞争需要什么。短期利益和长期利益应该统筹兼顾。
> - 一个事业部总经理经常犯的严重错误是，没有认识到创建一个业务导向的团队是他的主要工作之一。我们注意

到，许多事业部总经理很支持培训，但是我们很少看到他们与直接下属一对一地进行教练辅导。他们把直接下属看成是业务专家，而不是竞争优势的来源。因为他们并不真正懂得各部门的业务，他们竭力回避对部门经理进行教练辅导。帮助每一位事业部副总经理理解事业部战略及其与部门工作的关系，对于事业部总经理至关重要，是业务持续成功的基础。此外，每一位事业部副总经理都应该有全局思维，而不是只考虑某个部门。事业部总经理能够也必须教练辅导直接下属，确保他们理解和接受事业部战略，并把各部门工作与事业部战略紧密相连。放任事业部副总经理各自为政或者不能达标，是一个严重的错误。

- 协调一致至关重要，"协同三角形模型"有助于实现这个目标。这个模型为同时跟踪业务发展的各个相关因素提供了一个完整的框架，用过该模型的事业部总经理都说很有效。我们还注意到，当事业部总经理运用这个模型之后，人力资源部门与他们的工作配合更加有效。所有部门都应该运用这个工具来推进各自的工作，并且相互协同。事业部总经理应该要求下属采用这个工具或者类似的工具。这个模型也可以个性化地描述具体的技能、思维模式、业务流程、客户，等等。事业部总经理必须精心协调各部门关系，群策群力，把各部门与事业部业务有机地联系起来。

第6章

从事业部总经理到集团高管

这个转型阶段似乎有点让人失望。正如我们前面强调过的,事业部总经理之所以喜欢他们的工作,是因为在做自己喜欢的事情,既有无穷的乐趣,又有丰厚的报酬。但作为集团高管,他们不再直接经营一项业务。有时他们还缺少下属人员,不得不从手下的业务部门或公司其他部门借调人员。集团高管的岗位要求是模糊的、间接的。集团高管的工作包括:充分调动公司资源重整衰落的业务,以恰当的方式培养事业部总经理,设计一项合理的业务组合来协同各个业务单元并且开发新业务。集团高管要把自己当作这个业务单元的老板,评估事业部总经理的工作、团队、组织文化,满足公司的目标和业务要求。换句话说,集团高管从充满乐趣的事业部总经理岗位,转换到枯燥无味的领导岗位。一些集团高管告诉我们,他们在这个职务上举步维艰,唯一的动力是,他们把这看作是通向首席执行官职务的垫脚石。有些集团高管甚至认为，这根本不算是什么工作。

毋庸置疑，在一些大公司里，集团高管被简单地当成了联系人。换句话说，集团高管的职责就是协助首席执行官，减少直接向首席执行官汇报的人数。这似乎有一定的道理，但多少降低了集团高管的作用。理解集团高管作用的公司，通常都有一个清晰的集团战略，它常常是全球化战略，包括以下问题：未开发的新市场、未被重视的细分市场、可能的需求增长等。许多聪明的公司要求集团高管负责在全公司推动关键的创新，考察他们与政府部门、华尔街、行业和关键客户等建立外部关系的能力。当集团高管的职责拓宽后，他们的角色就不仅仅是对事业部总经理的监督了，还包括担任一些首席执行官的工作，以考察他们是否具备未来担任首席执行官的能力。如果他们能够完全胜任，这将提升他们领导多个业务单元和多元化业务部门的能力。

集团高管的这些历练，对未来担任首席执行官至关重要。对任何公司来讲，集团高管层的角色是枢纽型的，如果集团高管没有为领导力转型做好准备，或者得不到足够的支持，公司的领导梯队就会受到阻滞。结果，集团高管在做事业部总经理的工作，事业部总经理在做部门总监的工作，依此类推……事实上，他们将引发一连串的连锁效应，各级领导都将"越俎代庖"。

集团高管的领导力转型与初任经理有相似之处。两者都要求放弃自己喜欢做的工作，而且这些工作他们做得非常成功。他们必须放弃亲力亲为、在短期内产生成就感的工作。在某些情况下，集团高管必须放弃自己亲手创建的业务，或者因为市场形势的变化和公司业务组合战略的调整，不得不减少对自己工作过的业务部门的投入，甚至关闭这个部门。

在讨论集团高管的领导力要求之前，让我们首先分析一下他们必要的工作理念。

间接成功

重视他人的成功和业务的成功是绝对必要的。集团高管工作的有效性，在很大程度上依赖于他们帮助下属及其业务取得成功。对于那些雄心勃勃、业绩导向的集团高管来说，这是一种全新的工作理念。在以前的工作中，他们已经学会了授权和指导下属，但作为集团高管，他们必须考虑一组业务部门，以及它们与整个公司之间的关系。正如一位满腹牢骚的集团高管说："我觉得自己无事可做，远离了具体的业务工作，那正是我最喜欢也最擅长的事情。现在，这种工作的乐趣已经一去不复返了。"

因此，成功的标准和以前不一样了。判断事业部总经理的战略管理能力和授权能力，以及推动项目的进度，是一种新的领导能力。下面三个问题有助于判断集团高管的工作理念是否实现了有效的转变。

> 问题一，集团高管能否做出正确的决策，区分不同业务可能产生的不同结果？

工作目标不再是亲自发展业务，而是创造合理的投资组合。合理配置资源是首席执行官的一项关键能力，集团高管要学会重视这项能力的培养。这意味着需要权衡利弊：是投资发展一项业务，还是在现有成熟业务中获取最大利润以发展其他业务？这也意味着为了实现增长，并做出合理的投资决策，需要从不同的国家和客户群进行分析考虑。判断华尔街如何评估公司的发展也至关重要。如你所知，与投资单项业务相比，这项工作更加复杂、模糊。这不仅是一项战略判断能力，也是具体的战略规划。

> **问题二，集团高管能否在与直接下属共事中把他们培养成真正的事业部总经理？**

这个角色对很多集团高管而言，勉为其难，因为他的工作主要是支持和培养事业部总经理开展工作，而不用自己亲自动手。这一点，我们在后边将会详细讨论。集团高管可能犯的最大错误是越俎代庖，过多承担了事业部总经理的职责，凡事亲力亲为，而不是放手让事业部总经理自己做出决策。这个问题与集团高管的工作理念有关。先前的工作让他们重视与直接下属的密切联系与互动，现在他们需要退居幕后，扮演苏格拉底式的教练型领导。

> **问题三，集团高管能否让公司总体战略优先于部门战略？**

许多集团高管把注意力集中在少数的业务部门。过去，他们看重的是具体的业务部门的业绩，但是这种视角将成为公司总体战略的障碍。集团高管需要多角度思维，充分考虑各方面的需求和问题，形成一个总体方案。这种战略性的思考与其他各层级的领导者不同。

下面我们探讨他们的工作理念如何影响他们的领导技能和时间管理能力。

管理和培养事业部总经理

集团高管领导事业部总经理，批准他们的业务规划，但他们并不亲自管理具体业务。这并非说说而已，集团高管强烈地希望改变业务战略、质疑价格策略、加强生产部门等，做那些他们担任事业部总经理时乐此不疲的事情。他们最重要的是向事业部总经理提问并评估其工作的有效性，而不是亲自去从事具体的管理工作。与事业部副总经理的领导力转型类似，集团高管必须表现出克制。即使在最大、最复杂的组织中，也通常只有两三百名事业部总经理，他们是公司最优秀、最聪明的领导人才，是公司未来高管的主要来源。公司如果不能够有效地培养他们，就不得不从外部招聘人员担任公司的高层。虽然培养领导人才对各级领导者都很重要，但在集团高管层面，这项工作对公司未来显得尤其重要。

为了帮助事业部总经理的发展，集团高管需要学会评估他们的战略规划，而不是亲自去制定战略规划。他们必须控制把一个有效的战略交给下属执行的冲动，代之以询问和教练指导，让下属自主设计部门的战略规划。最好的集团高管能够敏锐地识别下属的战略规划，通过询问和观察，可以确定下属是否胜任其领导岗位，他们的思维是否仅限于事业部副总经理层面。战略评价能力就是在长期的反复实践中练就的，这也是成功的关键因素。

集团高管必须学会超越财务结果来评价事业部总经理。可以想见，除了财务指标，找出别的衡量标准是一件困难的事情。但是正如我们在前面讨论过的一样，事业部总经理之所以取得成功，在很大程度上是因为他们学会了整合各部门的需求和问题。当集团高管要求事业部总经理从更广泛、多角度的视角考虑问题时，事业部总经理会如何反应？他是否能把包括顾客和供应商在内的各方面因素统筹兼顾？当他为了实现一个雄心勃勃的目标而必须协同多个部门工作时，他是否感到手足无措？当他们在这些问题中遇到麻烦时，要注意他们的表现，辨识他们的才能，这些辨识能力是集团高管必须重点掌握的。要让下属明白，各方面工作都很重要，他们不仅仅对财务指标负责。

· 在时间管理方面，集团高管必须投入大量时间与事业部班子成员交流。精于从班子成员中选拔未来的事业部总经理，是一项非常重要的能力。这并不需要天赋，只需要用必要的时间观察下属的业绩能力和动机就可以。通过赋予下属管理和协调跨部门的工作，观察他们的表现，并与其深入沟通。如果集团高管愿意把时间花在上述工作中，他们就会对事业部总经理的才能做出准确的判断，这将形成集团高管可以信任的领导团队，而不必越俎代庖地亲自运营业务。

把业务部门与整个公司联系起来

没有哪项业务是一个"孤岛"。尽管一些事业部总经理有诸侯的心态，但他们必须把自己的业务部门与公司整体战略和目标连接起来，这在很大程度上取决于集团高管的监督和强化。业务部门在很多方面对公司整体产生影响，当一个业务部门因污染环境而触犯法律时，公众是不会区分业务部门和母公司的。一旦品牌受损，整个公司都会遭殃。

集团高管必须确保各个业务部门在追逐利润时遵守法律和公司政策，维护和提升公司的品牌形象。他们的任务不仅是通过做正确的事赚钱，而且还必须采用正确的方法赚钱。为了更好地监督各业务部门奉行公司的价值观和各项政策，集团高管需要依赖支持性部门作为他们的耳目。如果他们仅仅依靠个人力量完成这么繁重的工作，肯定会出差错。

另一项工作涉及资金调拨。集团高管对各业务部门的盈利负有责任，也掌握着资金在各业务之间的调拨，这要求他们有一个重大的思维转变。事业部总经理的视野相对狭隘，专注于特定的产品和市场，而集团高管不得不保持一个更加宽广和客观的视角。在决定资金调拨之前，他们需要对每一项业务成功的风险进行评估，他们必须判断哪些产品增长潜力巨大，学会进行准确的财务分析。不管怎么说，资金调拨决策是很难做出的，原因在于有些事业部总经理不愿接受公司的这种分配，并且对集团高管这方面的每一个决策都表示质疑。

第三项相关技能是区分业务优先次序，包括判断哪个业务部门的战略最佳，哪些业务战略最符合公司的总体战略，因此，哪项业务最应该获得充分的资金支持，领导者第一次必须在对公司最有利的事情和支持自己的主管部门之间进行合理的平衡。集团高管的工作很微妙，因为对公司最有利的事情也许对某个业务部门并不一定有利，所以集团高管必须有知识、有分析能力、有个人信用，从而与直接下属和公司高层都保持良好的关系。凭借自己的公正无私和精明的商业头脑，获得各方面尊重的集团高管才有可能顺利完成这项高空表演。

管理新发现的领域

在担任集团高管之前，领导者主要关注的是有形的事情。作为集团高管，他们必须习惯于思考无形的事情，并做出相应的战略规划。大多数集团高管主管的业务都属于某个行业，拥有共同的市场和技术等。在任何行业，都存在各种各样的潜在机会，集团高管需要发现和分析这些机会。一旦发现某个机会，他们必须决定是否开发这个机会，形成一个新的业务或者兼并一项业务。有效预测谁将引领某个新的行业，哪些企业将进入这个行业，这个行业将发生哪些创新，这是一项高层次的战略思维能力。

今天，最重要的商机是电子商务。考虑到集团高管主管不同的业务，电子商务可以渗透到各项业务中，带来无限商机。为了评估各种可能性，集团高管必须回答下列问题：

- 每个事业部都应该建立自己的电子商务，还是其主管的多个事业部建立一个电子商务平台，抑或是整个集团建立一个电子商务平台？
- 对顾客而言，最佳的电子商务战略是什么？
- 什么样的战略能够增强集团总体的市场影响力？
- 电子商务带来的长期利益和短期利益分别是什么？如何平衡？
- 电子商务带来的威胁是什么？我们应该如何预防？

最重要的是，要利用电子商务去开发传统业务中潜藏的新机会，而不是简单地扩张传统业务。传统业务的规模扩张远不如在线业务更加有效。为了做出这些决策，集团高管必须投入大量的时间思考、学习和规划。

知行不一的集团高管

戴维是一个典型的案例，在领导力转型过程中他苦苦挣扎，仍然没有获得成功。戴维在一家大型跨国公司中担任区域负责人，他是一个美国人，在开拓波兰市场时获得了巨大的成功，当他被提升为集团高管时，没有人感到意外。他主管公司在整个东欧的业务，有六个国家的业务负责人向他汇报。戴维担任波兰的负责人时，他们是他的同僚。

尽管戴维在波兰获得了成功，但他在新岗位上却举步维艰。直接下属抱怨，戴维在和他们竞争而不是提供帮助和建议。戴维总是说："战略规划不完整，没有足够的数据支持，不像我在波兰做的那样。"当下属请求他讨论一个关键问题或者一项新交易时，他的回答总是"我几个小时之后就到"。他像救火队员一样到该地区跑一跑，完成某项交易。他的大部分时间都是这样度过的：走访各个国家，为一个个问题提出解决方案，做出区域经理层级的产品和定价的决策。

戴维的下属不到万不得已，绝不找戴维。东欧的业务不断增长，区域经理需要获得资源来开发这些机会。不久，他们发现自己可以更容易地从财务部门系统获得想要的资源和预算——财务经理一级级找到公司最高财务主管。戴维知道后，大为光火。

我们有一位同事曾与戴维在波兰共事，他打来电话征求意见。当我们来到戴维的办公室时，他的一位区域经理刚刚辞职，并加盟当地一家竞争对手公司。戴维听到这个消息后非常吃惊。在和戴维谈过之后，我们又会见了其他几位区域经理，问题逐渐变得清晰起来。戴维认为，他对每项业务的成功负责，而不是对每位下属经理的成功负责。此外，他从未真正地喜欢教练辅导下属，甚至想方设法回避。他喜欢做业务，更重要的是，他喜欢具体行动。大多数区域经理都非常聪明、精力充沛，他们的业务在不断增长，他们的能力也需要与时俱进。戴维认为，他们中的一部分有能力取得出色的业绩，他们应该依靠自己的能力取得成功，而不是上级的支持。

戴维虽然担任了集团高管，但工作理念却没有随之转变。实际上，没能实现领导力转型，是导致他不能为直接下属提供正确支持的主要原因。戴维秉承旧的工作理念，把自己的成功与他人的成功截然分裂，从不学习如何教练辅导下属成功。

警示信号

虽然有许多行为可能显示出集团高管工作存在问题，但最严重的有以下四种行为。

像事业部总经理一样工作 最常见的情况是，为下属部门制定战略，直接指导事业部总经理的工作，改变产品和服务。这些行为都表明，他在领导力转型中遇到了困难。另一种情况是，事业部总经理感到自己像事业部副总经理一样工作，他们抱怨自己无权做出相应的决策。最明显、最令人不安的现象是，每个层级的领导都越俎代庖，做着下一级领导的工作：事业部副总经理像部门总监，部门总监像一线经理。

维持一种与集团公司对立的关系 一些集团高管回避公司层面的工作，似乎那些工作令人生厌。上任之初，他们把大部分时间花在远离总部的具体工作上。结果，他们对公司总部形成负面的看法，使用像"象牙塔""瞎指挥"这样的词来表达他们的不满情绪。如果一位集团高管说，"这不是业务型高管工作的地方"，那么我们就知道他在领导力转型中遇到了困难。集团高管应该投入大量的时间——大约 1/3 的时间，处理集团公司层面的事情。如果他们用在这方面的时间只有 5%～10%，一定是某方面出了问题。公司高管需要重视公司的需求，如果他们没有努力去理解并做出反应，这就是一个糟糕的信号。

忽视新机会　不要轻易判定一位集团高管没有马上对主管业务的新机会做出反应，因为他获得新领域的必要知识需要时间。熟悉一个行业，需要几个月的探索、研究和分析，然后集团高管必须识别新的问题和机会，发展新业务，或拓展现有业务以把握新的机会。抱怨这些工作没有必要或者对相关的艰苦工作退避三舍，这样的领导者很难实现领导力转型。那些只关注现有业务的领导者，也可能失败。

放弃培养事业部总经理的机会　培养事业部总经理，是集团高管的一项重要职责。如果他们不花时间与直接下属经常沟通，或者不重视对他们的培养，这就表明集团高管没有履行好自己的职责。事业部总经理是公司利润的主要贡献者，也是公司高管的后备军。如果集团高管像家长一样指使他们（告诉他们做什么、如何做），这种行为是典型的一线经理的水平，而不是集团高管的水平。

培养集团高管：培训、评价和体验

最优秀的公司，把集团高管培养作为公司的重要职责，并认真对待。在通用电气公司和花旗银行，领导人才继任计划把集团高管候选人作为重点，并提供一系列的任务安排来发展他们管理多项业务的能力。

> 约瑟在全球珠宝集团担任一名区域业务负责人，并被看成是集团高管的主要候选人，此后不久，他又分管其他两个拉丁美洲国家的市场。其中一个是中等国家，产品种类比较广泛，有些产品对他来说还比较陌生；另一个是有着复杂市场的大国。约瑟走访了各国的市场，他的每一个进步都受到监督和指导。对约瑟工作表现的持续反馈，以及为弥补他的领导力弱项进行的特殊任命（例如，约瑟被指派领导一个任务小组，解决涉及整个地区的分销渠道问题），都为他最终担任集团高管做了充分的准备。

对集团高管，最重要的工作经历是管理多个业务部门。理想的情况是，每个人都有约瑟那样的机会，管理多元化的业务。这种经历将帮助他们实现从管理一项业务到管理多项业务的思维模式转型。虽然有些集团高管从一项业务中成长起来，并实现了领导力转型，但是大多数领导者只有经历了管理多项业务之后，才能学会如何适应新的岗位。

通过亲身经历和教练辅导，集团高管学会战略评价的艺术。本质上讲，他们真正需要掌握这项技能，通过提出正确的问题，查找数据背后的关系，帮助事业部总经理制定一个更好的战略规划。这要求集团高管学会正确的提问，评价下属提出的多种战略选择，评估潜在的风险，以及告诉下属继续前进还是回到起点。在某种程度上，某些战略性技能可以通过培训获得。公司的战略规划部门有专门的评价战略的专家，他可以传授这方面的知识和技能。我们发现，大多数集团高管都渴望获得这方面的知识，特别是业务组合管理和兼并收购方面的专题培训。

集团高管需要培养的另一项技能是从事业部副总经理中选拔事业部总经理。在这一阶段，选拔工作尤其重要，因为这是领导梯队建设的重要环节。许多事业部副总经理不能实现领导力的转型。即使集团高管在职业生涯的早期曾经接受过人才评估和选拔的专门培训，担任高管之后再次接受富有经验的人力资源专家提供的培训，也是十分重要的。一位领导者是否具备担任事业部总经理职务的素质，是很难判定的。首席执行官经常参与事业部总经理的选拔工作，集团高管推荐了错误的事业部总经理人选，将带来严重的后果。培训的目的，是帮助集团高管定义工作内容和候选人资格，明确与候选人谈话的主要问题，以及如何理解他们的回答。理想的结果是有一个的面试和选拔流程，帮助集团高管选拔恰当的人才。

首席执行官要负责培养集团高管把具体的业务和公司的战略协同起来的能力。有些集团高管认为，这些联系是自然的，但其实不然。经验丰富的首席执行官，会把这一点灌输给集团高管，并确保他们理解和重视公司的要求，清楚公司的标志性项目及其展现的公司形象。但是，首席执行官必须避免捆住集团高管的手脚，而应该恰当授权给他们运用公司人才的机会。

最后，培养集团高管，最强有力的工具是拥有一套评价其表现的标准。单纯的财务指标是不够的，因为这些指标迫使集团高管把获得业务最大利润作为唯一的评价指标。结果，他们不得不亲自参与业务的具体运营管理，导致事业部和部门领导者工作重心下移，一级一级追逐业务的最大利润。为了避免这种情况发生，这套评价标准还必须包括选拔和培养事业部总经理，区分业务的优先顺序，维护公司行业地位，以及对新业务进行评价和规划的能力。

一位集团高管的典范

我们在此分享一位优秀的集团高管的故事。鲍勃在很多方面都展现出了集团高管的领导技能、时间管理能力和工作理念，这些素质对他成功地实现领导力转型极其重要。

当鲍勃接管能源业务群组时，其业务既包括发电设备和输电设备，也包括石油储存和运输设备。每个业务部门都经营一个产品系列，并且包括一个小的零部件和售后服务部门。虽然该业务群组自视为行业领导者，但是多年来其整体业务不断下滑，士气低落，前景黯淡。鲍勃面临着行业规则调整、销售流程改变、产品质量问题、美国市场需求不足等问题，他认识到并且接受了这些挑战。他还意识到，他不可能从下属高管那里获得任何有益的建议，每个部门都忙于各自的业务，而不是像一个团队那样齐心协力。各业务部门提出的战略规划非常肤浅，最近推出的一个非常有希望的新产品也失败了。鲍勃的评估告诉他，下属的高级管理人员都在"原地踏步",生活在过去的时代,那时公司在市场上占据统治地位,很容易实现业务目标。

一开始,鲍勃就确信成功的关键在于选拔合适的事业部总经理。在精心评估了各业务部门的管理团队之后,他很快就对一些领导者进行了调整,任命了一些新的事业部总经理,重新定义了两个部门负责人的岗位职责。两位领导者因为表现出色被授予更大的责任。鲍勃在上述决策中表现出对事业部总经理职责的洞察力,这是他在管理一个小的业务群组时培养出来的能力。鲍勃一旦挑选出了合适的事业部总经理,就不再插手具体的业务了。在他确定的战略框架内,鲍勃给予事业部总经理充分的自由进行决策。鲍勃也花大量的时间教练辅导和培养他们,使得他们的工作努力与集团公司对业务领导人的要求相吻合。

为了解决重大的业务问题,鲍勃遍访全球客户,拜访潜在的客户,并对市场总体状况进行分析和评价。因为鲍勃曾经接受过训练,所以他非常了解多元业务组合模型,很快就发现公司在过去没有利用过的全球性机会。根据获得的信息,鲍勃做出了开发全球市场的战略决策,这与公司的初衷和发展方向也十分吻合。这一次,鲍勃也没有为各业务部门制定具体的战略,而是仅仅提供了一个总体方向和框架。各业务部门在这个框架内制定各自的具体战略规划。

鲍勃还发现了潜在的市场机会,并且想方设法占领了该市场。由于这项工作需要一项专门的技术,而公司没有,于是鲍勃发动了一系列的兼并收购,从中获得了新技术和新产品。

我们应该注意到，鲍勃非常聪明地进行了合理的业务投资组合，创造了有效的产品业务组合策略。他重组了公司业务，更加强调服务业务。服务市场潜力是产品市场的五倍，鲍勃清楚地知道，提供更多的服务，既可以降低顾客成本，又可以增加收入。因为自己公司的人员最了解自己的产品，因而可以提供更低成本的服务，并且覆盖全部的产品服务。

经过鲍勃的努力，一个士气涣散、业绩下滑的业务群组，变成了公司新的增长引擎。鲍勃领导的业务群组销售收入在四年内翻了一番，利润增长了两倍，并且开辟了新的增长渠道。除了所有这些业务成就，这些部门还人才辈出，新提拔的事业部总经理都成功地实现了领导力转型。他为公司各个层级培养出了新的领导人才，各部门的工作业绩都得到了提升，并达到公司高标准的要求。

常见问题

问：为了做出最大的贡献，集团高管应该如何分配他们的时间？

答：我们发现最成功的集团高管把50%甚至更多的时间花在教练辅导和培养人才方面。他们把与事业部总经理的对话看成是学习的机会，提出正确的问题而不是给予正确的答案。他们的工作不只限于事业部总经理，他们也对事业部副总经理进行教练辅导。因此，他们尽可能了解各部门的总体能力和管理者们的潜力。事业部副总经理是未来事业部总经理和集团支持性部门领导的候选人（详见第12章）。如果他们没有足够的潜力，就必须提拔新的领导人才。最佳高管也关注各部门总监的潜力。这也就是为什么成功的集团高管在驱动公司继任计划流程的原因。

此外，集团高管应该把至少25%的时间花在战略和相关工作上：开发组合战略、评价业务战略、评估潜在的合作伙伴、出席高层次的客户会议等。

集团高管大约10%~20%的时间必须花在集团公司层面的工作：帮助首席执行官管理全公司，处理公司层面的问题，代表公司会见重要的外部利益相关团体领导者，与其他同僚讨论资源的重新配置等问题。

其余时间广泛涉及公司与外部其他公司以及行业之间的关系。

问： 如何识别一位事业部总经理是不是集团高管的合格候选人？

答： 本书的第1版发行后，我们帮助许多公司选拔集团高管。集团高管选拔和首席执行官选拔面临的挑战有很多相似之处，可以观察到的标准包括：业绩优异、出色的战略能力、有效的人才培养、对客户满意充满激情和敏锐的商业头脑。真正微妙的指标是，通过支持公司重点倡导的工作、愿意共享资源、践行公司的价值观、为公司层面工作安排专门的时间，展现出对公司成功的关切。成功地管理好业务但却忽略了公司整体利益，是一个危险信号。

拓宽思路和学习范围是另一项关键指标。他能否提出让事业部总经理尊敬的大的发展思路？他能否发现业务中必须尽快弥补的短板？他是否有兴趣并且真正向其他事业部学习？集团高管在业务组合战略方面的工作，要求他们跳出现有业务的局限去思考和学习。

第三项指标是同僚之间的影响力。集团高管候选人应该能够使同僚们确信某个新项目是值得投资的。他们必须和事业部总经理建立信誉和信任。在集团高管层面，他们必须具有思想领导力。

一线观察

- 与首席执行官一起管理整个公司，是一项重要却被忽略的要求。事实上，我们在本书的第1版也有所疏漏。当首席执行官召集直接下属包括集团高管们讨论问题，他需要集团高管走出思维局限，从公司全局和整体角度思考问题，做出决策。在同一周里，三位不同公司的首席执行官，询问如何让直接下属像他一样从公司全局思考问题。当公司高管团队群策群力时，首席执行官能够全面了解公司的真实状况，整个团队就像一支篮球队一样，当篮球被抛向高空，每位成员都明白这意味着什么，并立即各就各位，展开行动。世界变得越来越小，商业变化带来的各种问题太复杂，首席执行官个人难以回答。整个管理团队必须发挥各自的专长来处理公司面临的各种问题。

- 关注长期结果而不是短期利益，这对集团高管而言比对事业部总经理更重要。事实上，新任集团高管难以适应的共同点是，工作缺乏短期的激励。他们说，每天回家不能感受到从前每天工作的成就感，这让他们感到很不舒服。现在，大多数成功来自于长期的努力。享受延迟满足是高管成熟的标志之一，否则，他们将陷入亲力亲为的具体工作。

- 担任集团高管为成为首席执行官提供了无价的培训机会。虽然这显而易见，但是我们发现很多公司在选拔集团高管时，并没有认真地把他们看成未来首席执行官候选人。与首席执行官一起管理公司，学会享受延迟满足，是集团高管为担任首席执行官做的两项重要准备。第三项是从管理具体业务中脱身出来。这种分离对于首席执行官是必需的，集团高管应该掌握评价多项业务的能力，以实现资本利益的最大化。这也是首席执行官必须在这个阶段就学会的。虽然并不是每个公司都有集团高管岗位，但这个阶段都有重要的培养价值，特别是从事业部总经理到首席执行官的跨越对于大多数人来说太大了。在选拔集团高管时，应该考虑他们是否有担任首席执行官的潜力。

- 设置集团高管职位有许多益处：可以解放首席执行官的部分时间，为事业部总经理提供更多的教练辅导，集中更多精力优化公司的业务组合。尽管实现这些很具有挑战性，但好处是立竿见影的。详细描述首席执行官和事业部总经理的岗位职责，是第一个也是最重要的挑战。为了获得集团高管带来的好处，两者都必须放弃一些先前喜欢的工作。集团部门之间的关系，必须在矛盾冲突激化之前重新定义。很多集团高管希望有自己的财务、人力资源和法务部门，这带来集团对事业部的财务、人力资源和其他类似部门的管理问题。我们将在第 12 章专门讨论这个问题。

- 一个重要的警告：这并非儿戏！支持集团高管的工作人员，必须具有良好的商业头脑和情商，在建立和保持一个复杂的关系系统中做出有益的贡献。集团高管需要他们的支持，如果没有他们，集团高管将耗尽事业部总经理支持人员的精力。

第7章

从集团高管到首席执行官

第六个领导力发展阶段既伴随着广泛的社会认可和荣誉,也面临着巨大的失败风险。当首席执行官获得任命后,《华尔街日报》将报道这些消息,朋友和同事将为他们喝彩,他们的日程表将很快排得满满的。然而,没过几年,许多首席执行官就已经销声匿迹或者逐渐淡出,近些年来这种状况令人难以置信地加速了。实际上,许多失败的首席执行官都是出色的战略家和富有远见的领导者。然而,他们缺乏作为首席执行官所必需的领导技能、时间管理能力和工作理念。

成功的首席执行官,既展现出对人事的准确判断,又使得公司具有强大的执行力。虽然战略能力、远见卓识和其他一些能力非常重要,但如果首席执行官不能够让组织完成既定目标,或者缺乏把合适的人放到合适岗位的领导技能,那么前面几种能力就都没有意义了。

什么使得首席执行官的转型如此困难，其原因在于首席执行官管理的是整个企业，而不是一个业务部门。首席执行官需要对内外的多个群体负责——董事会、华尔街分析师、投资人、合作伙伴、员工、股东、直接下属、社区等。与公司的其他领导人不同，首席执行官的一言一行受到所有这些群体的密切关注。

首席执行官不容出错。在今天这个时代，犯错误的代价对于大多数首席执行官来说实在太大了。首席执行官如果有三四个季度的盈利目标没有实现，他将付出巨大的代价。对于有些人，特别是那些在他们的职业生涯中没有经历过失败的领导者，这种遭遇将给他们带来沉重的打击。

我们注意到，领导者成为首席执行官的速度比过去快得多，他们跳过了一些发展阶段，没有获得必要、充分的历练，缺少担任首席执行官必要的素质。因此，当面临新问题或者不确定的形势时，他们就会缺乏准确的判断力。

年龄与经验并没有必然的联系。杰克·韦尔奇担任通用电气首席执行官时，只有45岁。为了胜任首席执行官一职，他经历了各个领导力发展阶段的严格考验，并获得了丰富的经验。约翰·里德40岁出头就担任花旗银行的首席执行官，他几乎没有在银行工作的经历。尽管道路并不平坦，他们还是担任首席执行官一职长达20余年，因为他们是持续的学习者。

现在，我们看到越来越多的45岁左右担任首席执行官的领导者。尤其是在知识型行业，领导者以史无前例的速度擢升到高层。这样，他们必须很快从一个领导阶段跃升到更高的领导力阶段。

"dot.com"公司也不例外，聪明的24岁的年轻人就可以创办公司，吸引优秀人才，大谈股票上市计划，满足华尔街对公司成长的期望，但因缺乏各个层级的领导力历练，难以带领公司实现目标。如果缺乏足够的培训和历练就担任首席执行官，无论对公司还是个人来讲，都是在冒险。此外，一些事业部总经理没有担任过集团高管，而直接被任命为首席执行官。集团高管是迈向首席执行官的一个过渡阶段，可以帮助他在情感和能力上更好地做准备。

如你所知，即使是最成功、最有才华的集团高管，担任首席执行官也是一项严峻的挑战。以下我们探讨首席执行官面临的五个重要的领导力挑战。

挑战一：善于平衡短期和长期利益，实现可持续发展

在上市公司，大多数首席执行官都受到投资人和证券分析师的评价。他们的成绩每时每刻都反映在股票交易所的电子显示器上。每个季度，华尔街公布对公司业绩预期的上限和下限，任何偏离预期的业绩都会影响首席执行官的信誉。而信誉是首席执行官最重要的资产。霍尼韦尔、波音和亚马逊的首席执行官在进入21世纪时都遭遇了信任危机。为了生存，首席执行官必须学会重视短期目标和长期目标，平衡两者之间的关系，并投入大量时间实现两者之间的平衡。

罗马不是一天建成的。在大多数情况下，能够成功实现首席

执行官角色转型的领导者都经历过领导力发展的各个阶段。在每一个层级，他们都学会了如何权衡利弊、见微知著，如何预见未来的趋势，并让短期的战术策略与之相匹配。假以时日，他们将变得目光远大、长袖善舞，熟练地沟通和处理内外部的各方利益相关者。在某种意义上，他们已经培养出了刚毅的性格，敢于做出不受欢迎的决策。在首席执行官任上超过 20 年，经历过无数短期和长期挑战的杰出领导者中，通用电气的杰克·韦尔奇、高露洁的鲁宾·马克、爱默生的查克·赖特和英特尔的安迪·格鲁夫，是其中的佼佼者。

挑战二：设定公司发展的方向

为了理解这个挑战的无限性，试想如何把公司平稳地放在一个动荡不定的地球表面。地壳频繁地移动，只有具备相应的专业知识和直觉，才能找到平稳的地面。对于首席执行官而言，远见卓识、精通战略、擅长定位都是必不可少的关键能力。尽管他们可以随意地求助于昂贵的咨询公司，许多首席执行官仍然觉得这项挑战让他们感到头疼。首席执行官必须做出以下决策：公司去向何方？行业的变化是什么？商业模式是什么？竞争格局是什么？毫无疑问，下列公司的首席执行官都曾遭遇公司定位的挑战，它们是西尔斯公司、斯普林特公司、摩托罗拉、IBM。仅有愿景规划远远不能应对这项挑战，许多公司制定了规划蓝图，悬挂于墙上，大多内容空泛，没有重点，因此毫无意义。如果做一个试验，收集50家公司的愿景规划，你会发现，其内容惊人的相似。首席执行官面临的真正挑战，是为公司发展设定一个明确而具体的定义，这要求首席执行官展现出他们真正的勇气。这种勇气在英特尔公司再造和康柏公司东山再起的首席执行官身上得到充分的展现。

实际上，第六个领导力阶段要求首席执行官仔细评估他们以前从未做过的、想起来就令人生畏的工作。不止一位首席执行官曾经告诉我们，这是他们第一次在设定战略方向时感到信心不足。首席执行官想要取得成功，至关重要的是，必须高度重视承担的风险，擅长深思熟虑，精于处理复杂问题。

挑战三：培育公司的软实力

每个公司都是一个社会性组织。两三个人一起工作，就会形成积极的或消极的关系。管理好这种社会关系与工作环境，是首席执行官最重要的职责之一。同时关注这些软性问题，并努力实现硬性的业绩，并不是每一位首席执行官都能够做好。

与以往不同，首席执行官必须激励员工，释放各层级员工的潜力，尤其是基层员工，他们是业绩的直接完成者。例如，电子数据系统公司（EDS）的首席执行官定期给全球14.5万名员工发送电子邮件，告知他们公司的盈利状况，让他们持续了解影响公司发展和他们工作的事情。反之，员工也向首席执行官提供反馈意见和尖锐的问题。这项工作不是首席执行官必须做的事情，但他把这作为自己的重要职责。这样，他与员工之间就建立了良好的工作关系。以多种方式、多渠道地与广大的、多样化的员工群体建立沟通关系，是首席执行官必须重视和掌握的一项软技能。

如果不把合适的人放到合适的岗位，没有公司能够兴旺发达，特别是在今天，一位能力高强的人可能转瞬之间（或在一个技术变革的环境中）就变得一无是处。选拔合适的人并持续不断地提升他们的能力，也是首席执行官的重要职责。其他人可能只是完成人员选拔和培养的技术层面的工作，首席执行官则必须发起、保持和管理全部流程。他必须不断地问自己这些问题：

- 我们在选拔优秀人才方面做得有多好？
- 我们在给予正确意见反馈时有多么坦率？
- 我们在及时消除人岗错配的问题方面，愿望有多么强烈？
- 我们在保留业绩出色人员、快速提升他们、正确奖励他们和给予前所未有的机会考验他们方面，有多么重视和擅长？

挑战四：执行到位

不同于普遍的看法，成功的首席执行官并不一定是精明的战略家或者卓有远见。但是他们必须让公司的战略执行到位。如果首席执行官优柔寡断或者迎难而退，公司将遭受严重的损失，他们也将被董事会扫地出门。

与前些年相比，执行力对首席执行官更加重要。由于市场的全球化和电子商务的兴起，各行各业的竞争都更加激烈，信息技术赋予消费者更大的权力做出选择，他们"购买的是牛排，而不是煎牛排的嗞嗞声"（一句著名的广告语）。这样，首席执行官光靠"忽悠"就不管用了。在其他领导力发展阶段，执行不力或许可以敷衍过去，但在首席执行官岗位上，任何微小的疏忽都将结束他的职业生涯。

对于首席执行官，重视战略执行并不容易。执行过程中的困难与细节，并不是首席执行官职务最有吸引力的方面。但是，最优秀的首席执行官都认为，这正是他们的价值所在，也是实现公司价值的关键所在。坚持执行到位的首席执行官，总是问自己下列问题：

- **我的表现如何**　要得到一个肯定的答案，首席执行官需要预测今后8个季度的业绩（不是通常的4个季度）。越早开始，他们就可以建立起以业绩目标完成为中心的管理体系。
- **我了解公司正在发生的事情吗**　执行力要求从最重要的事情获得最新的进展信息。首席执行官应该与顾客和一线员工保持联系，并对公司和市场情况了如指掌。例如，沃尔玛创始人山姆·沃尔顿，养成了每天到商场里转悠的习惯，确保哪里有事情发生，他就在哪里。万豪酒店的老板比尔·马里奥特，每年有300多天走访各个酒店，并将其作为日常工作，他能够很快地发现情况良好还是糟糕。首席执行官也应该知道，直接下属是否尽职尽责。最重要的是，他们应该密切关注公司的总体运行状况，并据此采取行动。
- **有人把坏消息告诉我吗**　在有些公司，员工们害怕告诉首席执行官坏消息，也有一些公司的首席执行官不愿意听到坏消息，他们总是为坏消息辩解。如果坏消息不能得到及时处理，累积到一个危机的临界点，首席执行官就不可能完成业绩目标。等到他们醒悟过来，为时已晚。

- **董事会履行自己的授权吗**　如果董事会只是一个橡皮图章，这将影响首席执行官能力的发挥。如果董事会对首席执行官及其下属负起责任，关注领导梯队建设状况和公司的市场状况，这将增强首席执行官的执行力。
- **我的团队高效而充满活力吗**　如果高管团队四分五裂、诸侯割据，这表明首席执行官遇到了大麻烦。当高管团队不能建立共识，实现相对容易的目标时，首席执行官将不可能创造出让人接受的业绩。

为了成功实现领导力转型，首席执行官必须在提高执行力方面调整自己的领导技能、时间管理能力和工作理念，这意味着他们必须培养对完成任务和实现目标永不满足的追求。他们必须深刻理解公司业务，对公司如何盈利有一种与生俱来的直觉。他们必须投入大量的时间判断公司是否发挥了最大的潜力。同时他们必须善于把知识转化为实践，鉴识好主意，并把它们转化为实现公司利益最大化的工具和项目。

挑战五：管理全球化背景下的公司

不关注商业环境，没有公司能够生存下来。每个公司都是取之于社会，回报于社会。公司必须了解并积极地参与解决公司所面临的全球性问题，必须关注环境问题、安全问题、健康问题等，并承担相应的社会责任。例如，福特公司和杜邦公司，在绿色运动中取得了牢固的领导地位。每一位首席执行官都必须了解公司的利益相关方，包括环保主义者和其他特殊的利益群体。

许多首席执行官缺乏上述领域的相关知识和经验，他们从未想过公司的发展会如何影响全球气候变暖，或者是否损害了第三世界国家的发展。事实上，许多首席执行官曾经告诉我们，他们不知道如何应付各种各样的社会团体，因为他们的工作方法和权力基础与公司大相径庭。当公司处在一个更加广阔的全球化背景中时，首席执行官发现他们正在经历陌生的航程。但是，为了实现领导力的有效转型，他们必须适应全球化背景下的思维和理念的转变。

工作理念的重大转变

首席执行官的领导力转型要面临以上五项重大挑战，必须相应地转变工作理念。如前所述，首席执行官岗位要求的工作理念与其他岗位不同。虽然前面讨论过一些被证明对首席执行官有益的工作理念，但我们还是需要进一步讨论几项重大而必需的工作理念转变。

截至目前，大多数领导者已经学会了如何平衡短期和中期目标，定期实现可量化的业绩指标。虽然他们也认为长期计划和目标非常重要，但他们往往难以接受公司业绩变化的缓慢速度。公司文化变革和质量改善项目的实施，都需要很长时间才能见效。对于那些在职业生涯中通过快速实现业绩目标，比其他同事工作更加高效的领导者而言，耐心细致地等待循序渐进的公司转型，是一个巨大的挑战。在完全充分实施和产生量化结果之前就放弃一个周期长的项目（比如质量改进项目），是首席执行官经常犯的错误之一。

类似地，首席执行官也难以仅仅重视三四个主要目标。事业部总经理和集团高管通常有一长串的目标，他们从一个又一个目标实现的过程中获得满足感。但是首席执行官只有在经历较长的时间后才能获得有限的几个目标实现满足。例如，改变公司形象，需要花费数年。实际上，工作理念是从快速实现短期目标，转变为长期的可持续发展。首席执行官认识到，雄心勃勃的重大的目标实现，需要花费较长的时间。他们学会接受，虽然没有以前工作中快速实现目标所带来的成就感，但是却在为一个重大的成果奋斗着。首席执行官面临的矛盾是，一方面，要为实现长期目标沉得住气；另一方面，又要为追逐每个季度的业绩而尽心竭力。解决之道是，学会让某些事情进展得快一些，让另外一些事情进展得慢一些，而不能把两者颠倒了。在长期与短期之间寻找平衡点并有效地执行，是首席执行官成功的关键。

首席执行官面临的另一个理念转变是如何听取董事会的意见。对习惯于自己掌控业务局面的人来说，这是一个挑战。在以往的工作中，领导者可能从同事、教练和上司那里获得建议，但董事会的建议与他们不同。与业务内行相比，董事会成员的意见可能比较肤浅，缺乏根据。作为个人的董事，也可能提出自相矛盾的建议，有些首席执行官因此低估了这些建议。然而我们发现，如果首席执行官对董事是开放的，愿意听取他们的意见，向他们学习，这最终将有利于他们的决策。如果董事不能够提供有见地的建议，首席执行官有责任帮助他们做到这一点。

最后，优秀的首席执行官要善于向各种各样的人提出问题，并听取他们的意见。这简直是一种与直觉相对立的做法。首席执行官手握大权，自尊心强，为什么要这样做呢？事实上，很多首席执行官是因为作风强悍和精于权谋，才一步步获得提升的。然而，他们如果不能够变得克制，权力就有可能成为障碍。首席执行官虽然拥有至高无上的职务权力，但真正的领导者是不会仅仅凭借手中的权力驱使他人完成任务的。他们知道非职务影响力可以充分调动下属发自内心的积极性和创造性，而不是让他们被动地臣服。真正有影响力的首席执行官通过与各方面人员分享自己的远见卓识来激发他们的兴趣，调动他们的工作热情。

专横自负的首席执行官，往往不愿意问问题，也不愿意听取反馈。长此以往，他就听不到意见相左的观点和想法。当然，尽管大多数新任首席执行官并非专横跋扈，不过许多人没有充分理解广泛倾听不同声音的价值。通常的情况是，新任首席执行官仅仅依赖于一位值得信赖的顾问，而不是广泛听取各方面的意见和想法。

首席执行官遭遇困境的信号

最明显的信号是,在新任首席执行官的领导下,公司业绩出现滑坡。虽然这未必是首席执行官转型不成功造成的,但从他对危机的反应可以看出转型中存在的问题。在许多情况下,这些迹象并不明显,下面四种行为和态度表明首席执行官在转型中遭遇了困境。

忽略公司是如何实现目标的 这又回到了挑战四:执行到位。有时候,新任首席执行官并不知道如何执行公司战略。他们的一言一行表明,他们并不重视把合适的人放到合适的岗位,或者把一项工作落到实处。他们不清楚如何运用自己的影响力,巧妙地克服组织惰性和其他障碍,实现公司目标。他们也没有兴趣学习如何让企业的战略得以实施,只是沉醉于自己的幻想。在这两种情况下,他们都不会去检查和评估各项业务运营的实际状况,听取各级干部员工的想法,获得顾客对服务和质量的反馈意见。

上述问题的迹象不容易觉察。显著的信号是,财务指标滑坡,这表明首席执行官正在走向深渊。我们认识的首席执行官中,至少有 4 位对企业运营茫然无知,导致每家公司蒙受了至少 10 亿美元的损失。当新的首席执行官对重大的运营问题缺乏觉察时,这表明他对公司运作并不理解。

在一家不足 200 名员工的公司,新任首席执行官很快就能熟悉公司的运作状况。但在一个大型公司、高成长公司或者复杂行业中的公司,掌握公司运营状况就要困难得多。那些不广泛与他人接触、处于信息孤岛，或者把执行交给他人的首席执行官，将难以实现角色的转型。

首席执行官的大部分时间花在外部交往方面　这并不是说客户见面会、官方会议、社区活动、名人高尔夫联赛等诸如此类的活动不重要。实际上，首席执行官的部分职责就是与外部的各种团体建立关系，树立公司和个人的良好形象。这种角色很具诱惑力，一些首席执行官因而忽略了更重要的职责。具体来说，他会发现，公司中没有人对战略执行负责。首席执行官应该合理分配内外部事物的时间，如果过分倾向于一边，那么另一方面就会出问题。首席执行官如果忙于外部应酬忽视内部管理，就会将公司和他们个人置于水深火热之中。

首席执行官没有在公司软实力建设方面投入足够时间　这是挑战三谈到的问题：培育公司的软实力。从首席执行官角度来看，人事问题十分复杂。有些首席执行官觉得处理产品问题相对容易得多。例如，首席执行官负责领导梯队建设，如果他们对选拔和培养各级领导人才缺乏兴趣，这将明确无误地表明公司的软实力没有得到足够重视。与此相似，有些首席执行官一上任就在重要岗位上安插自己的嫡系，他的周围全是朋友。虽然首席执行官有权选拔自己熟悉和信任的人，但是公司里任何形式的裙带关系，都将给公司上下传递一个错误信息。这将使优秀员工丧失动力，草率应付工作，员工与上司之间缺乏坦诚的对话。首席执行官应该建立起一个关键岗位选拔机制，并明确相应的任职要求。否则，表明他们对公司软实力建设缺乏热情。

董事会成员反复追问同一个问题 当结果低于预期时,股民们就会仔细审查公司的各项工作,董事会将被迫向首席执行官提出严峻的问题。如果首席执行官不能提供满意的答复,这个问题将在董事会上被反复追问,这就表明首席执行官遇到了麻烦。即使董事会不再是过去的橡皮图章,他们也很少怀有敌意。与董事会关系不够融洽,表明首席执行官缺乏一项关键的领导技能,或者工作理念与首席执行官职务不匹配。

培养首席执行官不可越级

成为首席执行官的路径有很多条,但无论哪一条,都应该让领导者经历领导力发展的每一个阶段。越级担任首席执行官的领导者,将为缺乏必要的经验而付出代价。他们可能从未学会重视他人的成功,或者驾轻就熟地管理多个业务单位。各个领导力阶段培养的领导技能、时间管理能力和工作理念,都会产生持续的影响,帮助首席执行官培养出全面的领导力。

理想的首席执行官成长路径是,在其职业生涯的早期就具备了在公司核心业务部门的多个职位工作的经历。很多首席执行官,跨越了早期的领导力转型阶段,一直在一个业务部门从事具体工作。随着职务的晋升,他们至少应该有一次海外任职的经历,同时担任业务规模越来越大、不同业务部门的主要负责人。领导不同的业务部门实现突破性的增长是关键,包括领导一个新兴业务部门和振兴一项衰落的业务。在未来首席执行官的成长过程中,他们应该通过获得正式的和非正式的教练辅导作为学习成长的一部分。

让集团高管转型为首席执行官的措施之一，是让他们管理一个新的业务群组，这与他们以前管理的市场、产品和客户完全不同。他们必须学会如何管理全新的业务，这有助于他们为担任首席执行官做好准备。事实上，管理一家公司比管理一项新业务的挑战大得多，如果他们不能够管理好这些新业务，他们当然也就不能管理好整个公司。

另一个培养方法是，让他们主管公司的人力资源。业务型高管对此不屑一顾，他们越是看不起，就越需要这方面的历练。仔细研究、深入分析、长期计划和测量评估，都是担任首席执行官的基本功。主管人力资源可以培养他们这方面的能力，这也将加深他们对人力资源部门工作的了解和认可，一旦成为首席执行官，他们就能够更好地重视和开发公司的人力资源。

让集团高管和事业部总经理有机会接触董事会成员和华尔街分析师，也是一个有效的做法。这不仅仅是让他们列席会议，更重要的是，他们被赋予责任陈述有关业务的报告，以此帮助他们认识到董事会和华尔街分析师的期望。例如，在20世纪90年代中期，杰克·韦尔奇开始安排他的经理们直面证券分析师，这种做法有助于培养起华尔街对通用电气领导基因的信心，尤其是在公司面临首席执行官更迭的时候。同时，通用电气的经理们也洞悉了华尔街的期望。

当然，首席执行官可以从工作中学习，最优秀的首席执行官总是以开放的心态面对学习机会。他们参加各种论坛和社交平台，与其他公司的首席执行官交流思想，相互学习。而且，他们尽量安排时间参加各种由学术界和思想领袖组织的研讨会，广泛阅读并提炼洞察，保持对社会、经济和商业的敏感。

也许首席执行官的最佳培养方法是找到一位好教练，或者其他可以提供有益反馈的同事。理想的情况是，董事会可以扮演这个角色。在有些情况下，某个董事会成员将承担教练任务，辅导新任首席执行官掌握胜任的窍门。

虽然没有具体的课程和培养模式可以帮助领导者成为首席执行官，但是多样化的经历、教练辅导和精心反馈，持续地乐于倾听和学习，将帮助领导者为担任首席执行官做好准备。

确保首席执行官获得成功

公司有时候依据智商和战略能力来选拔首席执行官。因此，许多咨询顾问被选拔为集团高管，甚至担任首席执行官。但是我们发现，他们担任首席执行官的表现往往比较糟糕，因为他们缺乏各个领导力发展阶段的历练。

领导公司需要智慧，但这不是课堂练习。向董事会做陈述报告并不是首席执行官工作的全部内容。实际上，管理公司必须确保战略得以执行，选拔合适的人才，评估公司的业绩，建立良好的内外部关系。不擅长这些工作的首席执行官，无论他们多么擅长制定公司战略，失败是不可避免的。

代表性的情况是，咨询顾问跨越了某些领导力阶段，他们缺乏对中基层员工工作的了解，难以激励一线员工，团结各个部门，教练辅导下属，提出正确问题，以及从支持性部门获得有益的建议。

为了保证首席执行官的成功，公司必须要确保他成功经历过大多数主要的领导力发展阶段的历练。

常见问题

问：一位新任首席执行官需要多长时间才能够适应新的工作？

答：首席执行官的领导力转型由于工作的复杂性而变得艰难。我们乐观地估计，大约需要两年才能实现他的领导力转型，包括建设一个团结高效的领导班子，开发一个具有共识的战略。如果公司正处于困境，可能时间会延长到3～4年。当前的考核周期是基于公司的季度业绩，连续6个季度不能完成任务，他们就得走人，这与首席执行官转型所需要的时间存在矛盾。公司面临的麻烦越大，18个月的适应期就显得越加不够。

问：在选拔首席执行官时，是否有两三项关键的性格特征？

答：我们希望如此。通常的情况是，在上任第一年，首席执行官必须达成15～20个重要目标，包括经验、技能和性格特征在内的20～30项指标是必须考虑的，这没有任何捷径。培养首席执行官是一个长期和周密的过程。选拔候选人，需要许多人进行全面的评估。仅仅关注两三项特征，是我们一再看到的董事会出现的重大错误。对首席执行官工作及其要求的领导技能、工作经验和性格特征的全面描述，是成功选拔首席执行官的重要前提。这就是说，要关注以下三个方面：①超越财务数字的公司愿景和使命，②一个清晰的路线图，③能够向所有社会各利益相关方有效沟通公司的愿景、战略和行动计划。

问：如果我并不渴望成为首席执行官，我应该如何运用领导梯队模型来规划我的职业生涯？

答：很少有人能够完整经历领导梯队模型的6个阶段，绝大多数员工也没有想过要成为首席执行官。考虑你的职业发展的最好方法是在领导梯队模型中找到最适合你的位置。如果你的职务为你提供了足够的回报和挑战，那么就不必追求新的晋升，除非你真的理解并愿意接受下一个领导力阶段带来的挑战。要避免职业生涯的最后一份工作带给你的只有地位、金钱和权力，但工作本身却并不开心。工作与能力的最佳匹配才能带来幸福和真正的成功。

一线观察

- 首席执行官并不像公司员工或者外部人员认为的那样手握重权。事实上，对于首席执行官的战略、命令和要求，下属常常视而不见。这并不一定是心怀恶意，甚至有时是善意的（这并不一定是恶意的无视，甚至连无意的忽视也不算）。在公司各个层级，执行任何计划或者命令是一件非常困难的事情。信息很容易被曲解，每个层级从自己的角度来理解公司战略，关键信息常常丢失。执行任务所需的相关支持可能并不到位，例如补充的资源、培训、排除障碍等。首席执行官不能"单打独斗"，他需要公司的每一个层级有团队的协作和执行的愿望。如果首席执行官十分关注每个层级在做什么，并且投入大量时间确保下属的工作与公司战略相一致，他们将变得更加强有力。

- 如果公司拥有一个完整的领导梯队，首席执行官将是最大的受益者。如果领导梯队每个层级的领导都成功实现了转型，获得了有效的领导技能、时间管理能力和工作理念，迅速填补公司高管出现的空缺就变得非常容易。完整的领导梯队还带来其他好处。我们注意到许多首席执行官由于缺乏正确的工作理念，拒绝投入必要的时间构建公司的领导梯队，他们宁愿把大量的时间和精力放在对他们有吸引力的外部事物，而不是公司的人力资源开发工作上面。在领导梯队建设方面投入时间和精力的首席执行官，很快就获得了相应的回报，甚至出乎预料。反之，那些没有在这方面投入时间和精力的首席执行官，不明白为什么自己公司的业绩不尽如人意。

- 基于陈旧的标准看待公司的支持部门，将给新任首席执行官带来巨大的麻烦。当人力资源负责人不能判断人才，首席财务官缺乏战略思维，首席信息官只是一个技术人员而没有商业意识时，首席执行官将陷入困境。对于首席执行官和公司而言，正确选择公司支持性部门的领导，将使工作更加愉快，更容易取得成功。首席执行官要想通过强调创新加速成长，或者发展新业务，或者推动组织文化变革来获得竞争优势，就必须认真地考察每位公司高管，确保他们符合公司的新要求。能够做好以前的工作，并不意味着能够在新的游戏规则下做好新的工作。除了要求高管们获得新的领导技能之外，首席执行官还要求改变高管层的氛围——也许这里需要有更多的创新精神，或者有更多挑战首席执行官想法的意愿。

- 首席执行官失败的首要原因是，不能够快速处理绩效提升问题。对于没有完成预期业绩目标或者工作方法不当的直接下属，即使是最强硬的首席执行官，在对付他们时也会遇到麻烦。每个人都会注意到他人的业绩下滑，这时团队合作将受到削弱，团队士气将会衰落，首席执行官的能力会遭到质疑。问题越拖越糟，首席执行官必须建立公开和坦诚的沟通氛围，最好每月与下属进行有效的沟通。考虑到这些问题，尤其是绩效问题，是与直接下属共同处理的，这就需要一个开诚布公的沟通氛围。

第8章

问题诊断：识别领导梯队模型中的问题和潜力

正如你在本章和以后各章中所看到的，贵公司可以以各种方式运用领导梯队模型。熟悉我们前面描述的六个领导力发展阶段，能够有力地促进绩效管理、领导力开发、教练辅导和继任计划。首先，我们将介绍该模型如何用于诊断和修复阻碍组织建立和维持领导梯队的难题。

当然，肯定还有其他模型可用于帮助公司发现领导力缺陷，例如，平衡计分卡和胜任能力模型。前者可以帮助提升预期业绩（例如，员工业绩）的范围和类型，后者陈列出所需要的技能和品质。虽然它们和其他一些方式都能够奏效，但是它们各自所强调的技能却对自身构成了局限性，从而无法区别六个领导力发展阶段（在组织的所有层级中，关于领导力的界定都是基本一致的）。如果领导者想要在每一个领导层级实现转型，转变工作理念和时间管理能力就显得至关重要，我们将会更加集中关注这些领域，而不是具体技术领域的问题诊断（技术领域的问题更容易被发现）。

领导梯队模型为我们提供了一种特有的诊断方式，其他模型在这个方面就略逊一筹。领导梯队模型不是模糊地指出公司缺少年轻领导者的人才储备，它可以帮助你确定问题发生的具体层级，以及这个层级的领导者所缺少的领导技能、时间管理能力和工作理念。

尽早且时常进行领导梯队诊断的三个理由

我们发现，几乎所有组织都存在把人员配置在错误领导层级的问题。这个问题发生在六个层级中的每一层级，特别在以下三个层级最为普遍：

- 一线经理，他们大多数时间都在做员工的工作。
- 事业部总经理，他们在做副总经理应该做的职能性管理工作。
- 集团高管，他们专注于事业部总经理应该做的业务工作。

我们将会在很多实例中看到，这些处于不恰当领导层级的领导者大多具备很高潜质，由于他们的才能，被允许跨越了某些特定的经历阶段。在快速的晋升过程中，他们往往遗漏或仓促度过了一些发展阶段，而这些阶段往往能帮助他们建立更高层级所需要的领导技能、时间管理能力和工作理念。

为什么说诊断这些问题非常重要？为什么有些领导在错误的

层级上工作却仍能完成业绩，公司也仍能照常发展？这里有三个较有说服力的原因。

> 原因一，即使有大量的工作产出也不意味着完成了重要的工作。

比如，一位销售经理把他所有的时间都花在了销售工作上，但是他并没有对销售人员进行有效管理。不管销售人员工作如何努力，也不管销售经理的业绩如何骄人，重要的是，一些必要的工作并没有完成。销售人员也许并没有将工作重心放在增加新的客户方面，他们也可能对那些比较难销售的产品束手无策。虽然短期业绩看起来很不错，但是，对于可持续发展却没有任何帮助。

我们知道有一位首席执行官，他为新开办的工厂设计了待客厅，但是他的公司很快就倒闭了。我们也知道一位在大银行工作的人力资源负责人，他投入大量时间设计继任计划的表格，然而公司高管却在迫切地期待他帮助降低员工流动率，这些都是领导者在错误层级工作的典型例子，但是这些领导又确实在努力工作，而且有所成就。尽管上述公司倒闭的例子最终表明，这位首席执行官的工作的确存在问题，但是我们一开始往往会忽略领导者没有最大限度地发挥自己能力的迹象。如果没有一个合适的诊断工具，我们通常会得到关于领导力有效性的错误结论。

> 原因二，每一笔业务交易的成本都在增加。

还是回到前面的例子，销售经理的工作职责是管理，但是他实际上却干着单打独斗的活。问题还不止于此，这位销售经理的上司——部门总监，十有八九也正在做着这位销售经理的工作。因此，部门总监也在做着低于他薪水级别的工作。一般来说，在这种情况下，上一级的领导者都会被拉下来填补这一职能上的空缺。这种工作和薪水上的错位对公司来说可能很难摆脱，而且这种错位已经成为"在这种文化中完成任务的方式"。当公司不但接受而且将这种错位制度化之后，真正的工作效率就很难实现了。如果整个公司文化都认同这种错位，那么你如何能识别领导们是否处于错误的层级呢？这是一个巨大的挑战，诊断并且解决它绝非易事。

> 原因三，员工没有得到正常的职业发展。

如果你的上司在做你的工作，你所要面对的就是剩下的"边角料"。一般来说，人们会去完成下面一个领导层级中最重要的工作，侵占他们直接下属的最重要职责。如果不进行适当的问题诊断，这种有害的连锁反应将永远无法停止。只有发现了问题的根源，才能找到解决的方法。

帮助我们超越现有工作业绩的工具

要识别哪些人正在错误的领导层级上工作，这一点非常困难，因为组织更为关注已经完成的工作。没有人注意到财务费用，或者员工没有得到适当发展。相反，一旦经营目标达成，领导者的工作就显得卓有成效。为了说明这一点，可以看看下面的例子。

玛丽和查理的故事

玛丽是一位专业的招聘人员，她被一家大型的国防承包商擢升为技术和专业人员招聘经理。作为一名非常优秀的招聘人员，她现在管理着其他九名员工。在新岗位工作的第一周，玛丽的上司查理要她完成一份关于未完成招聘的几个职位的现状报告，这一状况已经使得公司一项非常重要的任务陷入停顿。玛丽与每一名下属就候选人状态、工作机会和雇佣状态进行了交流，然后汇报给查理。与此同时，查理正承受来自管理层的巨大压力。他告诉玛丽，工作空缺太多，候选人又太少，因此，他要求玛丽"亲自参与"工作，招募更多更好的候选人。因为玛丽要忙于招聘，查理就要制订一项重新调配资源的计划来解决其他需要，而这个工作一直是玛丽的职责。

在这种情况下，玛丽和查理完成了任务，并且招聘到了关键职位的员工。他们因此得到了额外的业绩奖金。实际上，查理告诉自己的上司，玛丽最有可能是自己的继任者，因为她在这次危机中表现非常优秀。

表面上看，玛丽和查理完成了他们自己的领导角色，但是实际上，他们都未能恰当地履行其应有的职责。查理开启了一个先例，那就是一旦危机出现，查理会做大部分管理性工作，而玛丽则会回到自己原先招聘人员的角色。最后，玛丽学会了关注错误的工作方向，而没有学会如何重新调配资源（假如出现其他情况）。查理仅仅在名义上是部门总监，虽然他的确获得的是这一职位的薪水。他没有协助公司的项目经理在不能很快招募到关键员工时寻求替代方案以解决问题，反而去做低于自己领导层级的工作，本应属于自己的重要工作却并未完成。在查理指明玛丽做自己的继任者时，可怜的玛丽实际上根本没有为更高的领导层级做好准备。

诊断这些问题的最好办法，就是看经理们能否满足他们各自领导层级上对领导技能、时间管理能力和工作理念的要求。在危机出现的时候使用这种领导梯队模型作为诊断工具是非常有效的，因为此时这三个方面的缺点最有可能暴露。

让我们用这种方法来诊断查理和玛丽的例子。假设你是他们的上司，你想要知道他们是否在与他们能力相称的领导层级任职。首先，你不需要全面地分析他们是如何完成了那些与各自领导层级上所有领导技能、时间管理能力及工作理念都相关的工作。你可以诊断出与某个特定的紧急情况相关的领导力问题，并且迅速弄清他们是否对自己的工作全力以赴。

首先关注查理所在领导层级（部门总监）的领导技能，可以询问以下问题以确定他是否在危机出现的时候展现出这些能力。

领导技能

- 查理是否要求玛丽完成与她所处领导层级相称的工作？

- 查理是否清楚如何培养一位一线经理？他有能力去培养吗？
- 查理是否知道如何建立公司内部项目组之间的正确关系，从而使自己能够及早地得知问题预警或者有关关键需求的信息？

上述问题的回答包含着一些主观因素，而且极有可能，虽然在此情境中查理缺乏明显的工作能力，但这并不能说明他在其他情境中仍会这样。也许他是一位优秀的一线经理培训师，只是不太擅长处理危机。因此你需要更深入调查以证实你的猜想。如果查理擅长培训一线经理，他的直线下属（一线经理）应该很擅长任人取长，明确他们的职能并指导他们。与查理过去及现在的直接下属交谈可以证实或者否定我们初始的评价。与那些一线人员讨论谁在真正地管理他们（玛丽或者查理）可以得到他是否有效开发下属的证据。若这些人员反映查理才是他们的真正管理者，那么查理就篡夺了玛丽的权限（当然还有其他管理者的职责）。

在玛丽和查理的案例中，你有可能关注这些关于时间管理和工作理念的问题。

时间管理

- 查理在帮助玛丽了解一线经理的职能方面付出了多少时间？
- 查理在指导玛丽成为一线经理方面付出了多少时间？
- 查理在与重要的内部客户交流人员的招募和员工服务情况方面付出了多少时间？

- 查理对未来多长时间的工作进行了规划？他是否拥有关于员工需求的高峰期和低谷期的年度计划？

工作理念

- 查理认为什么工作最重要，正如在本次危机中他以行动向玛丽及他人所表明的？
- 在此次危机中，当查理开始工作后，首先做的是什么事情？在早晨上岗后，他马上和谁进行了有意义的谈话？

时间管理与工作理念天然相连。人们以自身及公司的理念为基准来核定怎样安排他们的工作时间。与普遍认为的观点相反，时间管理不由老板的指示来决定，而是由个人认为的工作重要性来决定。你会发现如果你深入思考，并且积极谈论时间管理以及与之相关的价值观，就会清楚地认识到某人是否达到既定领导层级的要求。

诊断步骤

当你询问上述问题的时候，你可能会想到查理的行为也许是依据了组织的价值观（不管是正式的还是非正式的）。打个比方，银行、运输和零售行业等领域以交易为目的的公司，它们往往注重短期绩效结果。这就使得各个层级上的领导者都热衷于单兵作战，因为在他们眼里，眼前实实在在的利益才是"王道"。这六个领导层级就丧失了其实质意义，此时即使可能保持领导梯队的流动，也会变得非常困难。

在诊断中还有一个你应当铭记在心的组织要素：薪酬制度。查理和玛丽从错误的人那里以错误的方式取得了正确的结果，并由此获得了奖金。因此，薪酬制度不符合领导力发展的需要。这种不匹配将会发生在领导层级的最高级别，我们会看到那些组织内部最高层的管理者为了实现绩效目标，只关注短期的效益。这些情况都会影响你的诊断。因此当公司的文化与制度出了问题时，最重要的是不要过早对个人下结论。

我们将在后面的章节进一步讨论组织层面的问题。现在让我们来看看你如何从个体和部门视角诊断领导梯队的问题。

个体视角

你应该建立起一套运用领导梯队模型来评价员工的流程。该流程的重要性不仅在于将一些较随意的流程正式定下来，而且能够提供一个比较的基准。你可以比较层级相同的两个人的评价结果，然后进一步就谁更可能在未来被擢升到某一个领导位置上，或者谁在当下的领导职位上做得更好等问题得到一些有趣的结论。以下步骤将有助于你更快、更准确地评价一个人。

（1）通过对个体的观察和谈话识别个体的行为和工作成效。看看他的日程表以判定他如何使用时间。找到他正在执行的工作以及他的努力重点。了解这个人每天做的第一件事是什么。他会见的一个人和他着手的第一件工作通常反映了他所优先考虑的事务。

（2）了解他对其他人的影响——过去和现在的直线下属，以及其他部门的人。他是否针对直线下属所处的领导层级进行了有效的开发？他是否频繁、融洽地与其他部门的人员进行交流？

（3）把这些信息与领导梯队模型相对应。分析个体行为和态度与某个既定层级所要求的领导技能、时间管理能力和工作理念的一致或不一致程度。

（4）判定某人实际所处的领导层级是否与他应该达到的层级相匹配。虽然有人可能对任何领导层级都无法完美适应，但他可能只是缺少了所处层级所需的某些技能，或者他的时间管理能力可能仅仅部分符合其领导层级的要求。通常你可以按照某种合理的标准把他安排到六个领导层级之一。当你这么做时，要确定他目前的领导力与他将要进入的领导层级所要求的能力之间的差距。

（5）建立一个以理念为中心的培训计划。尽管我们要在以后几章才讨论它，但是要记住如果人们树立了正确的工作理念，他们自然就会有正确的时间管理能力和领导技能。

团队视角

在很多情况下，领导梯队的诊断适用于同一组织内部的不同团队。业务团队可以利用其判断他们是否在既定的任务和目标下处于适当的领导层级。人力资源部门可以利用其分析某一特定的群体（例如某一特定业务单位的一线经理）是否处于正确的层级，这一群体是否拥有充分的领导潜质。组织也可以利用其检测整个领导梯队，发现是不是某一层级抑或是所有层级都存在问题。

以下步骤可以帮助不同团队有效地利用领导梯队的诊断方针。

（1）对被评估的团队中的领导者进行个人评价。

（2）持续关注其个体评价，并检测领导技能、时间管理能力及工作理念是否符合所处领导层级的要求。

（3）若它们不符合，那么具体的差距是什么？找出这些不符合情况的具体构成（例如，这个层级上的大多数领导者更关注技术工作而不是培训他人）。

（4）假如你在查看整个领导梯队，则要分析每个层级的强项和弱项。例如，是否事业部总经理层级情况较好（领导技能、时间管理能力和工作理念之间形成了良好的组合状态），而业务经理层级较差呢？换句话说，领导梯队在哪里发生阻滞了？你能够正确指出实际领导能力与要求不相称的领导层吗？

层级跃迁：最聪明的不一定总是最好的

六个层级诊断方法在加强领导梯队方面最重要的贡献之一，就是给那些跳过一个或者更多领导阶段的人员贴上标签。当然，识别那些经历了全部培训、具备所有必需的经历，但仍然缺乏相应的领导技能、时间管理能力和工作理念的领导也同样重要。但是，更难的是挑出那些不适合担任领导者的所谓的企业"明星"。这些人的潜力似乎很高，他们是新进的明星，通常在某些重要领域技巧娴熟，这就打消了很多人对他们的怀疑。结果就是，他们很快晋升，并且不需要经历一些重要管理经历的考验。缺乏领导梯队诊断的组织一般都会允许这些人迅速提拔至重要的领导职位，而在这个位置上，他们最终会干不好，并且导致其他岗位也出现问题。

在一家大公司实施大范围的高管教练辅导项目时，这个问题会变得尤其突出。有1000多人参加了这项教练辅导，360度反馈是它的一个重要组成。接受教练辅导的职能主管分成截然不同的两种类型。第一类人群经历了本书描述的全部领导阶段，他们接受一种由培训和实践相结合的训练方式，这使得他们有资格担任任何领导职位。第二类则比第一类更快地升到了职能主管的位置，他们的潜力都很明显。他们中的许多人是顶尖学校的MBA。他们刚进公司时的身份通常是职员，从事业务拓展和其他重要项目。凭借他们的能力，他们中的绝大多数人一开始就与一个咨询团队一起开发项目，从而跳过了第一个管理层级。这样的结果使得他们错失了那些重要的培训和经验，而后者原本能够帮助他们提升理念、加强绩效管理——确立目标、教练辅导、选择团队成员、处理纷争等。

这些高潜力的人中绝大部分被提升为职能主管。在进行了360度反馈之后，与其领导层级所要求的相比，这些正在冉冉上升的新星在工作理念和领导技能方面的不足就明显暴露出来了。尽管他们中的相当一部分人在某些领域内十分卓越，例如战略、创新以及风险承担，他们在绩效管理领域却几乎一样糟糕。

他们中的许多人仍然希望在工作中单兵作战。实际上，他们的直线下属抱怨道，这些经理将他们视为能够协助其完成一系列项目的"工蜂"。这对能力开发和培训来说绝不是什么好的倾向。他们不重视培训他人。在有些时候，他们的所作所为似乎是与他们的直线下属比赛，看谁能更快更好地完成工作。

我们已经反复看到这一点，虽然高潜质的员工工作努力，并且显示出明显的天赋，但他们作为领导者却是失败的。当你掌握了这六个领导层级以及相应的领导技能、时间管理能力和工作理念，你将不会盲目推崇个体的独特才干。当你将这些领导层级作为一种诊断方式，用于评估经理是否真正重视他们所处层级的工作时，你就能够更好地识别出那些将会损害组织竞争力的领导者，以及那些将会让组织升华的领导者。

常见问题

问：对于那些正处于或有可能处于错误领导层级的领导者来说，我们应该怎样进行教练辅导呢？

答：要说服某些领导者他们正处于错误的领导层级，或是他们的工作内容有问题非常困难。第一步要和他们的上司交谈，但是要注意，他们的上司可能有助于解决问题，也有可能是问题的一部分。一定要保证上司了解问题的实质，而且他本人要在正确的领导层。如果不是这样，就直接找到再上一层的领导以获得支持。另外，和直接下属交谈，询问他们是否获得了充分的支持、指导、教练辅导、职责界定、优先权利，等等。详细罗列一个领导者所需要的明确条件和这个人的领导对其的期待，与领导者交流这一层级所需要的关键特质以及未满足这些要求的后果。最后，掌握这位领导者的日程和时间配置。

问：如果我们不具备模型中列举的所有领导层级，我将如何确定某个人应该所处的适当领导层级？

答：自上而下地寻找领导层级较之于自下而上来说更容易。你可以从公司的首席执行官和他的直接下属开始。如果只有一项业务，那么首席执行官同时也就是事业部总经理，他的直接下属都是职能主管。如果公司有多项业务，那么首席执行官同时也是企业高管，他的一些直接下属就是事业部总经理，另一些则是公司层面的职能主管。事业部总经理的直接下属是职能主管。在这两种情况下，职能主管的直接下属可能是部门总监、一线经理或者"管理自我"的人，这取决于他们下面的结构是怎样的。

问：我是一名人力资源业务合伙人，我将如何提高自己的诊断水平？

答：最佳的诊断方式是在看人之前先看他的工作。查明已经完成的工作以及那些被忽视或没有做好的关键工作。对已经实现的以及那些没有实现的目标进行评估。确定那些下属得到晋升的领导以及下属很少晋升的领导。有了这些信息，你就可以将没有完成的工作和领导梯队联系起来，从而发现问题所在。为了准确诊断，你必须要了解业务的细节。

一线观察

- 在错误的层级工作，这是每一个公司都会遇到的问题。"在错误的层级工作"这一句话现在已经成为管理专业术语，虽然在本书出版前，它还并不常见。现在大家随处都能听见这种说法。虽然这个问题以前也存在，但是领导梯队模型创造了能够与之对话的语言基础。我们鼓励所有的领导者都将这种语言引入到自己的业务中（如果还没有的话）。

- 了解领导们的目标以及他们如何实现这些目标可以帮助我们评估领导层级的适合度。由于职能范围和工作的复杂度，职能主管及更高层级的诊断较有难度。目标的时间跨度和日程表将会为评估他们工作的领导层级提供最佳帮助。短暂的时间段，例如一年或一年以下，一般都意味着他们参与了技术性的工作或是处理当前的问题。当前的工作成果有可能很好，但是他们并没有考虑到远期的问题。如果领导者的日程表中充满了日常运营方面的会议，丝毫没有给战略性思考、分析、计划留下时间，也就意味着领导者即使已经解决了当前的问题也将不再考虑到今后的发展。某些业务方面的危机要求在短期内必须得到重视，但是如果这个期限过长，那么它就是一种更低层级上的工作内容。

- 依据"协同三角形模型"（见图 5-1）能帮助进行诊断。这个工具能够显示领导们是否承担了他们所有的工作职责。最经常显现出来的缺陷是组织胜任力的提升（右下角）。不幸的是，组织的缺点会导致个人效率降低。职责不明确的岗位、遗漏或者中断的流程和高高挂起的权力等都会导致个人和组织挫败。一个糟糕的企业一定会摧毁一个优秀的员工。因此，判断一个领导是否在正确的领导层级工作，是否在做自己本职工作的有效方法之一，是检查这位领导的直接下属和组织的其他人是否存在问题。

- 挣扎在老板手下——这个衍生问题对小型企业内的领导者来说非常普遍。典型的例子是领导的指令不清，做决定犹豫不决，不会合理地分配资源并且不能提供充足的一对一时间。如果你了解了领导梯队模型，诊断结果就不应该让你感到惊讶。首席执行官的工作层级太低，这种情况需要有所转变。因为不存在高于首席执行官的级别，这就需要创造这样一个级别。现在最需要做的就是将首席执行官从一个职能主管变成一个事业部经理。
- 首席执行官在企业起步之初就要应对企业各个方面的事务，这种经历会影响企业创始人/首席执行官的发展过程。这种类型的领导会倾向于事事亲为，当然他们也会构建他们之下的领导层级。当他们为自己找到接班人之后，他们也会为自己的接班人提供同样的意见。

  当组织达到一定规模，支持性的职能需要变得更强，并且接手首席执行官正在做的工作，例如编制预算、现金管理、财务计划、奖励制度、新员工招聘、新业务开发以及质量控制。因此首席执行官需要优秀的职能主管，而且他自己也要学习如何成为一名优秀的事业部总经理和首席执行官。首席执行官的很多直接下属不能顺利地转换成事业部副总经理，因此他们不能因为首席执行官升职而升职。当首席执行官正在转变的时候，选择合适的事业部副总经理非常重要。

第9章

业绩改善：明确岗位职责，设立绩效标准

一旦判定某个个体或某个团队处于不恰当的领导层级，就需要做较大幅度的领导梯队修复工作。具体而言，公司必须培训管理人员，让他们拥有各自层级上应有的正确的领导技能、时间管理能力和工作理念，这样才能确保他们的工作表现。

这是一项富有挑战性的任务，主要有两个方面的原因。首先，在大多数组织中，领导职务的角色定位通常并不清晰。虽然组织可能会清晰地界定财务和运作方面的要求，但是它们往往对界定领导的职务要求，以及将这一要求在不同层级上加以区分束手无策。这就造成了个体即使想提升绩效也很难实现，因为他们不清楚目标是什么。

其次，大多数企业没有针对不同的领导层级创建相应的绩效标准。实际上，绩效标准并不是那么容易建立起来的，它们通常表现为财务指标而不是一整套的绩效要求。然后你可以看到，评

估任一层级的领导绩效即使可能，也将非常艰巨。如同合适的领导技能、时间管理能力和工作理念之于领导者的重要意义一样，领导者必须创造业绩。当某人绩效非常突出时，这就是他应当被提升到下一个领导层级的时刻了。

正如我们将看到的，我们的领导梯队模型在界定领导职责和评价领导绩效方面都非常有效。

明确职责的相关讨论

大多数领导者依据目标和任务来思考他们的工作。与目标和任务同样重要的是，他们没有从整体上掌握领导的职责。例如，以下对中层领导者的要求经常被忽视：

- 能够帮助他人获得成功。
- 依据客观条件、智力情况和感情要素激发团队，充分发掘他们的潜能。
- 依照特定标准来提供专门的指导。
- 加强横向联系（这一点在电子商务时代特别重要）以保证工作顺利推进。

另外，很少有组织能够把某个领导者的工作和其他各个层级领导的工作联系在一起。这同样是当前领导职责界定的一个重要方面。近20年以来，企业的裁员潮和不断停滞的发展进程已经造成领导层级的断裂，一些职责变得随意而漂浮不定。相对于某个人的上级以及直线下属，他本人的领导职责应当是什么呢？有人思考过他们的职责可能存在重叠或断裂吗？

领导梯队模型提供了一种快速、有效的方法以促进领导职责明晰。这一方法将领导者的实际工作内容与其所在领导层级的要求进行比较，并且将他的上级以及下属的工作内容也与这一模式的要求进行比较，从而明晰领导者职责。因为大多数人的职业发展都必须依托具体的工作，故而建立正确的职责要求非常重要，它可以确保领导者了解这一要求并且朝着正确的方向发展。这样，领导们一旦清楚了自己的工作职责就能找准方向。这一过程可以通过图形来更好地理解。如果圆圈代表某项具体工作，现在让我们来看看该圆圈位于领导梯队模型的什么位置（见图9-1）。

在六个领导层级上标出某项特定工作所处的位置，虽然这看起来很简单，但是可以提供很多有益的启示。你可以在整个领导层级模型中以更广阔、更深入的视角关注这项工作，而不是仅仅盯着任务和职责本身。你可以将该考察对象的上级和下属的工作以同样的方式处理。整个组织和单个管理者都可以直观地了解各自的职责要求以及领导和下属之间的职责界限。大型组织内部往往有一个普遍现象：几类不同的领导者会出现在同一领导层级上，特别是在经理主管和企业高管层级上。例如，某职能主管可能会发现，他的下属和下属的下属都是部门总监。很显然，区分他们的不同职责将会带来可观的工作量，但是他不得不耗费时间完成这件事。

第9章·业绩改善：明确岗位职责，设立绩效标准

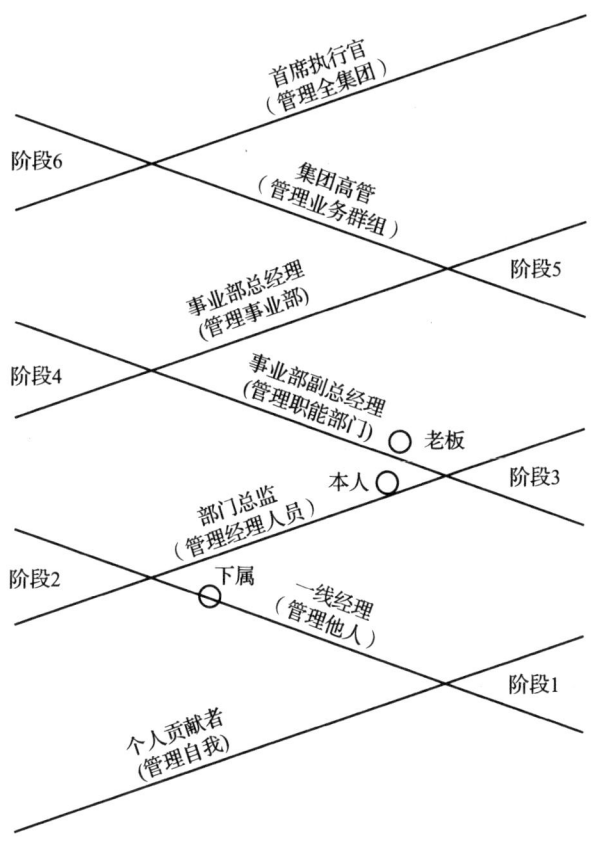

图 9-1 运用领导梯队模型来澄清岗位角色

请注意以下这些普遍存在的职责断裂和重叠现象。

职责断裂

- 缺乏上级对下级绩效的反馈，造成问题反复发生。
- 由于缺乏资源，计划无力执行；该计划由上级制订，并且要求下属执行，但他们都觉得评估计划所需资源以及获取这一资源不属于自己的职责范围。

职责重叠

- 事业部副总经理和部门总监都对同一个一线经理下指示。
- 事业部总经理和销售经理都认为产品开发计划是自己的首要职责。

因此,可以采用以下步骤以明确职责:

(1)使用领导梯队模型来确定特定工作所处的领导层级。

(2)与其他经理沟通,确定他们的领导层级以及该层级所要求的领导技能、时间管理能力和工作理念。

(3)让领导梯队上的领导者都了解相邻层级之间可能存在的职责断裂和重叠,并采取行动纠正上述问题。

界定绩效标准

对于不同层级上的领导者培训来说,定义绩效标准与明确职责非常重要,但是这还不是全部的答案。问题是绩效取决于其他人的主观评价。如果您询问来自六家企业的六位经理主管,他们都可能提供什么是"工作卓越"的主张,并且都很有说服力。他们可能都真心实意地想把工作做好,但是对于什么叫"把工作做好"却有不同的见解。即使他们的领导技能、时间管理能力和工作理念都已经非常明确,由这些职责所产生的行为以及相应的绩效也会存在很大差异。

因此,明晰的绩效界定非常重要。缺乏这一要素就难以传递组织对领导者的期望和要求。绩效标准与平衡计分卡和企业战略一样有用，而且它所强调的是组织层面的绩效而非个体的工作产出。后者一般不包含为了维持组织长期发展所需的一整套要求，因此，企业必须建立绩效标准以实现以下三个目标。

> 目标一，涵盖一整套绩效要求的标准。

对领导者来说，想要专注于销售、盈利、生产或其他任何单一的任务，已经不再可能。企业各个层级的领导者都需要成为多面手。传统意义上片面单一的绩效，即使包括制造良好的产品或者创造销售记录，也是远远不够的。更多类型和更大范围的业绩应当成为所有领导者的目标，它们必须围绕以下这些绩效内容：

- 运营绩效（总收入、成本、利润）。
- 客户绩效（赢得和维持客户、加强客户联系并且使客户满意）。
- 领导绩效（确定方向、加强沟通、培训员工、建立标准）。
- 管理绩效（控制力、质量、及时性）。
- 关系拓展（工作联系、团队关系、内外关系、企业和政府关系）。
- 社会责任（工作有益于社区、政府和环境）。
- 个人专业能力（仅仅与你应该做的工作相关的部分）。

> 目标二，包含长期和短期发展需要的标准。

华尔街所关注的财务季报不能是唯一的绩效标准。诸如人员发展、产品研发及品牌形象之类的长期任务，都应该考虑在内。你可以参考表9-1来理解长期标准和短期标准结合之后所产生的良好效果。

表9-1 判断绩效状况的标准

绩效标准可能包含很多不同的层次，一般认为下面三个层次在大公司内部是可行的。为了防止人们将优良绩效错认为是卓越绩效，所以首要的任务是界定卓越绩效

卓越绩效
- 持续超越运作、技术和专业方面的绩效标准
- 持续超越管理任务的要求，例如，工作的计划、组织和控制、与同事及其他人交流、员工培训
- 显示出卓越的领导力，其中包括建立和传达战略方向，使员工依据最高标准工作
- 总是通过与包括下属在内的许多利益相关方建立和保持建设性的工作关系来完成任务
- 持续积极参与社区活动并且提升企业声誉
- 经常接手最棘手的工作，老板会竭力保留此人

注意：这些业绩必须在一定时期内保持，这一期限通常是3年

优良绩效
- 持续达到或超出所有运作、技术和专业方面的绩效要求
- 持续达到或超出管理任务方面的要求
- 显示出一定的领导力
- 经常通过建立和维系建设性的工作关系完成任务
- 偶尔积极参与社区活动，并推进企业声誉提升
- 偶尔被安排从事额外的工作
- 被认为是一个好的执行者，但是如果需要的话，也能找到同等能力的人才

注意：这个类型的人员短期内也会做出卓越贡献，但是从长期来看，他的业绩水平仍属于优良水平

较差绩效
- 低于大多数运作、技术和专业方面的绩效要求
- 偶尔显示出必要的领导力，但更多的时候缺乏这一点
- 很少通过建立和维系建设性的工作关系完成任务
- 较少参与社区活动
- 需要老板花很多时间来指导
- 他的离职不会引起老板的关注

注意：这一类型的人员人短期内能展现出优良绩效，但更多的情况是比标准水平低

资料来源：Drotter Human Resources Inc.

正如你所看到的，我们把这些标准分为三类：卓越绩效、优良绩效和较差绩效。在本章的稍后部分我们将证明将它们作为领导力开发工具的重要性。

> 目标三，根据领导层级的不同所指定的差异化标准。

最后让我们回到梯队模型的各个层级。标准必须贴近每个层级所要求的领导技能、时间管理能力和工作理念，这一点很重要。这里有一个例子来说明企业如何设定标准。在相当数量的员工被辞退之后，很多新员工替补了他们的位置，这家企业准备从子公司中选拔人员来部分重建其领导梯队。因为这些新的领导者来自于不同的子公司，管理层想让所有人都依照同样的标准工作。如果没有根据领导层级加以细分的统一标准，就不可能把这些新领导者培养成真正有效的领导者。下面是三个层级的领导者如何有效应用战略工具开发全面的绩效标准：

集团高管　确立一个愿景，并以此制定企业的长期战略框架，构建战略的附属条件，分配资源以支持长期和短期的绩效。

事业部总经理　在业务部门的战略框架内设计长期业务战略，这一战略需要得到上级的批准，构建战略的附属条件。

事业部副总经理　了解和支持企业战略和业务战略，如有必要，修改职能计划来支持战略的变化。

这些标准能将各个层级连接起来，并有效消除职责断裂和重叠。正如你所看到的，这三个领导层级的领导技能、时间管理能力和工作理念将各个绩效标准具体化了。

通过绩效标准培养领导者

绩效标准不是仅限于空谈的理论概念。我们结合领导梯队模型所界定和运用的标准有助于组织更高速、更有效地培养各个层级的领导者。为了帮助你使用这些标准，请回顾我们在图 9-1 中用来表示某项既定工作的圆圈（见图 9-2）。

图 9-2　绩效图解：全面绩效和非全面绩效

资料来源：Drotter Human Resources Inc.

圆圈内的内容是这项工作的承担者所应当完成的职责，圆圈外的内容则是他人的职责。为了进一步说明这个概念，圆圈内绘制了 7 条斜线，它们代表前面提到的七项绩效内容：运营绩效、客户绩效、领导绩效、管理绩效、关系拓展、社会责任和个人专业能力。因此全面绩效者的圆圈就如图 9-2 左边的圆圈所示。这类全面绩效型圆圈就是领导梯队模型培养工作的目标。最常见的圆圈则是图 9-2 右边的圆圈，它表明，虽然某些绩效内容已经完成，但其他的还没有。

图 9-3 左边的圆圈代表卓越绩效，但这一类型的绩效需要付

出很多努力才能实现。在这些情况下，人们容易觉得他们已经不适合继续在现有的领导层级待下去了，而且超过现有领导层级要求的能力也使得他们不再安分守己，很容易被猎头盯上。图9-3右边的圆圈是最麻烦的，因为这个圆圈所代表的人显然有潜力做得更好。他并没有在他本应完成的任务上努力，却常常偏离目标转而去干那些虽与本职工作无关但自己喜欢做的事情。

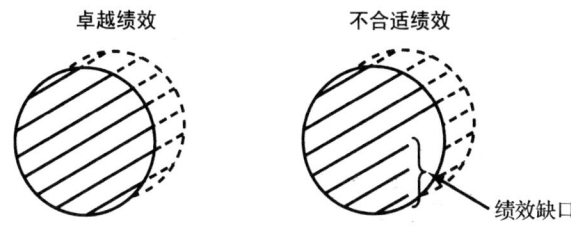

图9-3 绩效图解：卓越绩效和不合适绩效

这四个圆圈可以用于向各个层级的领导者展示绩效方面的问题，帮助他们发现不足之处（当然也可以用于发现他们的优点）。图9-4说明了如何将这些圆圈作为培养指南来充实领导梯队。

（1）当你将某人任命到一个新的领导岗位时，你就已经创造了一个绩效缺口。因为他们不可能拥有新层级上有效工作所需的领导技能、时间管理能力和工作理念。结果是他们不可能立即在七项关键绩效内容上都取得显著成就。

（2）通过教练辅导、培训和其他方式来培养领导者，进而消除绩效缺口，在七项绩效内容上实现全面突破。

（3）一旦他们获得全面绩效，就要考察他们，看看他们能否承担额外的职责，能否显示优异的能力。

(4)为绩效卓越的人员分配更富有挑战性的工作,或将其提拔到高一级的领导层级上。如果是后者,就会看到另一个绩效缺口,这就又回到了第一步。

你还需要接受下面这些假定,以确保这四个步骤有效。

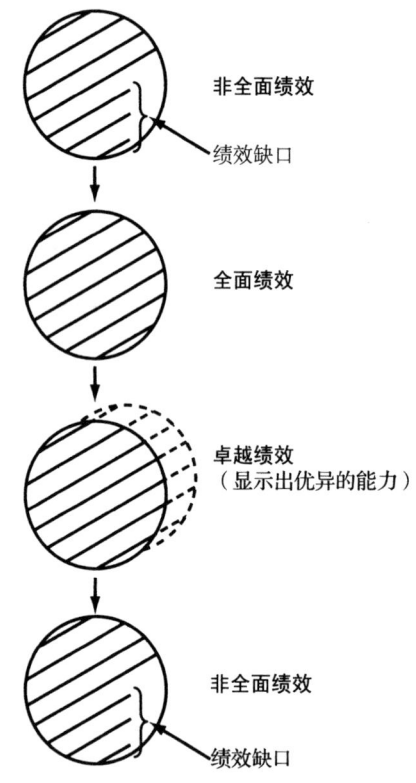

图 9-4　运用绩效图形来识别培训需求

资料来源:Drotter Human Resources Inc.

当被提升到新领导层级时,总会出现绩效缺口　不论他是不是熟练的经理,或是在之前的层级上成就卓著,绩效缺口是不可避免的,因为他们进入了一个新的领导阶段。一旦你承认这一事实,你就要在他们刚刚提升到新职位的时候开始弥补这一缺口。通过领导梯队模型，你可以依照各个层级的领导技能、时间管理能力和工作理念提供业绩方面的指导、培训和跟踪。同时，必须告知被培训的领导者这一点并且他们要愿意参加。这意味着他们足够开放，能够放弃一些让他们过去成功但现在已不合适的工作方法和坚守的信念。

培养工作必须持续进行，直到培养对象取得全面绩效 渐进的提升远远不够。所有人员都必须以全面绩效为目标。如果组织把全面绩效而不是某些技术方面的人力资源作为竞争优势，这一点也很容易被接受。为了增强有效性，企业必须愿意在领导培训方面实施战略性投资直至实现全面绩效。

全面绩效的完成人员应该由此受到奖励 作为领导力开发的基本目标，全面绩效并不是想当然么简单。全面绩效的完成者不仅应当接受奖励，还应当进一步指派他们一些新的重要任务，一些关键性问题也可以征求他们的意见。但是领导者往往愿意把大部分时间花在绩效不佳的人身上，与他们一起工作并且试图纠正他们的错误。

全面绩效的完成者应该接受超常规能力的测试，如果他们具备这种能力就应当升职 超常规能力是这个人已经完成领导层级提升准备工作的迹象，同时它也将进一步促进这一过程。人员的测试可以通过执行其上级的某项工作来进行，可以观察他的表现对应着图 9-5 中的哪个圆圈。全面绩效者提升得太快，级别跨越太多也是一个严重的错误。这将使得全面绩效者变得平庸，而且这一过程难以再扭转过来。

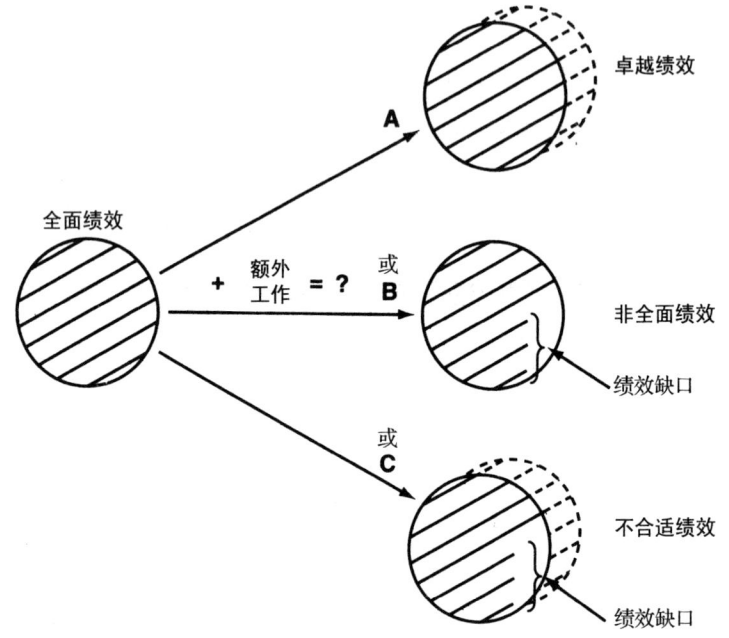

图9-5 对全面绩效者进行测试以评价其能力前景
资料来源：Drotter Human Resources，Inc.

实现全面绩效的策略

如果仅仅采用通行的培养方式，不大可能形成一个完整的领导梯队。寻找出绩效衰退的根本原因非常重要。一旦找到了这些问题，你就能仔细地定位和消除领导梯队中的障碍物。要查明根本原因需要老板和下属之间的频繁沟通，以及针对当前形势的系统分析。

这不仅仅是人力资源部门的工作。企业的每位领导都必须勘察和解决绩效方面的问题。如果这显得矫枉过正，可以考虑一下与一家绩效优异的工厂进行比较。在这样的工厂里，投入和产出都得到严密的监测。因为机器的操作者受过严厉的训练和考核，绩效非常可观。完美的运作是其主要目标，工厂投入了大量的技术支持和训练。显然，这样的比较多少有点问题，因为引发领导者问题的缘由及其后果并不如工厂的投入及产出一样容易识别。尽管如此，严格的训练和测量对任何组织的领导者培养都非常有益，对于那些以全面绩效作为目标的组织来说尤为如此。

我们发现，对于那些想要改进领导梯队的企业来说，特定的领导培养策略已经被证明非常有效。以下是四种你可能觉得非常有用的策略。

策略一：从上司而不是从下属开始

当我们开始继任者培训计划时，我们要求参与培训计划的人员绘制他们直线下属的绩效圆圈，然后要求他们罗列出造成绩效缺口的原因。令人难以置信的是，75%的原因与上司有关。例如，上司可能在错误的领导层级上工作。他们可能管得太精细了或是与下属缺乏沟通。我们并不是强调上司是导致所有领导力和业绩问题的原因。我们的主张是，如果你想要通过领导梯队提升全面绩效，那么应当从上司开始。

上司必须反问自己，他们正在执行的何种事务（或者没有执行的何种事务）阻碍了领导培养和下属业绩的提升，他们也必须反思自身如何改变以提升绩效。你会发现用业绩圆圈来图解由上司所引发的绩效问题非常有效（见图9-6）。

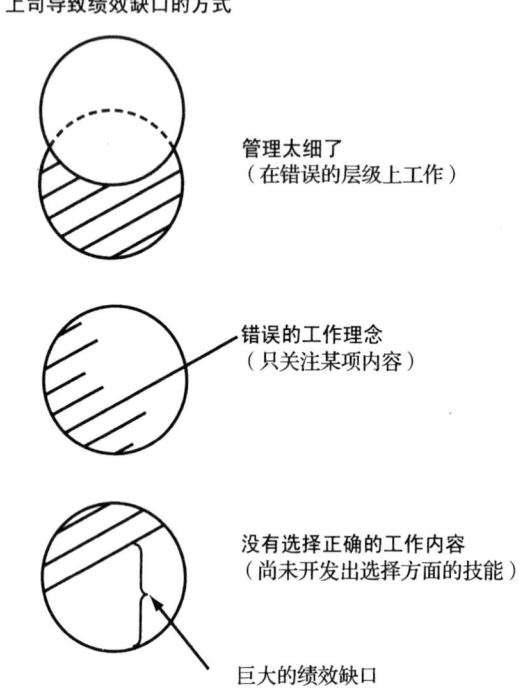

图 9-6　上司怎样造成绩效缺口和领导梯队阻滞

资料来源：Drotter Human Resources, Inc.

其他常见的由上司引起的绩效问题包括以下几个方面：

- 未能修复已出现问题的能力；
- 糟糕的工作界定；
- 沟通匮乏；
- 资源不足；
- 缺乏绩效标准；
- 偏袒某些对象。

同时，你也应该意识到，组织因素（上司常常对此有一定的掌控力）也可能造成绩效缺口。最常见的因素是：

- 不合理的组织结构。这常常是由于不必要的职能重叠造成的（矩阵结构通常会产生这种重叠）。
- 工作设计不合理。虽然已经识别和分配了系列职责，但它们可能缺乏可行性甚至没有任何必要性。
- 割裂的或是不存在的流程。如果任务不能顺利进展，或是与流程有关的关键人物被排除在流程之外，全面绩效就几乎不可能了。
- 权力或威望的分布不合理。承担责任却缺乏权力，这是一个由来已久的问题。
- 不合适的人员配备。缺乏针对工作要求和候选人员的细致分析就会产生这个问题。

策略二：寻找工作理念发生有利转变的证据

大多数人在从事一项不甚了解的新工作时，他们的行为风格都会进行短暂的调整。如果仅仅关注最初的表象，他们的理念好像是发生了变化，所以不能轻信初始的表面现象。领导梯队的生命力在于众多领导者在理念方面的真正转变。没有这一转变，行动也不会发生持续变化，人们也不能成功实现领导层级的蜕变。

与理念转换相伴的是人们愿意从不同视角看待他们的职责。他们必须愿意重新分配时间，改变应对问题的方法，或转换个人处理问题的某些方式,并且接受新的技能培训。用言语来表达新理念是不够的。人们可以尽情地宣布自己愿意给直线下属更多的自治权或者自己将从执行者转变为协调者,但是除非有实质性的证据表明行为方面的持续转变,否则理念就没有发生变化。为了搜集这些证据,可以按照以下几个方面做。

无论是成功还是失败,进行有关"教训"的讨论 正如我们曾经强调过的,用语言阐释理念是不够的。然而,人们对他们的动作和行为的描述有时也能起到一定的作用。无论是成功或失败,都要自我提问。例如,在未能按时完成一个项目后,可以问"关于未能按期完成任务这件事情,我们在能力方面有什么不足?"如果他们一开始仍在纠缠时间如何不足,实际上他们的领导层级要求他们给予下属更多的权力,让下属支配时间实现产出,很显然,理念还没有发生变化。

检查经理的日程表 理念驱动行为的优先权以及时间分配。如果日程表里排满了会议,确定这些会议的召开目的是什么,会议最终决定是什么,谁做的决定。这些会议的类型和制定的决策是否适用于经理的领导层级?他们是否在更应该留给下属的活动方面耗费了太多时间?

仔细倾听经理如何评价他们的下属 如果某人只关注某一项绩效,比如运营绩效,那么这位领导者的理念就显而易见了。所有领导者都应当关注全面绩效,当然每一个领导层级的关注点也可能略有不同。当管理者完全关注某项特定的绩效内容时,这就表明他们已经陷入某种理念无法自拔。

查看经理们站在某种理念立场所提交的计划 计划常常最能反映经理们关注的重点。看看计划中最详细讨论的内容或者计划中占用最大篇幅和文字的部分。这些强调的重点就是理念分析的线索,在一些例子中,计划本身还不够充分,它们呈现了一些尚不够清晰的想法或者不正确的假定,这说明计划的制定者并没有把计划(在所有领导层级上都很重要的内容)放到一个重要的地位。这可能是领导技巧方面出了问题,但是如果这位领导者当时重视计划,他就会寻求帮助以确保计划的有效性。

策略三:以行为学习法作为领导培养的基本手段

行为学习法是一套用来改变行为和转变理念的工具。很多不同的组织已经采用了这种方法,比如通用电气公司和强生公司。从领导培养的角度来看,它的优势不仅仅体现在技能提升方面(虽然这也是行为学习法的成果之一)。当经理们被置于具有挑战性的环境中时,他们可以从中学习并且亲自探索那些与他们的业务发展有益的内容,由于实际体验不仅在认知方面同时也在情感方面对他们产生了影响,故而他们能够成为真正的领导者。

简而言之,行为学习法大致如下:让同一层级的领导者组成团队,然后分配一项高度挑战性的任务,这一任务与某个重要的企业目标相关。这些任务是持续性的,参与者需要开发新的领导技能、时间管理能力和工作理念才能成功地完成这些任务。同时,这些任务的范围也很广,他们涵盖了七项绩效内容的绝大部分,即使不是全部。

从表面上看，这可能与其他基于团队的培训活动非常相似。以下是它们之间的差别：

- 行为学习的目标与构成涉及范围很广。团队和个体的主要时间用于学习（如何进行嘉宾演讲，如何做研究）、团队建设训练（户外挑战）、教练辅导（360度反馈）以及反思。
- 行为学习法包含与个人成长以及团队活动相结合的真正商业挑战，参与者必须认真对待。在学习结束时，参与者通常要在某位高级管理者面前陈述所学所得，他的职位发展也会受到学习过程中展现出的领导力绩效的影响。
- 一位教练将会协助学员参与这一过程，他可以指导团队，并且为个人提供反馈以及指明学习和思考的时机。

事实上，行为学习法创造了一个"平行世界"的环境，从而加速了新技能和工作理念的学习进程。如果存在绩效缺口，学员们在学习后就能更快地弥补这一缺口。如果他们需要放弃旧的理念，同时形成新的理念，行为学习法也能满足这一点，因为这一过程不是表面的，它将指引学员思考身为管理者的自己到底是怎样的身份和角色，以及这种自我的认知对他们的领导力限制是怎么发生的。

策略四：立即处理绩效缺口

如果允许绩效缺口长期存在，领导梯队就会发生阻滞（见

图 9-7)。当某人被提升到一个新的领导职位上时,此时如果不迅速找到断裂处,将会使组织成员都认定组织并不特别重视领导的层级发展。当组织放任管理者在低于他们应有的领导层级上工作时,没有人会把领导培养当回事。

如果出现了下面四种情况,就意味着出现了绩效缺口:

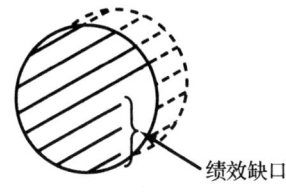

图 9-7 不合适的绩效

- 向过去的、自己熟悉的行为和技能求助。
- 告诉他们的上司应当采取什么战略。
- 试图向其他人证明他们的上司是个蠢材。
- 总是想向所有人显示他们如何聪明。

换句话说,领导被允许做他们乐意做的事,而对其他职责无动于衷。在任何领导层级,这种行为都是不可接受的,并且应当及早发现和纠正。纠正的目的在于消除既定领导职责以外的行动,并且鼓励完成应尽的本职工作。这样绩效的提升就有把握了。

留住人才和培养人才之间的关系

人才战争不仅仅限于招聘方面。新经济企业吸引了大量人才,技术型人才的短期供应也日益紧张,各个组织对于挽留人才的关注程度正在不断上升。人才挽留可能是一个薪水和职务升迁的问题，也可能与组织在领导培养方面的努力密切相关。我们发现能够帮助各个层级的人员实现全面绩效的培训计划通常是人才愿意留在组织内部的有效激励。员工往往更倾向于留在那些可以学习新知并获得发展的地方。这里说明了一些原因：

- 培训针对每一个个体。它彰显了组织对经理本人以及他们发展状况的关怀，不论他们是一线经理还是集团高管。
- 学习和发展是有益的，而且让人乐在其中。在今天的企业里，大多数人并不贪图一成不变的生活，他们认为舒适和安逸已不再是目标。学习和发展吸引了大批雄心勃勃的优秀管理者。
- 培训是终极方案。它一旦开始就不能回头，而且它将带来其他收益。

相反，缺乏合理有效的培养计划将会带来人才流失问题。未经过良好训练的领导者总要占用下属的工作，工作理念也混乱不堪，诸如此类的问题妨碍了下属的发展。他们的很多下属带着挫折感离开了组织，尤其是其中最优秀的人，他们特别迫切地想要开发新的领导技能。

当然，并不是只有领导培训计划才是挽留人才的有效工具。事实上，任何忽略这六个领导层级的培训项目都将导致人员流失，因为他们的发展预期难以实现。当组织帮助经理消除其所在层级上的绩效缺口，并且帮助他们实现全面的或卓越的绩效时，经理们留在企业内部的机会就会大大提升。

常见问题

问：领导梯队模型如何帮助提高绩效？

答：第一，它强调了不同领导层级之间的差别。这就意味着领导梯队模型明晰了领导和下属工作范围之间的差别，将两者的位置摆正，并且消除了一些模棱两可的可能性。第二，领导技能、时间管理能力和工作理念为找到问题根源提供了一个方案。尤其是工作理念，它是改善绩效的关键，而这些理念通常会被忽视。领导梯队模型能保证工作理念始终处于中心和首要的位置。第三，领导梯队模型让管理层意识到培训、提供激励以及一整套培训和提升员工绩效方案的重要性。第四，我们发现，这领导梯队模型可以帮助领导们了解成功地接手一个新工作所需的领导技能、时间管理能力和工作理念。这些信息能够促进他们的角色转换。第五，领导梯队模型为领导们提供了一个促进企业和个人发展的指导，它不仅仅可以让经理们帮助他们的直接下属，还可以帮助那些正在寻找有助于组织绩效飞跃的愿景和方案的领导。第六，领导梯队模型可以使适当的领导能力和适当的工作内容匹配起来。它还能强化一个准则，那就是领导的能力必须要根据工作要求的变化而变化。这一转变是绩效提升的驱动力。（我们的下一本书《业绩梯队》将会深入探讨如何使用这个梯队概念引导整个组织的绩效发展。）

问：在你们帮助企业建设它们的领导梯队时，最常见的绩效问题是什么？

答：企业有时会采纳一种狭隘的绩效衡量方法。我们发现那些绩效优秀的领导一般只专注一个领域的工作，通常是技术或专业类工作。在很多情况下，其他工作内容，例如领导、管理、人际关系、创新或者社会责任都被忽视了。我们经常听到的一句关于高绩效员工的声明是:"查理真是不错的员工,他在目前的职位上已经很长时间了,但是我们没办法给他升职,因为没有合适的继任者",或者"玛丽正在带领她的同事们完成部门的工作,但是她的团队还需要大量的整合工作"。绩效工作中人的要素通常会被忽视。优秀的领导应该后继有人,但是通常总是缺少这样的员工,因此,最好的情况下成功仍是暂时的。

位于基层的两个层级上的领导者通常会将重点放在完成工作上,而不是将工作交由他人完成,并且帮助他人完成绩效。如果这种情况继续存在,企业将无法建立领导梯队模型。

问:如果我们想要完善我们的领导梯队,并且让它运作流畅,那么绩效讨论的频率是多少?

答:定期讨论是非常重要的,让我们来解释一下。基于所有工作内容的全面绩效比保持梯队的完整流畅更为重要。在领导工作、管理工作和联系工作方面的优秀绩效意味着员工得以培养,组织得以改进,业务运行效果得以重视。因此,时常的绩效讨论能保证企业关注所有的工作内容。我们建议每月对所有的工作绩效进行审核。使用本章提到的圆圈评价绩效的领导者告诉我们它真的很有用。每年第一个月的月底所举行的讨论是最为重要的一次。那时有很多时间进行纠正和跟进。重要级别稍低的讨论一般在第二个月月底进行。

一线观察

- 想尽可能从领导梯队模型中获利,就需要明确你的公司实际的领导层级结构,而不是一味依赖本书中的一般模型。你应该把这种一般模型当作一种指导,帮助你确定公司的工作层级和不同层级的绩效标准。我们发现关注绩效和员工发展（而不仅仅是发展）的公司通常获益最多。这种量身定制的方法（即确定属于你的领导梯队）能够帮助你使用属于自己的业务术语，促进对相关概念的理解，并且将其嵌入到每一天的沟通中。

- 拓展对绩效的认识也是领导梯队模型的另一个关键优势。一般来说，绩效与运作结果相关，这些运作内容包括财务、KPI、战略和项目管理等。对领导梯队模型的理解将绩效概念延展，纳入了领导工作、管理工作、联系工作、创新，甚至是社会责任等方面的考量。界定这些内容对绩效的具体要求很容易，只要花时间进行有针对性的思考即可。我们已经发现这种拓展的视角如何帮助组织将领导者从最初的运作环节转移到领导和管理工作，再到运作环节。这些领导者与上司在全面绩效方面展开深入讨论，并从中获益良多，他们对职责的界定也更为清晰。经常有人抱怨领导职位上的人不领导、不管理自己下属。通过测评领导工作、管理工作和联系工作能将领导者的要求明晰化，并且帮助那些想要做得更好的领导者实现目标。我们发现，大多数人都能利用这种明晰化的要求改善自己的绩效。

- 使用圆圈来度量绩效，省去了让人头疼的表格和复杂且难以实施的工具。我们发现，企业都喜欢使用这种图形，相当一部分原因是它们的简洁和清晰。在我们教领导者使用这些图形的时候,他们很快就能理解其中的含义。工作繁忙的领导者将会认识到它是一种简单有效的工具。当我们问,这种图形的含义是否清楚时,一位耐克的经理说道:"十岁的孩子都能明白!"

- 圆圈的另一个好处就是能提高员工在绩效讨论中的参与度。大多数使用这一方法的企业让员工绘制他们自己的圆圈,并且在讨论的时候使用它。某一名员工的圆圈可能会拿来和领导的作比较,或者将它覆盖到领导的圆圈上。关于绩效的理解或实际绩效之间的差距就能立即显现出来。此时有效的讨论不仅必要,同时也有可能,因为员工和领导者都能看见所有的问题或差距。预期绩效和绩效标准就能区分开,这有助于提升绩效,并且使今后的讨论更加顺畅。员工和领导者都能在绩效讨论中获益。员工传达自己观点的方法也应该尽可能简单清晰,这样他们就能感到自己也是整个领导梯队模型的一个环节,而不是被动承受者。

第10章

继任计划

当公司高管离任,继任领导尚不能在这一高级职务上开展工作时,领导梯队往往就会遭遇阻滞。尽管这些新的领导者拥有必要的经验和辉煌的纪录,他们却缺乏在新的领导层级上的领导技能、时间管理能力和工作理念。

每天,美国的商业报刊都报道各类首席执行官如何离职的故事。这可能是因为大部分公司在高管层级上缺少一个充分开发并有助于实现全面绩效的标准。如果首席执行官突然离职,就更能说明这一原因的存在。通常,公司会寻找外部人士和内部人士作为候选人,前者可能对公司了解甚少,后者则可能还没有做好担任高层管理人员的准备。这些人似乎都能胜任首席执行官的职务,也的确才智过人,但如果他们从未接受过领导梯队模型的评定,就无法得知他们是否可以应对最高领导职位的挑战。如果他们尚未得到领导梯队模型的培训,就很可能无法在这一领导层级做出卓越的绩效。每天我们都能读到这样的故事：某家公司满怀期望聘请了一位首席执行官，但不久首席执行官就因无法达到这些期望而悻悻离职。

如果组织在寻找合格的高级管理人员候选人时困难重重，那么它在其他层级上会遭遇更多的困难也就不足为奇了。现任首席执行官、董事会、人力资源主管，有时甚至包括公司外部顾问（猎头）都常常会参与首席执行官的选拔。虽然这些人付出了大量的时间和精力，但他们却难以做出正确的选择。层级更低的职位所付出的时间和精力要远远低于高层管理，决策结果可能更为糟糕。

因此，必需制订继任计划的新方法是必需的。就这点而言，领导梯队模型是有用的，它为公司各个层级选择和储备正确的人选提供了可行的方法。

领导梯队模型视角的继任计划

传统观点认为，继任计划等同于接替计划。例如在 20 世纪 60 年代，通用电气的公司高管曾确认四位候选人继任他们的职位：两位来自公司外部，另外两位来自公司内部。经过多年发展，通用电气已经在这一方面探索了很多新方法。但很多公司并不是这样，在这样的公司里，尽管继任计划不能解决公司所面临的领导问题，却仍是通行的规范。

为了适应市场、产品、公司结构和领导要求方面的持续变化，大多数工作都应该有所改变。任何人若是想要为三年后才开始的工作委派接替者，他们都要根据详细的计划来做决定，但只要发生变化，这些计划都会过时。此外，兼并、收购、规模缩减、业务停滞、全球化和互联网都会给公司带来深刻的影响，并且导致"重要"的工作失去重要性甚至必要性。彼得·德鲁克说过，进入公司的人必须明白他们的寿命可能比这些公司的寿命更长。在这样的环境下，继任计划没有多大意义。

人才库的概念促成了一些继任计划，但从领导梯队的角度来看，这一概念存在缺陷。它蕴涵着这样的假设，如果公司储备了一群优秀的人才，就有足够的候补来接替离任的领导者。但问题在于人才库存将潜质等同于表现。我们发现具备高潜质的人并不一定能成为拥有高绩效的人。

因此，我们建议对继任计划采取以下另一个替代性定义：

> 继任计划是指在领导梯队中培养各级高绩效人员，以保证每个领导层级在现在和将来都拥有足够的高绩效者，从而确保公司基业长青。

这个定义是为了给你提供一套运用领导梯队模型的方法以提高继任计划的有效性。要达成此目标，应遵循与定义相关的四个原则。

关注绩效 当前所显示出的优秀绩效是未来受到关注和发展的入场券。有些候选人可能满足领导者的外在要求，但他们并没有展现出高层领导应有的能力，那么就要对他们打上一个问号。太多的公司将高潜质的人员推进了领导梯队，这会导致公司出问题。因为他们中的很多人不能在领导层级上展现出卓越的绩效。现在，在所有领导层级实现全面绩效才是继任计划的目标。

人员需要在领导梯队上持续流动 不能只在一个领导层级使用继任计划，所有层级都要这么做。事实上，除非在各个层级上都有足够的领导候选者，并且有一套自下而上层层选拔的有序方法，否则很难从内部发现或培养一位首席执行官。虽然不是每个人都渴望成为首席执行官，但这样的人总是有的。因此应该培养足够多的候选人，让他们沿着领导梯队不断上升，这样公司需要寻找首席执行官的时候，就有足够多的没有越级的内部人选。这样一来，即使他们并没有充分准备好成为首席执行官，也可以避免发生严重的后果。

全面理解领导梯队层级的要求 员工需要在合适的层级工作，但只有对每个层级所需的领导技能、时间管理能力和工作理念进行过清晰的交流和评估之后，才能决定他应当安排到哪一层级。对于关键领导职位上的选拔，这样的理解至关重要。如果只评测领导技能，工作理念将无法适应进入职位之后的工作压力。

同时兼顾短期和长期的发展需要 仅为了满足当前需求而制订继任计划，或是为将来考虑而建立领导储备都是不够的。要想在当前和未来都能够实现较好的经营效果，上述两个方面都是关键。

检测你对继任计划的理解，看看你能否回答以下三个问题：

- 继任计划是否能帮助你了解从初级职位升迁至首席执行官的流程？

- 继任计划能否使你关注建立在领导技能、时间管理能力和工作理念基础上的短期绩效和长期绩效?
- 继任计划是否迫使你为了完成它而持续工作(而非一年一次)?

将负向潜能转为正向潜能

公司内部会有很多毕业于顶级名校、才智超群并且仪表大方的员工,但是他们往往难以成事,原因在于他们不懂如何完成任务。继任计划通常依据这些人的潜能将他们安置到领导者职位上——他们看上去就像领导者,他们出身名门且能言善道令人印象深刻。然而,潜能在领导梯队的词典里并不一定是个不好的词汇。实际上,如果将潜能看成是一个人在将来能开展的工作,就能够建设性地运用这一概念。

如果在领导梯队模型的情境中考量潜能,它其实是继任计划中的有用术语。

三类潜能	
转型潜能	在 3~5 年甚至更短时间内可以从事下一层级的工作
成长潜能	不久便能从事同一层级的更重要工作
熟练潜能	能更好地完成现在进行的相同工作

从选择和继任的角度来看,对不同类型潜能的区分非常有效。首先,它们为依赖于各类来源不一的数据决策制定者提供了一个普遍性原则。这一原则将更为关注简是否具备转型、成长或熟练潜能,而不是简是否具备成为一位优秀领导者的潜能。二者的差

别很大。该原则能帮助决策者针对特定领导职位制定适当的发展路线。其次，潜质的分类使得管理人员可以与其直接下属讨论他们的未来。继任计划是一种互动方式。与员工进行有意义的交谈，让他们清楚组织如何看待他们是很重要的。一旦他们清楚自己是否被认为具备转型、成长或熟练潜能，同时，一旦他们明确了每一领导层级的要求，他们就可以做出理性选择——下一步该做什么，如何积极地追求自己的发展。这样一来，这些高潜能的员工便完全参与到继任计划中，因为他们清楚管理层对他们未来的期望以及他们应该做些什么以晋升到该职位或更高的职位上。

再者，将这些潜能类型纳入继任计划有助于将"平步青云"一词从人们的脑海中清除出去。管理人员和人力资源专员与刚刚走出校门的学生交流时常常会宣称这些学生即将飞黄腾达，借此诱惑他们加入公司或留在公司。遗憾的是，由于害怕失败和失去飞黄腾达的机会，很多"平步青云者"决意维持他们的精英地位，避免承担艰巨的任务。因此，继任计划可能会将"平步青云者"安置在一个重要的领导职位上，但这个"平步青云者"却已经错失了每个领导层级必需的转型和成长潜能。我们相信，有人可以快速地实现领导层级的转型但却无法攀升至顶端。领导梯队不是一根笔直的管道而是有六道90度拐弯的弯道。在每一个拐弯处，都应减速、思考、学习、进步。当人们清楚自己在哪一条弯道上——当他们清楚自己是否具备转型、成长和熟练的潜能时，他们就会更愿意完成对自己未来有益的任务。

当然，有些人并不具备任何潜能，他们不能在自己的层级上更好地完成工作。这些人应该被排除在继任计划之外，他们应当被安置在曾经完成全面绩效的低一级领导层上，或者允许他们离开公司。

设置清晰的潜能评价标准

如何得知一个人是否具备转型潜能而非成长潜能，或是具备成长潜能而非熟练潜能？即使是继任计划也并不能总是轻易地透视一个候选人然后宣布他在随后的几年内便可以往更高的管理层级发展。只有依靠每类潜能的评价标准才能使这些判断变得简单。当标准到位后，管理层可以用一致的准则考察候选人，讨论他们是否具备或缺少每类潜能的要求。

在讨论这些标准之前，我们强调个人的潜能判断必须要考虑前面章节里提到的绩效标准。一个人若能保持较高的绩效水平（至少三年），则很可能具备转型潜能。如果一个人的绩效水平不稳定，则可能具备成长潜能。也有些人能够做出成效但却在不适当的层级工作，如果能够在适当的层级工作，就可能开发出转型潜能。

除了绩效以外，潜能还取决于个人开发新技能的能力和承担更高职位挑战的意愿。与在相同层级承担更重要的任务相比，从一个领导层级到另一个领导层级所带来的技能变化和挑战更为强大。因此在考虑潜能标准的时候，我们要注意个人发展的意愿和能力有多大。如果他们要在领导梯队中提升，问题就变成他们是否愿意以及是否能开发新的领导技能、时间管理能力和工作理念。

如果他们只是在同一层级中承担了更多的职责,这样的挑战还不足以与领导层级转型的挑战相提并论,但是也不能忽视这一挑战。

执行继任计划时可以使用表10-1中的标准指导员工潜能的评价。

表10-1 潜能判断标准

转型潜能(可在3～5年内提升至下一层级)
- 显示出广泛和精湛的运营、技术和专业技能
- 显示出下一个组织层级所要求的管理技能
- 显示出下一个组织层级所要求的领导技能
- 持续有规律地开发新技能和能力
- 追求更高层级的挑战和机会
- 展现雄心壮志
- 拥有超越目前组织层级的商业眼光
- 关注公司的整体绩效,不局限于本领域的成功

注意:这些内容至少需要直接上级的上级的确认,因为直接上级并不是为自己所处的层级招聘人选,但是直接上级的上级要完成这件事情

成长潜能(3年内可以指派同一层级上更艰巨的工作)
- 显示出高于目前组织层级要求的运营、技术和专业技能
- 显示出高于目前组织层级要求的管理技能
- 经常显示出高于目前职位要求的领导技能
- 工作需要时,开发新的技能
- 主要在同一组织层级内追求更大的挑战
- 在激励下承担期望以外的工作
- 拥有超越目前组织层级的商业眼光
- 注重所在领域和所处部门的绩效

熟练潜能(能通过同等的努力水平在现任职位上取得进步)
- 总的来说,显示出目前组织层级所认可的运营、技术、专业、管理和领导技能
- 不过多地显示出在开发新技能上的努力,但竭力维持现有技能
- 渴望留在公司内部,不愿意承担更大的挑战或做出更多的个人贡献
- 在激励下完成现任职位所要求的工作
- 了解所承担的工作
- 主要关注所处专业领域的成功

注意:个体可能渴望承担更重要的工作,却没有展现出这方面的能力

资料来源:Drotter Human Resources, Inc.

在运用这些标准以及与他人讨论这些标准时不要轻视成长潜能或熟练潜能。对于大型公司或成长中的公司，虽然转型潜能必不可少，但成长潜能和熟练潜能也同样重要。在很多大型甚至中型公司，具备成长潜能的个人很适合在公司发展壮大时承担更重要的任务，这样，个人和公司都能得到同步成长。这一潜能对全球化公司也极其有用，这些公司的管理人员需要将业务在不同国家内扩展。同样，熟练潜能也铺设了通向卓越绩效的道路。每个人在自己的职业生涯中都能够擅长某些方面，即使继任计划不能为他们分配更为重要的工作，它也应当帮助他们掌握特定的技能或是更好地完成工作以保证为组织实现高绩效。

如何执行继任计划以充实领导梯队

当认识到领导梯队的目标之后，以下五个步骤将有效地促进继任计划的实施。

> 第一步，调整你的领导梯队模型以适应组织的继任需求。

用贵公司的职位结构替换我们在模式中所使用的名称，也可以将我们的六个领导阶段改为五个或七个，如果这样更适合贵公司的结构。我们发现小型公司通常是将公司高管层级和首席执行官层级合并，有时它们也会将部分层级和职能主管层级混在一起。

同样，如果能够更好地反应贵公司的创业过程，也可以增加领导层级。例如，全球化公司经常需要额外的层级。但要清楚层级之间在领导技能、时间管理能力和工作理念之间的差别。上述变动只是为了帮助你成功地为实际职位制订继任计划，并不是试图将该计划硬塞入一个通用的模式。

> **第二步，用适合贵公司的话语阐释绩效和潜能标准。**

清晰、详细、明确的标准将更有助于强化你的继任和培训计划。这些标准为希望成长为领导者的员工指明了方向，也为管理人员与表现不佳或相信自己应该立即提拔的下属进行交流提供了更好的方法。如果你的公司能制定出每个人都赞同的详细标准，便能在继任问题上取得一致，并且增强公司的领导梯队。很多公司的继任人选储备不是依据统一标准建立的，因此毫无价值。如果你确定了这些标准，你就可以创建一个卓有价值的继任人选储备库。

> **第三步，在组织内公示和讨论这些标准。**

当每个人都能够了解这些潜能和绩效的评判标准之后，他们就知道为了到达下一个层级，以及胜任某个领导职位需要做些什么。我们发现在培训项目中给员工机会了解这些标准并就相关问题进行讨论，有助于这些标准的宣传。尤其是在大型公司，层级之间的沟通障碍是常见的，因此就这一主题开展培训课程非常重要。不断就标准修订进行交流也是必要的，因为变化的商业环境常会引发新的行为，进而形成新的绩效。就新的标准是什么、为何有必要对旧标准进行修改等问题的讨论能帮助人们适应变化的环境。

第四步，用潜能 – 绩效组合矩阵评估继任候选人。

多年来，一些公司一直将潜能 – 绩效矩阵作为其继任计划的组成部分（见图 10-1）。

	高绩效	中等绩效	低绩效
高潜能	1	3	6
中等潜能	2	5	8
低潜能	4	7	9

图 10-1　潜能 – 绩效矩阵

注：此矩阵不适用于在现任职位上任期未满 6 个月的人员。
资料来源：Drotter Human Resources，Inc.

这是一个快速审视领导层级的有效工具。例如，公司可能发现其职能经理都集中在中等潜能－中等绩效方格内,这说明在这一层级上该公司没有太多可提拔的人选,公司最好改变这一现状。虽然这种浏览方式非常有用,但是从领导梯队的角度来看其价值并不明显。它的绩效和潜能的表达方式太笼统,无助于得到具体的发展举措。用我们的潜能和绩效分类来重新诠释同样的矩阵,看一看将发生什么(见图10-2)。

持续绩效水平

	卓越绩效	全面绩效	非全面绩效
转型	卓越/转型 方格1	全面/转型 方格3	非全面/转型① 方格6
成长	卓越/成长 方格2	全面/成长 方格5	非全面/成长 方格8
熟练	卓越/熟练 方格4	全面/熟练 方格7	非全面/熟练 方格9

将来可能的工作贡献

图10-2　领导培训矩阵界定

①变更在上一次任务中表现好于预期但刚被提升的人员的职位。
资料来源:Drotter Human Resources, Inc.

现在你就能更好地洞悉一个人现在和将来的领导能力以及如何将他们培养成领导者。同样重要的是,这能够让高级管理人员在他们的继任计划期间关注所有的直接下属而非仅仅是被认为具备高潜能的下属。下面将解释每一个方格的具体含义以及公司相应的举措。

方格1，卓越/转型 具备这一优秀绩效和潜能组合的个人已经做好准备承担来自更高领导层级的任务。由于这种状态尚不稳定，应该立即采取措施；员工清楚他们已经熟练掌握现有职位的技能，也在期待职位上的升迁。在很多情况下，这些人都是其他公司招募的主要目标。

这种绩效水平通常并没有与之相称的回报。这些管理人员常常感到他们被限定在现有工作的框架内，他们清楚自己能够并且必须获得更多回报。如果不是这样，他们就会焦躁不安；他们常常感到职位以及绩效方面的紧迫感，他们坚信自己必须得到提升。

更换这些人的职位时，可以将他们安置到成长空间很大的职位上，这样他们将面临一个陡峭的学习曲线。从领导梯队角度来看，这意味着将他们安排到下一个领导阶段或是委以他们（对他们来说）新的职能或业务的工作，他们也会得到与新挑战相称的回报。请注意你不要过紧压迫他们或在他们脑中塞满名利，关键在于让他们获得与绩效相称的回报的同时不断学习和成长。

请记住，这些人都是众人瞩目的对象，另一个雇主很可能会给他们远超过目前所得的金钱和职位。如果你不尽快、持续给予他们新的安排，或至少讨论你的公司能给予他们什么，你会很快失去他们。

方格2，卓越/成长 尽管这样的人员要暂时留在原来的领导层级上，但他仍能通过那些有助于他到达下一层级的方法取得进步。这意味着除了给他安排有助于获得新的领导技能、时间管理能力和工作理念的工作之外，还应当分配一些延展性工作。

上司当下所要应对的难事是一个好的测试方法。因为这一任务来自于更高的领导层级,你可以看看他是否能处理这种越级任务。交叉职能的项目也是好方法,这一项目可以增长他的经验,同时检测他跨职能决策的能力。

这样的人对组织来说是有价值的贡献者,未来很可能在更高的领导层级上扮演重要角色。如果他无法在维持绩效水平的同时应对这一测试,你非但没有任何损失反而避免了随后可能发生的重大错误。他可能成为更高层级的职能领导者而非一名业务部门的领导者。在职业发展方面不断受到关注、新的挑战性工作以及意味深长的交流都在向这位绩效卓越的员工表明他已然得到了赏识。

方格3,全面/转型　这一类别由现在和将来对公司都很有价值的管理人员组成。重点在于帮助他们提高绩效,在他们明显提高绩效之前不应该转换他们的领导职位。

如果你正与方格中的这类人打交道,那么要给他更高的目标。要求他比其同事实现更多的业绩——销售更多,利润也更多,等等。鼓励他实施创新方案以实现这些目标。如果他的业绩非常好,说明这个人有很强的上进心。如果不是这样,他仍可能力图上进,但可能不具备成为公司明星的才干。要意识到这样的管理人员往往处于一个较为不利的环境,这种环境可能使成功变得复杂化甚至不具可能性,因此把他的业绩评为充分绩效水平,但你也可以考虑将这样的人归类到方格5的类别。

方格4,卓越/熟练　这些老练的专业人员应该待在他们现任的层级上，但必须表彰他们的贡献。发展对他们来说可能并不是很有价值，但应该让他们参与培训其他人员。将他们安排到新产品、新项目和新流程的学习团队中。他们已经证明了自己能完成要求以外的更多任务，因此他们的表现不应受到质疑。同样，让他们参与这些项目是一种巧妙的鼓励方式。

同样要认识到这样的人是非常有价值的。他的绩效水平处于巅峰，也不会对晋升问题焦躁不安。你可以将他作为领导力开发的核心。同时，当他觉得自己得不到赏识或者没有得到充分赏识，他可能会适当控制自己的业绩水平。不要以理所当然的态度来对待这样的人。要充分关注他和他所保持的绩效水平。没有任何一个人可以不付出任何努力就留在这个方格里，所以你必须确保他们觉得自己的努力是值得的，自己得到了充分的认可。

方格5，全面/成长　在此绩效提升是关键。如果能做出更好的成绩，这些人应该被委以所在层级中更重要的工作。再者，拓展性的工作任务适用于这一方格中的人，如果他们能完成这些任务，他们便可能直接跳入方格2。

如果你和这类人一同工作，你可能难以判断哪个方格适合他。以我们的经验来看，管理人员会将应该属于方格7或方格8的人归入这一方格，因为管理人员不想得罪他们，也不想要求太过苛刻。如果你发现自己身边的人更多属于方格5而非其他方格，重新检查你针对他们的表现以及他们正在开发的技能的评价。此外，审视你归纳他人到这些方格的动机。你盼着某些人被归类到这个方格内吗？或许他的表现真的如此，应该被归类于此？

方格 6，非全面 / 转型　新近得到提升的人都会得到这个评级，但他们只是需要些时间和经验以及相应的训练来提高他们的绩效。不久后，他们可能成为下一领导层级的优秀候选人。但如果他们的绩效欠佳不是由于刚被提升所造成的，那么他们可能存在很严重的缺点，需要更深入的分析。

就算在大型组织，也不可能有很多人能被归类到这一方格。在方格 1 的人得以晋升之后，重新把他们放到这个方格内。在随后一年里，跟踪自己的绩效，看他们能否保持自己的绩效水平。这么一来，你就能知道他们是否有效地经历了整个领导梯队。

方格 7，全面 / 熟练　这样的人有两条路可选择，取决于他们的绩效是提高还是下降。他们可能成为现任职位中的佼佼者，也可能下降成为无关紧要的执行者。尽管你想要赞赏他们的表现，你也应该给予足够的训练或发展机会，让他们得以提高效率和潜能。

与他们坦诚的交流很有效。告诉他们为何自满是危险的，能力的成长和个人的努力能带来职业发展。如果这样的人相对比较年轻，而且其主要问题在于动机方面，那么他很有可能会被归类到方格 9。带着这种想法，你可能会竭力寻找这种人所擅长的其他职能或业务（而不是放任他在中年时期就沦落到方格 9 中，到时他也很难在别的地方找到一个职位）。

方格 8，非全面 / 成长　在这种情形中严格的绩效管理至关重要。在完成工作方面，这些人不能有任何的失职或偏差。方格 8 通常意味着这些人存在某些问题，因为他们拥有开发工作技能（成长潜能）的能力，没有运用他们拥有的这些技能（绩效未得到充分表现）。然而，这些人也具备相当的才干，只要将来能做出更好成绩便能承担更重要的工作。

你可能想要帮助这样的人更适当地运用他的精力，更有效地管理他的时间。他很可能花了太多精力学习新技能，那么检查他的日程，看他如何安排自己的时间。也有可能他觉得自己的上司或工作并不很适合自己，因此专注于提高技能或增长知识而不是去处理影响他的绩效和潜能问题。如果是这样，你可能要请比他高两级的上司或精干的人力资源专业人士介入处理。

方格9，非全面/熟练 这些人经常在不合适的领导层级工作，应该重新安排至低一级的层级甚至解雇他们。一旦这些人被允许留任，并且妨碍了其他拥有更高绩效和潜能的人，领导梯队就会受到阻滞。

但是在划去这种人的名字前，要做进一步的分析（尤其是在鼓励充分就业的经济形势下）。调查为何绩效只到这个水平，就这个问题直接与此人交流。很有可能是管理或组织因素制约了绩效水平，这些因素都可以得到解决。这些因素包括任务界定不准确，资源不充足或无法融入周围的工作氛围等，它们都可能造成绩效不足。

将此人的绩效发展趋向纳入你的行动计划。让他成为你进行员工绩效趋势分析时的探讨对象，以及继任计划行动过程的一分子。当然，你要探讨以往的技能培训或员工训练是否有助于提高此人的绩效，除此之外还需要其他什么辅助要素。

> 第五步，经常认真审核整个领导梯队的继任计划和实施进展。

别让继任计划成为你几年或一年才做一次的事情，不要将其视为相对不重要的职责。尽管已拥有人才库存、人力资源审核、股权计划及其他工具，公司仍在进行一场只会以失败告终的人才之战。问题在于：人才的讨论太轻松，模型不完整或不适当，审核断断续续。人们倾向于把审核变成诚信缺失的机械式程序。简而言之，公司无法在这一关键领域施压以获得产出。

理想的情况是，你的公司应至少每年举行一次围绕绩效－潜能评估的继任会议，你也要安排好季度审核和月度行动报告。此外，首席执行官以及他的直接下属应清楚整个领导梯队的绩效－潜能评级。同样重要的是，每个层级上的领导都要关注比自身等级低至少两个级别的评级情况。例如，集团高管应该查看事业部总经理和职能主管的报告，因为他们要清楚哪个职能主管能够胜任事业部总经理的职位，他们也要让事业部总经理负责培训职能主管和部门总监。

创建这种跨越下两个层级的审核体系并且使用我们关于绩效、潜能的定义和标准非常有用，它将提高为关键领导岗位选择正确人选并且适当地培养他们的可能性。更为重要的是，它能帮助组织在当前及未来实现预期业绩的同时，通过适当的准备工作最终完成让正确的人选承担正确的工作这一根本目标。

常见问题

问：如何才能准确运用领导梯队模型促进继任工作？

答：首先，让参与者都清楚层级转型意味着什么。明白该转型所要求的学习内容和能力变化有助于避免他们判断失误，并能传达提升的实际标准。其次，领导梯队模型提供了相关的内容界定、表达方式和讨论框架，从而有助于公司和员工在继任问题上形成更好的交流对话。再次，该模式有助于个体了解更高层级的工作要求，他们可以为自己做出更好的发展选择。最后，好的继任工作要求在所有业务和职能方面都有一致的判断标准。领导梯队模型给予每个继任人选同样的挑战和要求。很多人告诉我们如果没有这个模型，他们不知道该如何开展继任计划。继任的新定义就是"为下一层级准备人才库"。

问：一份良好的继任计划与传统的接班人计划最大的差别是什么？

答：正如第5章中图5-1所指出的，全面的组织竞争力分析很重要。组织竞争力建立在战略执行所需的所有工作都被分配至适应人选的基础上。任何预期的或计划好的战略变化都要反映在新的组织结构和工作设计的变化、程序变化、文化更新等内容中。当我们查看员工完成交办工作的能力时，继任计划中的人员评价分析模块就非常有用了。这里，对人员的关注并不是判断我们是否有好的员工，而是判断我们是否有正确的人员——不论工作发生多大变化他都能够并愿意完成。我们不能笼统地评价一个人，应该有一些评价基准点，组织竞争力提供了这样的基准点。

坦诚对话也是另一个重要差别。对当前绩效水平以及员工能够发展到什么层级等内容开诚布公是亟须的。对潜能的痴心妄想并不能带来任何结果。

问：继任计划往下可以到达什么层级？

答：可以一直到入职级别。继任是指人才，尤其是领导者的向上流动。对于继任候选人来说，每一个层级都依赖于其之下的层级。因此我们必须确保招聘到入职层级上的技术和专业员工中会有很多人渴望领导岗位。否则我们无法从内部其他职位的人员中选拔出合适人选。虽然有时从外部寻找人才来填补领导职位是必需的，但是为了降低风险，90%的时间应当用于内部选拔。90%准则的例外情况只有一种：当我们进入新的业务或市场时，我们需要聘请经验丰富、知识渊博的人却找不到合适的内部人选。

一线观察

- 使用九格矩阵来表现公司继任人选的优点或缺点的方法在世界范围内被广泛采用。这一方法很容易抓住人们的眼球。他们很骄傲地向我们展示那九个方格，上面还配上了相应的名称。遗憾的是，当我们追问其判断根据时（即如何为特定的人选决定其所属方格），我们发现他们是靠自己的直觉来完成这个选择。他们并没有依靠绩效证据或潜能标准。依赖直觉的公司只会错误地相信这九个方格能提供分析结论。这九个方格可以用于描述某一人群，但不是评价标准和确凿证据的替代品，九格矩阵只是面粉而非蛋糕。
- 关于潜能这一概念的争议仍在持续。我们无论到哪都会遇到这个问题。对此没有什么特别完美的答案。我们坚持使用之前本章提出的定义：潜能是指一个人在将来能完成的工作。领导梯队模型提供了适当的表达方式，使得潜能更易于讨论，同时能够根据不同潜能采取相应措施：转型潜能——在3～5年内能够承担下一层级的任务，成长潜能——在3～5年内能够承担相同层级上更重要的工作，熟练潜能——能够继续在现任或相似职位上增强能力。

- 你认为自己能够完全理解潜能，然而，这样的想法是个陷阱。我们的三种潜能类型有助于你及时做出大概的判断。客户要求变化、竞争者做出转型、新产品投入市场，所有这些都将使公司开发出新产品和服务，这些产品和服务进而又要求新的技能。因此今天的潜能不一定是明天的潜能。最坏的情况是出现正负的评价永远不变。继任工作和潜能鉴定需要至少每半年进行核查，你应当乐于根据个人和工作的新情况改变评估。

- 对领导梯队上下层级之间关系的认识对公司选择正确首席执行官的能力至关重要。领导梯队模型开发的最初目的就是用于继任计划。它使得从事继任工作的人形象化看待整个系统以及所有连接点。掌握继任计划的起始点（对公司内部非高层管理职位实施这一计划）是成功实施继任计划的第一步。遗憾的是，大多数继任计划都在关注领导梯队的另一端——首席执行官。没有任何组织将足够的精力放到起始点上。如果你的公司无法培养一位首席执行官，你就会在其他层级的管理人员方面遇到同样的问题。虽然董事会应当致力于首席执行官的继任问题，但这并不意味着公司继任计划的对象完全限于公司高层。对整个领导梯队进行考察和实施继任方案对于组织的重要性是其他行为不可替代的。

事实上，对首席执行官继任优势进行分析可以让你清楚整个领导梯队的运作状况。高层可以看见下面各层级出现的问题，就如同一条糟糕的组装线所生产的汽车，每辆车的问题一目了然。

- 持续有效地实施继任计划是成功公司的一个标志。一些世界顶级的公司雇用我们帮助它们解决继任问题。它们宣称自己一直在寻找方法保持自己的行业领先地位。它们告诉我们，领导梯队能够通过建立一套更完美的继任计划，帮助它们保持竞争优势。

第11章

识别领导梯队模型中的潜在缺陷

截至目前,我们一直主要讨论如何运用领导梯队模型来建立一支强劲的领导梯队,也强调了该如何运用这一模型来提高每一层级的绩效水平和成功概率。但如果我们对领导培养中存在的缺陷视而不见,那就不够称职了。一家又一家的公司出现这样的状况,那些被寄予厚望并且担任主要领导职务的人却辜负了大家的期望。有些人在一线经理的职位上就失败了,而有些则是在首席执行官职位上才出现败绩。

尽管导致缺陷的原因很多,而且其中一些是无法完全避免的(例如,消费者喜好突然改变),大部分原因还是可以预防或有效解决的。在此,我们将检查个人及机构领导缺陷的常见原因。同时给出运用领导梯队模型补救这些缺陷的方法。

我们将主要讨论高层的缺陷。尽管领导梯队模型有助于预防各层级的缺陷,但高层管理缺陷存在涟漪效应,会导致从高层到一线经理层级都出现缺陷。当一位高调的首席执行官辜负众望并从组织离任时，有关这一事件的媒体报道会给公司带来巨大压力，并且造成损害。来自外部的负面效应将在梯队内部由上而下扩散，其他高级主管也可能因此失去工作。即使在最轻微的情况下，股东价值的损失也会损害组织，低落的员工士气也将会伤害个别领导者。更重要的是，若高级主管的业绩出现问题，他们将无法再拓展自己的领导才能；他们无法培养或训练自己的直接下属往更高的领导层级发展。相应地，这些直接下属也无法训练自己的直接下属。

因此，缺陷成为这个过程中必须处理的环节。下面就从造成缺陷的四种最常见的原因开始：

- 选错人才；
- 让表现不佳者留在岗位上太久；
- 不善于倾听反馈意见；
- 不善于定义工作。

选错人才

杰瑞和蒂姆的故事

杰瑞是一家大型消费用品公司的首席执行官，在过去五年中他做出了两个有关人才选拔的决定，每个决定都造成了公司 10 亿美元的损失。他从事业部总经理中选出两名公司高管，尽管这两人看上去像是具备很强领导潜能的优秀候选人,然而事实并非如此。杰瑞从这些高管中选定了蒂姆,因为作为一名事业部总经理,蒂姆在营收增长和盈利改善方面都做出了很好的成绩。基于他原有的能力禀赋,蒂姆曾经引进新产品和服务来填补产品系列的空白领域,并成功地提升了公司的竞争力。杰瑞希望蒂姆能够作为公司高管负责部分业务的营业收入和盈利状况。

蒂姆上任之后便立刻发现了现有业务组合周围的空白区域。出于本能,他想借助以前的方法来谋求成功。他将大部分精力放在尚未开发的市场和客户群上,并要求他的直接下属也这么做。由于他的公司现金头寸地位很强劲,其直接下属提出的所有增长战略,蒂姆几乎都大胆地予以投资。看起来好像蒂姆正在与董事会成员打赌,他相信在所有的投资中起码会赌中一个,而且其盈利能够大大地弥补其他投资的损失。蒂姆不是战略性地、选择性地思考该支持哪些项目,而是几乎什么都做。

结果,蒂姆的团队进入他们既不了解又缺乏资源和技能以有效竞争的业务领域。不仅如此,蒂姆的才干也无力应对如此多的项目,执行力受到破坏。由于损失不断累积,蒂姆在新的职位上工作了18个月后就被撤职了。

了解领导梯队模型之后,杰瑞认识到自己的决策在哪里出错了,该模型如何能够预防在将来发生类似的缺陷。他在审视公司高管和事业部总经理层级的领导技能、时间管理能力和工作理念时,发现这两个层级在战略要求上存在很大的差异。作为事业部总经理,蒂姆正确地用新的产品/服务填补市场空白,但是他的做法并没有超越现有的战略框架。作为公司高管,蒂姆采取了相同的行动方案,但他并没有意识到公司高管的工作领域如此之大,因此类似的方法并不可行。公司高管需要更有条理的策略方法,用于分析他们的选择然后从中选出一些(而非很多)。蒂姆的思维方式,尤其是他的理念其实比公司高管低了两个等级。他纯粹依据职能领域的理念体系来经营:我们能做到吗?这与一个事业部总经理的理念体系存在很大差别:我们应该做吗?与一个公司高管的理念体系也截然不同:哪个选择能在现在和将来为我们带来最好的结果?杰瑞提拔蒂姆时的想法是有一定逻辑的:蒂姆在事业部总经理职位上展示出来的能力以及所取得的成功应该得到激励,这些能力和成功会对他在新职位上的工作很有益处。显然,这种逻辑错误在于在不同领导层级上取得成功的要求存在微妙但重要的差别。

因此,要避免选拔缺陷,请记住以下几个方面。

相邻两个层级的总体要求可能相近,但在具体的领导技能、时间管理能力和工作理念方面则显示出重大的差别 在两个职位上,战略的思维方式对蒂姆来说都是必要的,但在公司高管层级上,这种思维方式更需要体现在选择方面。未占领的客户群和产品领域通常都很大、很诱人,但同时必须要考虑业务限制。

在一个层级上做出成绩不应成为选择某人担任更高层级职务的主要原因 那些做出成绩的人显然应该考虑授予领导职位,但将成绩作为选择的唯一标准通常是错误的。例如,蒂姆就没有花足够的时间来分析他的选择，划分它们的优先次序。他没有重视考察公司的限制，而这些限制将会使很多选择无论是现在还是在将来都不恰当。在做出选择决定时，应注重候选人能否在明显不同的环境中做出成绩。询问一个人能否顺利地接受新的理念。他是否已获得所需的技能，能否轻易地改变他分配时间的方式？有些候选人在整个职业生涯中惯于依赖同样的领导技能、时间管理能力和工作理念，如果你知道他们确有这样的问题，要意识到你将他们提拔至更高的领导层级就是在让他们走向失败。

让表现不佳者留在岗位上太久

这个问题在公司中很普遍。出于忠诚度的考虑或是错误的恻隐之心，管理人员允许员工逃脱重大损失的责任。或许他们在自欺欺人，一次又一次地指望曾经出色的某人能够重新焕发魔力再次爆发出显著业绩。因此，一个小疏忽演变成大缺陷，领导梯队因此遭受严重损失。

杰瑞和文斯的故事

杰瑞，前一个案例中的首席执行官，犯了第二个选择方面的错误，他将文斯从事业部总经理提升为公司高管。如果只依据一个绩效因素来提拔人员（杰瑞就是这么做的），的确应该任命文斯为公司高管。他做了一项了不起的工作，创建了一项业务，这项业务使得他的公司成为该产品在很多国家的第一个提供者。精心设计的产品加上无处不在的营销方式促进了业务的增长。业务做得越大，他们就越容易利用自己的规模优势来击溃试图尾随其后的竞争对手。文斯掌控了市场。

作为公司高管，文斯负责了一系列增长缓慢但趋势稳定的业务。虽然公司收入很高，但市场份额很小而且竞争对手比较强大。但文斯就像闯进瓷器店的公牛一样，他从一开始就坚持扩大目标、扩展方案和改变产品，他要把客户从竞争者那里争取过来。尽管他的一些想法带来了业务的增长，但这些成绩离他的宏伟目标甚远。因此，他免除了两位事业部总经理，在文斯接管其中一位经理的职责后，另一位事业部总经理出于排斥的心理也主动辞职了。虽然损失不断加重，但文斯认为解决团队内的问题只是个速度问题。所以文斯改变了其团队的组织结构，将其变成以文斯为事业部总经理的单一业务形态，一个他乐在其中的模式。在任职后第三年的中期他对业务进行了重组，此时事情变得更加糟糕。由于他在很多产品领域和市场都缺乏经验，最终导致扩张以惨痛的失败告终。在任期的第三年年末，市场份额、利润和客户满意度都一落千丈。

杰瑞当然为已发生的事情担忧，但他没有采取任何措施。他觉得自己欠文斯的，因为文斯以前的绩效很棒，他相信文斯的大胆举动肯定能扭转事态。不幸的是，文斯任期的第四年，结果继续恶化，又有两位优秀的经理辞职，文斯似乎接近精神崩溃。杰瑞最终撤销文斯的职务，重新安排他到另一个项目上。

虽然杰瑞看起来似乎天真或愚蠢，但他绝非如此。实际上，他很有才干。他缺少的是一个预防和处理领导者失败的机制。如果杰瑞能用公司高管和事业部总经理层级上的领导技能、时间管理能力和工作理念标准来评估文斯的绩效，他很快就会明白文斯在一个不合适的领导层级上工作。文斯在事业部总经理的层级上表现得稳稳当当，但却被提升至公司高管的层级。因为杰瑞没有意识到不同层级要求中的具体区别，文斯对他忠心耿耿，他也盼着文斯会突然拿出不同凡响的应对措施，这使得他对问题的严重性视而不见。事后诸葛亮无济于事。领导力是个很难客观评价的概念，尤其是当期望和友情的成分渗入到评价标准中时更是如此。

杰瑞对不良业绩的不断容忍最终导致公司的市场份额创历史新低，并且爆发了一些资金方面的危机，公司需要缩减几十亿美元的成本，成千上万的员工被迫解雇，董事会也要求杰瑞提前退休。

可以通过以下措施预防让员工在岗位上留任太久的缺陷。

评定一位经理是否依赖前一层级的领导技能、时间管理能力和工作理念　这是最主要的领导层缺陷，但这很难鉴定，除非你对每个层级的要求都心中有数。当经理们开始重复之前带来成功的行为时，就应该敲响警钟了。

观察经理直接下属的职业发展和业绩表现　有时一位差劲的领导者造成的损害要经过一段时间后才会显现。有时由于一些外部因素，糟糕的业绩没有被追究。但当直接下属不再进步、绩效不再提高时，就预示着领导者没有履行该层级的要求。因此，当文斯的事业部总经理开始纷纷离开的时候，杰瑞就该采取行动了。

不善于倾听反馈意见

这对高级管理人员来说是尤其突出的问题。他们并非讨厌某类反馈，而是一直都要求获得对新项目和产品的反馈。他们没有积极征求的——或他们充耳不闻的，是他人主动提供的针对他们自身的反馈意见。确切地说，他们不喜欢听到他人评论他们该如何领导，该怎样用不同的方法做事情，为什么要这样。有时候，他们之所以不喜欢这些反馈是因为它们不符合他们对领导的认知。对他们来说，作为一名领导意味着即使身陷逆境也要坚持到底，这在某种程度上是合理的。如果他们听取每个消极的评价或批评性的建议，就不能保持主动性，也不能完成任何事情。我们将会看到，成功避开缺陷的领导者都乐于听取反馈并且善于分析这样的反馈是否有价值。

汤姆的故事

汤姆最近被任命为一家大型航空航天公司的事业部总经理。之前他在向政府销售航空航天设备的部门担任市场销售经理，由于在这一职位上业绩非常优秀，他被提升到新的职位。他安排他所信任的下属格洛丽亚接管他原来的工作。尽管高质量、可靠性和准时交货一直都是公司的关键要求，但成本控制也变得越来越重要。首席执行官希望汤姆能够帮助降低成本，以支持该公司产品打开商业市场。

遗憾的是，该公司不同的职能部门对如何减少成本都各持己见，而这些意见常常互相矛盾。例如，制造部门希望缩减零部件库存并采用需求拉动的工作计划；工程部门选择使用更便宜的材料，虽然这一方案还没有明确的证据证明可行；市场部门则想卖掉现有设备的备用配件。

格洛丽亚意识到这些不同的职能部门对如何以一个成本降低团队的形式合作毫无头绪，她告诉汤姆想就此问题与汤姆讨论。然而汤姆却好几个星期都故意回避这个讨论。当格洛丽亚终于约到他的时候，汤姆说："别担心，你能解决这个问题。我们过去一直都能解决这一问题，我们不是第一次面对这样的挑战了。"格洛丽亚试图解释这次的情况有何不同，但汤姆坚持只要各部门继续工作，所有的事情都能解决。

在担任事业部总经理15个月后，由于成本冲突逐渐升级，产品质量也持续下滑，公司还错过了一次重要的航天任务的产品交货日期，汤姆被解雇了。如果汤姆能够听取自己信任的下属的反馈，他很可能不会失败。事实上，他不仅个人失败了，还拖延了该业务领域内其他有望提升的领导候选人的职业生涯。

下面是防止此类反馈缺陷的方法。

注意聆听，并且敞开心胸　我们都知道汤姆的职能部门负责人在一同解决成本控制问题时遇到了麻烦，真正的问题是汤姆对这些麻烦视而不见。如果他不仅听取格洛丽亚的意见，同时更能够主动听取其他职能部门负责人的反馈,他就能全面地了解情况并和他的下属一同解决成本问题。

认识到该听取什么 如果汤姆明白他的层级中至关重要的要求是整合职能部门,他就会留意与这一要求有关的反馈。汤姆上司的疏忽在于没有和汤姆交流这一要求,而汤姆的疏忽在于没有让他的上司界定事业部总经理的职责。如果他知道领导梯队模型,他可能不会变得更善于接受反馈,但至少他会认识到该听取什么意见。

不善于定义工作

在事业部总经理领导层级和更高的层级上,总是假定承担这些管理职位的人员应该知道要做些什么。这一假设可能造成问题。像前面的例子所显示的,领导者并不总是清楚自己职位的要求。或者更确切地说,他们认为自己清楚,但实际上他们只是依赖于自己在以往职位上的认识。公司高管在工作职责没有很好界定时最有可能失败。首席执行官和事业部总经理的职责界定通常都可以求助于一些固定的章程或框架。但在公司高管层级没有这种既定的框架可以借鉴,这一层级的界定通常都是围绕该层级上的具体人员而设的。

所有的管理人员,在被任命到新的领导层级时,都应主动去界定自己的工作。这意味着不仅要界定该层级的领导技能、时间管理能力和工作理念,还要界定该层级的绩效标准。这样一来,便能够更加准确地培养其直接下属,不侵占他们职责,并能够了解和处理他们工作中的关键要求。大部分情况下,人们的懒惰或无能不会招致缺陷,缺陷之所以发生是因为人们晋升到新的领导层级时不了解自己的职责。

为了避免糟糕的工作界定所带来的缺陷,管理人员应该记住以下要点。

不要想当然地界定工作职责 依赖假设和笼统的工作描述或者效仿自己之前担任过该工作的其他人员的做法常会导致缺陷。人们需要自发去界定自己的工作,使之明朗化。这意味着不仅要界定他们的贡献,还要建立起衡量的标准,并区分自身与上下层级之间的职责差异。

使自己的界定获得认可 换言之,管理人员需要向他们的上司汇报自己对工作职责的理解并且询问这一理解正确吗?这样的问题不能只问一次。他们应当经常与上司讨论自己的职责。担任新的领导职位并熟悉工作后,他们要主动获取反馈,看他们的绩效是否符合自己的领导层级以及上司的期望。

组织缺陷

公司出现问题甚至经历衰退的原因有很多,但最根本的原因是领导缺陷。当客户服务响应缓慢或者没有持续的可盈利的新产品时,通常这都意味着在领导力方面有所缺失,而且,出现缺陷的并不只是一个领导者,很多领导者都会出现缺陷。在这些公司中，领导常常是一个模糊但又一致的概念。

例如，我们曾为一家大型计算机公司提供高管培训。在培训中，我们与一群高级管理人员探讨创新问题，之所以谈论这个话题是因为该公司似乎缺乏很多新颖的、有创意的产品和服务。他们的回答是："我们的实验室里正在开发很多新产品，问题是研发过程停滞不前，我们无法让这些产品从实验室走向市场。"当我们询问谁该对这种情况负责时，这些高管都声称参与的人很多，不可能精确地指定究竟是谁该为此负责。随后讨论自然而然地转入领导话题以及为什么没有人对该问题负责。这群人解释说领导的主要经营原则和评价领导者的标准都以销售为中心：大家都认为领导者应当从事销售工作，因此他们在顾客身上投入了大量时间。

和其他很多公司一样，这家公司缺乏三个能够防止组织缺陷的关键因素。

因素一，领导力框架。

缺乏框架，领导力就变成一个过度简化的、宽泛的体系。在那家计算机公司里，对领导力的理解自始至终都围绕着"每个人都要销售"。领导者本人没有认识到他们的特定角色和责任该如何融入一个更大的整体。缺乏框架，不同层级的领导者都做着同样的基本工作却忽略了重要的任务。

领导梯队模型为公司提供了一个领导框架。至少，这个模型界定了各层级的职责要求，清楚地区分了相邻各层级间的要求差异。通常，大型公司在渡过危机或开展特殊项目时，需要不同层级的领导者共同参与。你可能能够想到，如果所有层级的领导者都关注同一件事，该业务的其他方面就会被忽略，缺陷就会接踵而至。当所有层级的领导者都能一同努力应对某事时，就能成功解决诸如公司危机之类的问题。当首席执行官、事业部总经理和部门总监都能以最佳方式领导各自的下属共同应对危机时，就能实现一个较好的平衡状况。这种领导层充分显示了职责差异化特征，这与那家计算机公司的情形恰恰相反，后者的所有领导层在危机时刻只是设法提高销售。框架并不能保证一家公司会成功，但它提高了成功的可能性。

> 因素二，讨论问题的语言。

缺少恰当的语言，组织就不能精确地诊断并解决问题。让我们再以那家每个员工都从事销售的公司为例，这样的举动似乎是在响应领导层的指令，但事实并非如此。确切地说，这是一个轻率的、无差别化的响应。让领导者加速组织内部官僚层级中的产品运营速度，与求助于顾客相比，这可能更好地执行"每个人都去销售"的命令。如果这些新产品更具竞争力，能够提供更高的客户价值，它们就能快速地创造用户需求。但是这家公司并不存在这样微妙的语言。运用领导梯队模型的语言，人们可以从各层级的领导技能、时间管理能力和工作理念方面讨论这个问题。例如，根据这个模型，事业部总经理应该重视未来导向的工作，他应当花时间规划未来。制定五年期的战略规划是一项重要的技能要求。因此，在响应这一销售指令时，他们的一项任务是要规划未来并想出能在现在和将来都促进销量的方法。

运用领导梯队的语言，人们就可以用相同类型的术语（领导技能、时间管理能力和工作理念）来讨论他们的领导层级要求并根据各自的具体职位来界定这些要求。

因素三，评估绩效的标准。

正如我们在第9章中所谈到的，绩效标准有助于领导者制定目标并创建考核绩效的实际措施。这家计算机公司缺少这些标准，这在某种程度上可能是因为他们没有区分各领导层级间的区别。因此对基层管理者的考核与对事业部总经理的考核方法一样。如果以同样的方式考核所有的领导者，失败是在所难免的。用这样的统一衡量标准，领导者们就不会最大限度地履行所在领导层级的特定职责。在这家电脑公司里，衡量每个人的标准都是"出去销售"的成果。这个标准不能有效地从不同角度激励人们或是综合各种资源和方法来处理这个问题。

常见问题

问：人力资源部门该如何运用领导梯队模型来帮助我避免下属领导者的缺陷？

答：人力资源部门应该是你的"预警系统"，要警惕领导梯队的危险信号。因为他们直接参与涉及领导者的众多过程（培训、指导、招聘、晋升）他们通常都清楚不同领导者的态度和行为。比如，他们可以运用领导梯队模型来分辨那些没能正确进行角色变换的人。他们可能在公司中最早注意到新晋升的领导者正努力完成他所在管理层级的领导要求，这些新的要求就像领导梯队模型所描绘的一样。凭借对领导者的全面了解，人力资源部门就能收集有关该领导者的反馈，考察他们业绩的认可程度。人力资源部门可以与这个领导者沟通，也可以与该领导者的上司磋商，提出可能的干预行动。

问：我在人力资源部门工作。如果一位领导者要做出一个错误的人员提升决定而又不听我的劝告，我该怎么办？

答：你有责任将该讨论扩大到上一管理层级。如果上一层级的人也不听劝告，那么就继续往上呈报，直到有人愿意听取为止。一个错误的聘用后果可以从个人快速扩散至团队甚至整个组织。制止这个扩散过程是至关重要的。这要求注重具体方面，如候选人的工作内容或未达到工作要求的绩效结果并分析原因。需要列举事例以说明候选人在不合适的层级工作，或无法改变前一职位的工作理念或其他具体的证据。

问：如何避免可能导致失败的工作设计问题？

答：我们的工作设计会议是一项成功的经验。会上领导者和他的团队以各自的视角分别界定自己的工作并在挂板上记下这些界定内容。有了墙上的挂板，每个队员都能看到每项工作的具体规定。不同工作间的依赖性、要求的服务协议、重叠之处、存在的漏洞、来自不适当层级的工作职责，以及其他信息都清晰可见。来自诸如金融服务业、制造业、采矿业和医疗保健业等不同行业的领导者都能有效地完成这项工作。每个人在工作设计上都有问题，相对简单、易于操作的解决问题的方法会备受欢迎。

一线观察

- 承认一些领导者会出现缺陷是好事，但认为没有办法弥补缺陷则是坏事。工作要求会改变，人们的积极性会减弱，竞争对手会进步。结果就是某些人与应当完成的正确工作发生了错位。应该预测到，错位是在所难免的。虽然缺陷或错位对每个人来说都是不愉快的，但是无视它们会造成惨痛的后果，遗憾的是，这常常发生。我们曾经见到有缺陷的或错位的领导者被组织的其他人孤立起来。这样的境遇极其悲惨，并且对业务造成了损害。遭受失败并且被孤立的领导者在公司内部造成了这样一种局面：沟通、生产、研发、士气和业绩都遭受打击。缺陷本质上是公司层面的问题，应当用适合的方法处理。查清事实，做出适当的调整，消除障碍，如果有必要，撤除现任负责人。如果上司不处理问题，对问题的诊断过程本身多完美也毫无意义。

- 认识到缺乏坦诚是缺陷即将出现的最重要的危险信号。对上司说他们喜欢听的话，不愿将问题摆在桌面上，压制重要的负面信息等都预示着这个组织正出现缺陷，而个人缺陷也会很快出现。虽然本章中没有提到，创造不适当的工作环境是导致缺陷的第五个原因。在此我们要强调，在重要谈话和关键会议中缺乏坦诚会造成容易带来缺陷的环境。当真实的对话发生在会后的走廊中而非会议里，领导者迟早会失败，发展机会将会错失，或者两者兼有。

- 要明白一个职位在领导梯队中的位置越高,领导者就更不可能得到清晰的指导和有意义的职位界定。管理人会接到非常具体的工作信息,事情没有得到正确处理时会收到很多反馈。相反,事业部总经理和公司高管则是"假设应知道这些信息和反馈",首席执行官也一样。这些关键的领导职位要求是复杂的,执行起来也非常困难。随着公司的经营活动越来越不稳定和复杂,对这些层级的工作界定就更为紧迫。我们发现公司需要检查职位清晰度、职责优先权及财务之外的绩效期望。执行检查的高管人员需要有力的支持。董事会应该询问检查情况,首席执行官也要特别谨慎。一个领导者的作为和不作为通常都是受未经测试的职责假设所驱使。除非出现错误或缺陷,否则这些假设不会得到测试。"我以为他知道"是缺陷发生后最常见的评论。不要等到缺陷发生再去检查职责、优先权等内容的潜在假设。

- 注意在更低层级更容易看到缺陷或通往缺陷的途径。考虑这些常见的警示信号:员工、经理整体关着门坐在办公室里,部门总监的门前排着长队,职能经理将所有的时间都花在解决技术难题上。这些领导者正在通往缺陷的道路上。更多的高层领导应该履行职责并观察这些活动,这样他们能够获取领导梯队状况的第一手资料。要认识到问题的根源可能不是某个员工,而是他那做出了糟糕选拔决定的上司,这个上司没有清楚地界定工作或者干脆是位不称职的教练。

第12章
职能主管的职业发展路径

领导梯队模型延展出来的第二个方向是从职能主管向事业部总经理发展。有些职能主管在职能路径上发展,而不是遵循事业部总经理、集团高管、首席执行官这一路径。对大多数在大型公司工作的人来说,这是一个较可行的上升路径,因为被提升为事业部总经理的机会微乎其微。对有些人来说,这种发展路径可能看起来相关性不大。前面我们所讨论过的六个主要层级可能是大家最为关注的,但是,这种职能方面的支路却是大多数人都要经历的过程。之所以将其放在本章,是因为我们曾经遇到一些职能主管反映这样的问题:他们感觉我们的模型缩短了他们的职业路线。

与事业部总经理层级一样,领导梯队的职能分支路线也容易发生阻滞现象,因此采用这种模型以了解领导者需求并且预防阻滞现象非常重要。事实上,大多数组织在第四个层级之上都有大量重要的职能性职位。组织应当制定一个流程来帮助领导者成功地经历他们的领导力发展阶段。

职能路径的领导发展阶段大体上和事业部总经理、集团高管、首席执行官发展阶段类似,但是在集团职能主管和企业职能主管的发展路径中还是存在着重要的差别。我们来讨论一下这些差别具体是什么,以及公司将如何使用每一个领导层级不断变化的领导技能、时间管理能力和工作理念来创建稳固的职能领导层。

集团职能主管

这个职位不同于事业部副总经理,在领导技能、时间管理能力和工作理念方面接近事业部总经理,还包含了集团高管层级的某些因素。一般来说,公司很少会向新的集团职能主管提供必要的培训和教练辅导来帮助他满足这个领导职位的新要求。

在下面三个要求之中,请注意集团职能主管和事业部总经理之间的相似性。

整合 事业部总经理将职能战略纳入到整体的业务计划中,而集团职能主管则将来自每一个事业部的职能战略纳入到集团整体的职能战略中,保证集团公司能够得到适当的支持以实现业务目标。两种类型的经理都试图整合不同的职能战略。

心态:"我们能赚钱吗" 和事业部总经理一样,集团职能主管必须要经历一个从"我们能这样做吗"到"如果我们这样做能赚钱吗"的转变。集团职能主管需要培养并重视以结果为出发点的商业思维方式。这就要求尽可能多的职能细节以评判不同的职能战略，同时帮助集团领导确定某项战略是否能够产生令人满意的业绩。集团职能主管必须要向集团高管提供一份与公司业务相关的评述报告，这份报告有关各项职能战略，以及这些战略现有业务和新业务产生的影响。

矩阵式管理　职能主管通常向集团职能主管和事业部总经理负责，尤其是前者要提供诸如人力资源、财务、信息技术和后勤这样的支持性服务时。集团职能主管制定正式的计划审核以及对聘用决定、奖励和培养计划等内容的审核。事业部总经理通常也要承担这些职责，这就构成了一种矩阵环境。集团职能主管必须要培养卓越的公关和沟通技巧。如果他们不具备这些技能，就很有可能会和事业部总经理产生冲突。也许更重要的是，他们必须像事业部总经理一样学会重视团队在职能方面的整合，花费必要的时间帮助事业部总经理实现职能整合，同时还不能破坏职能的卓越性。

广泛且复杂的要求

事业部总经理大多管理着独立的业务单位，与其不同的是，集团职能主管必须要解决各个单位之间大量复杂的关系。事实上，他们不仅需要承担绩效方面的压力，而且还要在至少五类人或领域上投入时间：

- 集团高管（他们的直接上司）。
- 企业职能领导（他们的职能上司）。
- 集团的事业部总经理（对职能战略提出批评和建议）。
- 集团职能部门员工（他们的直线下属）。
- 各个事业部的职能领导（实施监督，支持发展）。

其中最重要的是，集团职能主管可能也要和其他集团职能经理合作，从而在集团内部互相提供产品或服务。实际上，当集团职能主管向其他集团职能主管传送人力资源、财务咨询以及其他服务的时候，他们就在为这些人提供支持。这就形成了第六个职责领域，正如图12-1中显示的那样。

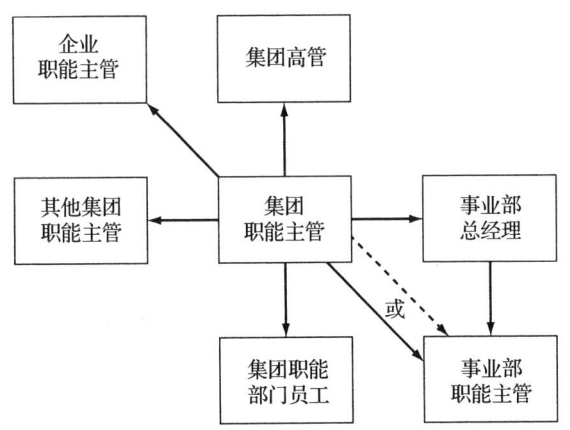

图 12-1　集团职能主管所处理的复杂关系
资料来源：Drotter Human Resources, Inc.

正如你所看到的，集团职能主管要面临与各类人群开展关系的挑战。他们不仅必须了解每一个事业部的战略，还要向每一位事业部总经理保证,职能主管的战略会支持集团和事业部的发展目标。因为集团职能主管要向集团高管以及企业职能领导负责,所以他会承担巨大的压力,也会遇到很多矛盾。要平衡好这两种关系需要具备极大的灵活性,同时,集团职能主管也需要对他们的直接下属和其他职能主管进行管理和培养。

在各种人群和利益之间的斡旋需要在建立关系和制定决策方面手腕灵活,并且知道怎样妥协。集团职能主管必须要学会找到一致的交流基础。如果不能这样,某个事业部或某个交流对象就会感觉受到排斥,并心怀怨言。如果不具备成熟的性格和广阔的商业视野,集团职能主管就会犯下严重的错误。

比方说,他们会允许职能主管在他们和事业部总经理之间无所适从。为了对付两个老板,职能主管的位置非常尴尬。如果职能主管选择了事业部总经理,那么职能方面的关系就中断了。如果他选择了集团职能主管,事业部总经理通常就不再理会这一职能,这不仅会危害职能本身,还会严重影响职能主管的发展。

因此,这个特殊职位应该具备的一个关键技能就是对问题进行预测,在它们还没有爆发的时候就着手解决。请记住,集团职能主管必须要平衡六个关系点。这些点之间错综复杂的关系会产生各种争执。事业部总经理有时候可以暂时回避问题,因为他们处理的关系相对简单。但是集团职能主管不能这样。他们必须要学会管理复杂的关系,准确地发现不同对象的特别需要,将潜在的矛盾扼杀在刚出现的时候。

简的故事

简是一家国际性大型银行零售银行部的集团人力资源经理。她在这家银行有21年的工作经验，受到同事们的尊重。简非常善于处理不同人员之间的关系，这些关系来自：零售银行部的老板（她的上司）、公司人力资源主管（她的职能上司）、她在零售银行部的直接下属、零售银行部的高级经理、零售银行部的人力资源专员以及公司人力资源主管的下属（他们负责激励、培训和招募）。

银行总部从其他银行挖来了一位新的公司人力资源主管，并且要求他对人力资源职能部门进行大幅度的变动。这位新主管首先为零售银行部指定了人力资源标准，这样一来他和零售银行部老板之间就产生了矛盾，因为零售银行部过去一直处于相对独立的状态。

简的处境变得比较麻烦，其他人可能会选择某一方然后开始进行政治投机，还有一些人则试图完全避免卷入这场纷争。但是简身处事发的领导层级，她意识到自己必须平衡各个关系点。为了实现这一目的，她采用了她自己认为"更具可行性"的人力资源标准，并且催促零售银行部的老板采纳一些额外的标准。这种姿态让新的公司人力资源主管颇为满意。不仅如此，她也保护了零售银行部，让其避免了公司人力资源主管提出的不合理的要求。她的这种做法也让零售银行部老板很高兴。

在这两个关系节点上肯定还会发生其他情况，简必须要对各种复杂因素进行平衡，她之所以能成功地完成这些工作是因为她有办法找到双方的交流基础。

简对自己的工作也很有想法,这也是我们将要讨论的内容。在这类职能领导层级上,他们的脑力工作是人们所需要的。在很多情况下,他们为集团高管提供的服务主要是咨询意见而不是产品或者其他内容。他们在很多方面可以为集团高管提供建议,例如,人才选择、人员变动、组织调增、资源分配和新市场进入。思考、分析和战略制定都是脑力工作者的工作。

例如,集团高管通常会被要求制定集团的职能战略。一般来说,集团高管拥有一个关于新业务的概念,并希望能将这个概念推广到新市场。集团职能主管则负责开发实际的计划以推进新业务或新市场的开发。也有可能集团高管想要提升整个集团的职能绩效,所以他让集团职能主管制定一个战略来快速提升职能的总体竞争力。

不管是哪一种情况,集团职能主管都需要具备卓越的思维能力,并且要真正重视思考程序,这是成功完成任务的必要条件。对职能发展的要求进行评估、开发并且通过一种矩阵结构来实施仅仅是必须完成的脑力健身操的一部分。更加艰难的是,这些战略性任务还要求职能主管具备有关新业务或其他不同业务方面的高超经验,以及在不同的时间期限内(严格的时间期限或是周期漫长的项目)的工作能力,以适应任务处理或者培训项目的不同需要。

集团职能主管未尽职的标志

有几种方式可以判断一位集团职能主管是否尽职。请注意我们已经观察到的三种迹象。

第一，举止仿如政客

在处理复杂关系的时候，集团职能主管对所有人都有所承诺，但是却从不兑现（或很少兑现）。一般来说，这类人好像能应对他的六个关系点，但是却无法取悦任何一个。这里有一个很常见的场景：职能主管认为他们的事业部总经理对自己不公，于是寻求集团职能主管的支持；事业部总经理则总是要求更多的职能性支持，他要求集团职能主管提供更好的员工。集团职能主管坚持要求缩减预算，同时进行创新。集团职能主管的同事都在暗中行动寻找帮助，集团职能员工则要求得到更清晰的指示、职位的提升和更好的工作安排。

当所有这些要求全都同时出现时，集团职能主管会做些什么呢？很多经理摇身一变成了政客，他们认为这是他们生存下去的关键。他们不对任何人说"不"。如果你发现了这种"讨好所有人"的行为，或者某位集团职能主管已经有名无实时，那你就需要通过培训和其他开发工具进行干涉，并且要在以下几个方面与之交换意见。

分解复杂关系　集团高管应当与集团职能主管讨论这些关系，并且要强调这些关系必须得到有效经营而不是对付了事。通过例会（例如集团高管的定期员工见面会）来讨论员工职责和各种要求可能是一种有用的方式。想要让集团职能主管来管理所有的关系和要求是不现实的。要管理所有这些预期和要求，就需要有建立在集团战略、业务战略以及职能资源水平上的集体一致意见。比如，确定什么是集团职能主管的合理要求，确定什么样的问题可以交给他处理，什么问题则要交由别人处理。

传授基于业务影响力的优先级设定方法 找到在集团职能主管的六种关系点上经常出现矛盾的优先级。在保持自己的最高优先级方面，集团职能主管需要学会秉持信念。他们应该从集团高管和企业职能主管那里迅速获知业务的优先级，最好是在工作开始的第一周或者第二周就这么做。他们还需要从集团内部的事业部总经理那里获知他的优先级。集团职能主管应该经常检查，保证这些优先级仍然有效。需要强调的是，他们还必须保持自己的优先级，因此他们需要做出果断的决定而不是要取悦每一个人。

第二，过度干涉职能部门经理的工作

注意观察那些不得不退而承担职能主管工作的集团职能主管，有时候他们只是无法忍受这个新岗位所带来的复杂性，于是他们就花很多时间去做那些他们在职能经理时期做的工作。只要看一看他们每一天的日志，你就能发现他们是否完成了自己的领导职责。如果他们看起来在职能主管的工作上耗费了过多的时间或者只是一个人待在办公室里，那么就有可能出现了问题。

为集团层面的工作制定日程 为了避免出现这种退化成职能经理的现象，我们必须要讨论一下两者之间在领导技能、时间管理能力和工作理念之间的差别。因为大多数人在应对具体的目标计划时比较自如，而为了让集团职能主管找准角色而进行"理念"

的讨论，以及为他们所处层级设立目标和工作计划，对大多数人来说却比较难。你甚至可能需要讨论一下目标将如何完成，这样可以得到一个适当的时间分配原则。如果你的公司比较喜欢权力下放，虽然这种情况可能比较极端，但最好的方式就是注重正确的日程安排。权力下放意味着可以自主决定做正确的事情，而不是随意做想做的事情。如果一个人坚持不做某项新工作，他永远不会重视它。

第三，整天围着集团高管转

在集团高管身上花费大量时间也能清楚地说明集团职能主管并未在适当的领导层级上工作。这种情形看起来的确令人高兴，集团职能主管好像是集团高管的得力助手。虽然有些关键业务确实需要集团职能主管花费很多时间和集团高管一起完成，但这种情况只能是例外而不能成为常态。集团高管不是集团职能主管的唯一服务对象，其他人也应认识到你并不是专门为他们服务或者提供帮助的，这样就不会有各种各样的无端要求了。

果断勇敢地制定日程 要帮助一位新的集团职能主管取得成功就必须要帮助他们按照正确的方式分配自己的时间。经理的大部分时间可能都花在处理集团高管方面相似的老问题上。这种情况的原因通常是集团高管无法当即做出决定。集团职能主管需要清楚表达自己的意见："这个问题我们已经深入讨论两次了，现在该是您做决定的时候了。进一步的讨论也无济于事，所以现在不应当再讨论它了。"在这个领导层面上，勇气比友情似乎更有必要，尤其是在时间紧迫的情况下。专属于集团高管的交流并为之提供咨询意见是很重要的，但是可能还有其他同样重要或者更重要的事务需要立即解决。

企业职能主管

这一类型的经理包括企业的首席财务官、首席信息官、总法律顾问、首席人力资源官，以及诸如研发、市场、制造和运营部门（虽然其中有些战略性职能可能由公司总体控制）的领导。和集团高管一样，企业职能主管向首席执行官（或者运营总监或总裁）报告，他们的主要目的就是将自己的职能和公司联系起来，为首席执行官提供支持，发现自己所处领域的新态势。他们负责的工作从绩效标准制定到公司的运作方法和工作理念应用，无所不包。

与集团高管一样，企业职能主管必须重视设定职能发展方向，对其投入大量精力，并且培养那些能够帮助他们有效设定方向的技能。就像你想象的一样，这对于整天纠缠于公司内部复杂关系的企业职能主管来说是一个巨大的转变。现在他们必须要学会服务整个公司而不是自己的职能或业务。企业职能领导层级的关键职责就是了解公司的外部环境以及影响公司的要素，这样才能制定发展计划和应对之策。针对这部分人群，部分来自外部的要求如下所示：

- 认识商业竞争中如何发挥职能的支持以获得竞争优势。

- 了解这种职能在大范围的应用中的发展状况。
- 收集可能伤害公司的事件或行为的信息,或者向集团高管提供你所在的职能领域或一般性领域的发展机会。

另外,企业职能主管也如同集团高管一样,他们也可以从对一个关键层级的领导者培养中获得成就感。就像集团高管培养了事业部总经理一样,企业职能主管要培养职能主管。他们必须要确保适当的培训系统和项目都已到位,而且员工要被安排到合适的部门。处于更高层级的领导者要做的则远远多于集团职能主管,他们必须要制订完整的培训计划。这就意味着从大学招聘到轮岗再到制定绩效标准和升职都是他们的职责。对整个职能培训过程进行评估可能不是处于职能层级低端人员的工作内容。当然,如果他们想要将来在更高的领导层级取得成功,这些都是必须要开始考虑的。

独特的技能要求和工作理念

虽然在某些方面企业职能主管和集团高管有些相似,但是他们有自己的要求,这些要求使其在领导梯队中处于一个较特殊的位置。我们已经讨论过某些要求,其中两个要求对企业职能主管的职责来说绝对是独有的。

首先,这些领导者必须代表整个公司而不是某一项职能。实际上,把首席信息官叫作技术方面的首席执行官,或是把首席财务官叫作财务方面的首席执行官一点都不为过。他们都必须像首席执行官一样对自己的职能领域进行思考和评估。当然，问题是，早期的职能领导却不是这样。过去这些职能领导可能积极支持所有的项目、流程、事件和报酬，它们对职能的发展都是有益的，但是对公司来说可能并非必要。对于那些作为组织高层职能领导的人员来说，这种狭小的视野是不妥当的，而且还会导致严重的后果。想要为自己的职能部门争得一些"公平的分量"会阻滞领导梯队，这会向本职能部门的员工灌输一种与公司领导层相左的观点。因此，被提升到高级职能领导层的员工必须摆脱这种职能层面的工作理念，而转向以公司为重的思维模型。

其次，他们必须重新思考职能的角色，确定职能能为公司做出什么贡献，以及如何实现这些贡献。在新经济条件下，行业沉浮不定，市场变化无常，职能主管的职责也需要发生变化。比如，当国内劳动力短缺的时候，人力资源主管可能需要采取行动来避免不恰当的招募政策。当成本、销售或新产品运转异常时，财务主管必须感知何时财务目标将难以实现。信息技术职能主管需要努力避免某一业务的命令系统无法与其他业务相匹配的状况。企业职能主管需要具备确认职能角色必须修正的眼力和对其进行改变的勇气。

企业职能主管在错误领导层级工作的迹象

我们已经讨论了适用于该领导层级的特有领导技能、时间管理能力和工作理念。出现问题的一个最明显的迹象就是,员工是否拥有错误的价值观或者缺乏某一种关键的技能。下面是其中三类最明显的危险迹象。

围着首席执行官转 企业职能主管可能会和首席执行官频繁接触,尤其是那些权力和影响力都不同寻常的首席执行官。他们会将大部分时间和精力投入到为首席执行官收拾烂摊子。结果,他们就会丧失自己的客观立场,不能解决职能部门正在面对的一系列问题。他们也不再领导或者代表本职能部门。他人也能据此判断这位企业职能主管已经不再适合本职工作。

好出风头 能够让企业职能主管出尽风头、满足其虚荣心的活动包括出席宴会、演讲、参加行业会议、环球旅行和其他活动。虽然对职能主管来说,代表自己的公司与外部打交道很重要,但是他们也有可能因此忽视自己的本职工作。这样他们很难察觉到本职能部门正在面对的挑战。

安于现状 出现这些现象的原因是一些领导者受到职位本身的诱惑力吸引,但是同时又不愿面对职位中某些令人畏惧的方面,例如要重新定义职能的角色或者吸收新的人才。一旦公司中的其他人员不重视企业职能主管,或者他们只是首席执行官的传话筒,他们已经引发了领导梯队的问题。他们需要接受指导和培训,以学会合理分配时间,建立不偏颇的工作理念,同时还要积极关注公司的业务发展。

我们已经讨论了那些在办公室政治、外部公关和董事会等方面深陷其中的企业职能主管,他们因此没有时间阅读、研究或者思考自己职能部门的发展方向。他们也不会花很多时间去思考部门的现状，以及怎样才能使本部门为公司做出更多的贡献。当企业职能主管深陷政治漩涡的时候，他们就与职能部门的发展状况脱节了，并且重要的工作变成了维持现状。他们变得不愿意去改变，因为他们害怕与改变相关的风险。

培养企业职能主管

在这个领导层级上，关键的一点就是自我发展。首席执行官通常会提供方向，但是这一般是不够的。下面的发展建议主要是针对自我发展的，因为这是最实际的开发活动。

尽早获取专家对职能部门的意见 要重视专业的意见而不是自己的判断，这是最基本的要求。专家需要尽可能早地对已经发生的绩效、每个领导层级关键职能经理的技能、职能发展状况以及业务发展的需要进行评估。专家一般都能提供一些启发性的意见，尤其是那些在同一领域内其他公司或是在前几名的知名公司工作过的专家。有了专家提供的信息，你就能更好地就时间、精力和资金的分配做出决策。

与首席执行官以及各个层级的关键领导进行沟通并确认你的计划和目标 首席执行官不是你的唯一客户，公司里的每一个人都依赖于你的职能部门所提供的服务，所以你可以从各个层级获得反馈意见。清楚地认识你的职能部门被其余部门所期望的价值以及你们所能创造的实际价值非常重要。你必须与所有层级的领导都保持联系，否则你就无法管理自己的部门。

个人定期和各层级部门交流　你需要从内部客户那里获取一手信息，他们也需要直接听到你的信息。至少每个月要去与他们交流一次（开始的时候可以每周一次）。不要局限在公司高管层面，要努力使自己深入到各个部门中。

区别紧急事件和重要事件　所有的职能领导都必须要对紧急问题做出回应。当然，送到你办公桌上的事件都会加上"紧急"的标签。你需要确定哪些是真正紧急的事件。虽然处理紧急事件会让你觉得很有成就感，但是这种感觉并不会让你成为一个真正的企业职能主管。你需要关注重要事件，也就是那些会对关键战略产生直接影响的事件。有时候"紧急"仅仅意味着有人想要立刻解决这个问题。查一查是谁以及他为何想要解决它，估计一下要花费的时间。不要将你超过一半的时间用来处理紧急事件。和首席执行官一样，你要对长期绩效负责，所以你一定要平衡好紧急事件和重要事件之间的关系。如果你整天忙于处理紧急事件，就问问自己你在按照谁的日程工作，这对公司战略产生了什么影响，以及你将如何重建平衡。在高级职能层级上的成功经理不会受到短期成效的诱惑，他们知道重视真正的成长，以期取得长远胜利。

常见问题

问：在高层级职能部门，你们最常发现的错误是什么？

答：最常见的错误也就是我们本书里一直强调的错误：仅仅着眼于职

能性工作。虽然高层职能工作非常重要，但是它还是要服务于短期的、长期的业务及公司的成功发展。下面是一些企业职能主管需要回绝的职能任务的例子：追求有关信息技术的最新信息，它们实际上对业务发展没有助益；不加变动地采用培训方提供的现成课程，该课程无助于员工在工作岗位上提升业绩；要求获得那些仅仅满足职能部门需要的冗余信息。高层职能领导必须意识到，他们和其他经理一样需要同时对短期效益和长期效益负责。职能方面的投资、项目、数据需求、报告都应当能够帮助公司在当前和今后的市场上提升竞争力。他们还应该帮助维系公司的长久发展，仅仅满足职能本身的绩效标准是远远不够的。

问：在把我的工作与公司职能部门工作对接时，以及执行某项具体任务时，我怎样才能保证自己处于正确的层级上？

答："全球顶尖的专家会怎样进行这项工作？"这是你应该问自己的第一个问题。你必须要提供高质量的工作成果，而非仅仅完成工作。在很多时候，低标准或者平平的工作表现都很常见。虽然你并非总要按照专家级的标准工作（成本或速度都让这一标准难以实施），但是你应该清楚自己的工作打了折扣，而且你要和工作对象解释你这样做的原因。你需要问自己的第二个问题是："我将如何增加恰当的价值？"你必须清楚你"真正"的客户是谁，而且还要和他们就你要提供的三四个产品进行沟通。客户有权在项目运行方面提出自己的意见。真正意识到你必须增加价值会驱使你自己从终端用户的角度思考问题。第三个问题是："我们可以选择的方案是什么？"假如我们多花些时间进行沟通，假如我们更加清楚自己想要什么，我们的绩效就能够翻番。将你的工作看作一项事业而非仅仅是一个活计，这会产生天壤之别。

问：你们是否听到首席执行官或者企业高管抱怨集团或企业职能部门的工作？

答：最常见的抱怨就是工作没有完成，实际上应该能检查出来的错误却没能发现。没有考虑其他替代方案，想到一个方案就马上提交了。事业部领导需要相信他们的支持性团队，他们真的不想成为纠错员和校对者。工作未完成有很多原因，例如时间紧张、资源缺乏以及聘用了太多新人等。在最新的职能工具没有修订以适应公司需要之前就直接交给首席执行官或者公司高管也是常见现象。

一线观察

- 公司内部的领导梯队模型在职能路径上的阻滞现象非常普遍。将资历尚浅的员工放置在高级员工的位置上似乎是一个可能的原因。我们不是对年轻员工存在偏见，我们承认管理层想要奖励最优秀、最聪明的新员工，而且想要通过将他们纳入到公司管理层来留住人才。但是自从本书出版以来，我们就发现很多处于不合适领导层级的新员工。虽然大多数公司为新员工提供了一些位置以体验1～2年真正的职能工作、学习工作标准，以及拓宽自己的事业，但是公司不应当让这些尚未成熟的员工长期占据这些位置。这些年轻人错估了自己的重要性，并且期待着下一个岗位将会有更重大的任务。实际上，公司里的大部分新员工还不能担负起充分的责任。他们能够提供支持、参与管理、跟进前辈、测算考量、整理校对、出席会议，如是等等。但是要成为一个真正对公司有贡献的员工至少需要20年的经验。大多数这样的工作都需要专家级别的人员完成。因此,年轻人最好一开始就出现在"管理自我"的职位上,在这个职位上他们能够担负起真正的职责,并且通过同辈小组共同发展的形式从中学习并做出贡献。

- 理解业务的运营过程需要一类特定环境,在此环境中每个人必须重视对外的客户服务、了解竞争对手,以及明晰竞争压力。公司领导层级梯队不会提供这样的环境,公司所提供的职位可能看起来是一个比较体面的职业踏板,但是它对很多新人来说也可能是职业陷阱。

- 选择成为一位公司高管的下属并不会阻碍你成为事业部总经理。实际上,担任集团的首席财务官或者集团营销主管将成为事业部总经理有效的准备阶段。你有机会同时了解各个部门的业务,这样你就能进行全面的比较,也可以体验最佳的实践机会。你还可以学习公司高管如何使业务成功的思维方式。同时你也有机会和几位事业部总经理一起工作,并且从他们的工作中汲取经验。所有这些都能为你今后成为一名事业部总经理奠定坚实的基础。

- 采纳公司高管的工作理念能帮助你在集团职能主管的岗位上获得成功。组合战略,帮助事业部总经理成长,将业务和公司整体发展关系起来,承担未尽的职责,所有这些都适用于集团职能主管。很多集团职能主管变成了公司领导的傀儡，他们只关注自己职能部门的工作。虽然职能工作必须要做好，但是这并不是职能主管所有的工作内容。能够帮助公司业务发展的具体工作也是工作的一部分。这里还有很大的学习空间。和集团领导以及事业部总经理进行恰当的沟通，你就能获得真正的业务知识和才能。获得这些业务知识会使你成为更好的职能领导候选人。

- 对于公司更低层级的员工（也就是那些向首席财务官或者首席人力资源官负责的员工）来说，要定位员工在领导梯队中的位置非常困难。就像我们前面提及的那样，这个模型是为所有层级的员工设计的（从新员工到首席执行官）。公司低层员工是其中一个支路，这需要对领导梯队模型进行一定的修改。要分辨职能主管在领导梯队模型中的位置是不是延伸到公司经理层非常容易。

第13章

教练辅导

　　教练辅导所要面对的最大挑战之一就是以富有激励的方式进行沟通，而领导梯队模型则有助于实现这个目标。有时候与人沟通非常困难，即使是和那些高智商的成功领导者也是如此。让他们转变工作理念、提升新的领导技能和调整时间管理能力，不管是打算给"胡萝卜"还是"大棒"，领导梯队模型都是一种具有激励性的工具。如果给"大棒"，领导梯队模型能立刻让人意识到他们在错误的领导层级上工作（对照他们现有的职位）。如果给"胡萝卜"，领导梯队模型则非常清楚地描述了为实现具体的职业目标所需要的行为和态度。

　　领导梯队模型还可以帮助领导者确定自己在领导梯队中的位置。在大多数教练辅导中，有的领导者会提出下面这些问题（虽然可能不完全一样）：

　　　　我处于领导梯队模型的哪一个阶段？

第 13 章·教练辅导

领导者想要给自己定位，想知道他们现在所处的位置，将要去向哪里，以及怎样才能到达目的地。领导梯队中的六个层级定义能够帮助领导者准确定位自己。更重要的是，虽然大多数人在直觉上认为职位头衔是有效的定位标准，但是在领导梯队模型中不是这样的（职位有时候具有迷惑性，在硅谷，几乎每一个人都是副总裁）。从很多方面来说，这六个领导层级都能和心理发展的各个阶段对应起来，比如，儿童的心理发展阶段，它们代表了一个领导者的渐进发展过程，一旦按照这个层级结构将人员进行归类，教练辅导将会变得容易些。

最后，由于领导梯队模型足够简洁明了，它也是一种很好的教练辅导工具。人们很容易就能"掌握"它。领导者意识到，如果他们想要在部门总监层级获得成功，他们需要放弃某些让他们在一线经理岗位取得成功的理念和技能。当然，放弃是一件困难的事情，但是使用领导梯队模型就能相对容易一些，它能够帮助人们意识到，或者是开始思考他们为什么必须放弃那些东西。

教练辅导框架

我们发现，在教练辅导中使用领导梯队模型的一种最佳方式就是采用下述三个问题组成的框架。下面就是在教练辅导课程中需要提出的三个关键性问题以及这些问题的目的（你需要获取与领导梯队相关的内容，如表 13-1 所示）。

表 13-1

问　　题	目　　的
1. 谈谈你的职业发展——你经历的每个职务、工作的具体内容、工作成就、重大挑战和学习状况	1. 找出此人在领导梯队中的位置，此人是不是没有实现某个层级的领导力转型？他是否掌握了每一个领导层级的领导技能、时间管理能力和工作理念
2. 谈谈你现在职位的工作？你所面临的问题、挑战和成就是什么？你的工作日程是怎样的？要完成现在的工作，你主要依靠哪些技能？你在工作中的信念是什么	2. 确定此人是否了解或者掌握了他所处领导层级的领导技能、时间管理能力和工作理念，或者他是否已经开始了解这些要求？根据他们的回答和客观信息（例如，上级的看法、360度评估等）评估此人是否需要进一步的教练辅导
3. 你的职业抱负是什么	3. 根据此人现在的状态和他渴望的领导层级确定未来的培养需求。提供为达到该层级要求需要经历的历练。基于第一个问题和第二个问题的答案，向此人表明，你认为他要实现下一个领导发展阶段的目标是否实际

运用领导梯队模型图示教练辅导领导者，最好是在第二个问题和第三个问题提出之后再开始这么做。一旦你比较清楚地了解了这个人的领导技能、时间管理能力和工作理念，你就可以使用领导梯队模型图了，此人在图中的位置也得以确定。

山姆和琳达的故事

让我们用山姆和他的教练琳达（一名人力资源高管）的例子来说明这个框架。琳达尝试就山姆在领导一家制药公司时出现的问题进行指导。在一位外部教练的协助下，琳达确定山姆具有领导力转型的潜能。山姆四年前在一所名牌大学完成了MBA学位之后加入了公司，他的晋升速度相当快。琳达刚开始对其进行教练辅导的时候，山姆正在领导一个产品开发团队，其中有5位山姆的直接下属，以及公司中其他部门的30位员工。可是，他的团队成员之间关系紧张、整体士气低落。

当琳达第一次见到山姆的时候,她发觉山姆之前从未接受过教练辅导。为了缓解山姆的紧张情绪,琳达强调说,教练辅导只是针对职业发展,其目的是找到影响他绩效的问题所在,并且获得他的承诺通过制订一个发展计划来解决这个问题。琳达首先关注的是山姆的背景和先前的工作经验。她发现山姆刚进公司时是普通员工,后来在一个子公司承担战略性营销工作。在过去的两年里,山姆一直负责该项工作。在他们交谈的过程中,琳达发现山姆已经跳过了第一个领导力发展阶段,他从来没有获得机会发展一线经理的能力。虽然山姆在一个重要的职位上实现了良好的个人业绩,但是他从来没有在一线经理的职位上从事过管理工作。

根据山姆对于问题的回答,以及360度反馈意见,琳达意识到,山姆在管理下级和其他组织成员的时候能力欠缺。虽然他善于传达指令和制定战略,但是他不能有效地提供回馈、设定具体的目标以及处理下属糟糕的工作表现。团队中业绩好的成员对于山姆不能有效处理其他业绩较差的成员感到很是烦恼,因为这些表现欠佳的成员在拖整个团队的后腿。

在讨论了这些问题之后,琳达向山姆展示了领导梯队模型图,并解释了不同的领导力发展阶段的要求。当她解释为什么他被认为是跨越了第一个发展阶段(以及大量年轻有为的员工都错过了这一阶段),山姆的戒心消除了,他也更愿意改变自己。当山姆看到第一个发展阶段所需的领导技能、时间管理能力和工作理念也是其他阶段的要求内容时,他更为迫切地想聆听和学习这些内容。

山姆认为自己的职业目标是"至少成为一名事业部总经理",琳达能够向他展示如何通过教练辅导帮助其实现这一目标。

清晰、完整和令人信服的反馈

与以前相比,如今的领导者越来越期望能对其下属进行教练辅导。我们赞同的一个理论是,通过学习成为一位领导者的最佳方式就是"在职锻炼"。为了从经验中获得最大价值,人们必须得到反馈,并对其进行反思。但是,经理们通常没有接受过如何提供建设性反馈意见的教练辅导,因而很难自如地开展此项活动。他们一般会依赖书本知识以及某些特定教练辅导技术为主的培训(例如,在教练辅导时与教练对象签订一份教练辅导合同),但是,一旦要他们提供进一步开发领导力的看法和具体的行为计划时,他们就无力向前了。

领导梯队模型是一种极佳的反馈载体。为了在教练辅导下属的时候将领导梯队模型的价值最大化,请谨记以下原则。

使用领导梯队模型让对方明确预期 领导梯队发生阻塞的一种情形是,经理们不清楚别人对自己的预期。他们或是没有得到清晰的指令需要做什么事情,或是得到了错误或误导的建议。结果,他们疲于奔命却一无所得,有些人或许干脆离开公司。

掌握了领导梯队模型之后,你就会对教练辅导行为心中有数。在找出了某个领导层级所需的领导技能、时间管理能力和工作理念之后,确定下属是否具备这些特质,以及他们在哪些方面有所欠缺。要保证将他们的行为和态度（不管是在接受教练辅导时自我宣称的，还是通过诸如 360 度反馈之类的其他来源获知的），与领导技能、时间管理能力和工作理念联系起来。例如，"我们希望你能重视教练辅导他人，并且帮助他们获得成功，但是就像你自己说的那样，你最大的职业成就感来自于当你的团队让你失望时，你一个人挽救了整个项目"。

尽量保持简单　　教练辅导一般是按照人力资源管理的模型进行的。将教练辅导变得复杂的不仅仅是人力资源的过错，有时候经理们也会认为使用复杂和过于正式的术语，或者制订烦琐冗长的领导力发展计划很有诱惑力。也许你可能注意到，领导梯队模型依赖于直白简单的语言，这些语言每个人都容易掌握。他们都能知道什么是领导技能、时间管理和工作理念。在讨论成功完成领导力转型的必需条件时，尽量使用这些简单清晰的语言。

全面考虑领导层级的前后关系　　不要将重点局限在某一个领导力发展阶段。我们发现，人们在了解全面的情况后更愿意对教练辅导做出积极热情的回应。不要仅仅谈论某个直接相关的领导层级，还要关注与该领导层级相邻的上下层级，这样你就给被教练辅导者提供了一个发展蓝图的大致框架。我们还发现，分享领导力转型潜能的信息，以及使用第 9 章讨论过的绩效圆圈模型可以帮助你丰富教练辅导内容。

关注少数几个教练辅导项目　　参加教练辅导的人很容易感到疲倦。一个全面的教练辅导模型可能有很多方面的要求。一次关注两个项目，最多三个。在学员们掌握了这些之后，可以再增加两个。记住,学员们都有自己的全职工作。

鲍勃和马丁的故事

让我们来看看这种教练辅导和反馈方式如何帮助一家跨国公司的职能主管。鲍勃是一家大型消费品公司的某运营部门的财务主管。马丁是这个部门的老板,他感觉鲍勃是一个非常出色的财务主管,鲍勃的工作有力地支持了公司的发展,也深受同事的尊敬。但是马丁也意识到,当自己尝试要制定一个新的战略和愿景的时候,鲍勃并没有给予多少帮助。制定战略是马丁的一项主要职责,而且公司面临巨大压力,需要马丁快速制定应对战略。虽然鲍勃对马丁制定的战略很支持,但是他并没有在其中发挥积极的作用。马丁决定对鲍勃进行教练辅导,这不仅仅是因为他需要鲍勃提供帮助,而且还因为他认为鲍勃是公司里最聪明、最具潜力的年轻领导者之一。但是在过去的两年中,马丁已经确信,鲍勃并没有尽力关心公司面临的竞争力问题。

马丁原先和鲍勃讨论过这些问题,他感觉到鲍勃把自己当作是"财务人员"而不是公司的一位"全面合作伙伴"。虽然鲍勃说他尝试改变,但是成效并不显著。之后,马丁开始运用领导梯队模型来教练辅导鲍勃。当马丁向鲍勃介绍领导梯队图的时候,鲍勃首先注意到的就是他已经掌握了所处领导层级的某些要求,他擅长进行财务方面的短期决策,也善于这一领域的长远规划,但是在对业务进行整体思考、长期发展方向和目标确定方面,他感到自己能力不够,他承认这是他所欠缺的地方。

并不是领导梯队模型中的某些文字，而是领导梯队模型的全面框架让鲍勃意识到问题所在。就像鲍勃自己说的，"我从来没有意识到自己是整个领导梯队的一部分，而是仅仅从一个职位的角度思考自己的职责"。鲍勃告诉马丁，他确认自己是公司里"最牛的职能主管"，而且也可能是最好的专业人员。但是鲍勃意识到，从领导梯队模型的角度来说自己并不是最好的，这不仅因为他缺乏某些领导技能和时间管理能力，而且还因为他自己的工作理念停留在一线经理的水平。

这一点让鲍勃大为震惊，他重新认清了如何在现有领导层级上获得全面发展。他还意识到，这些要求是进入下一个领导层级的必要条件。通过领导梯队模型，马丁指出，职能主管的一个共同缺点就是"不重视自己所缺乏的能力"。鲍勃从来没有表达过自己的工作理念，他告诉马丁，他最重视的就是运用自己在财务方面的专业知识来解决公司面临的棘手问题。非但没有重视自己的缺陷，鲍勃还忽视了某些事情的价值，比如，花时间研究公司战略。一直到现在，他一直在避免接触和学习这方面的知识。在知道了这些事情的重要性之后，鲍勃向马丁承诺，他会尝试奋起直追，为公司的全面发展做出贡献。最后，鲍勃和马丁制订了一个非正式（不断加码）的教练辅导计划，计划中指定了公司里三位优秀的战略规划人员，他们将会帮助鲍勃提升其战略思维能力（马丁组织了相关的碰头会，并安排鲍勃参与一个战略开发团队）。在六个月内，鲍勃的战略意识和能力都大大提升，他已经能够在马丁的业务计划会议上自如地表达自己的看法了。

适时放手

很多教练的苦恼在于，人们不愿意改变某些负面的行为和消极的态度。不管教练说什么、做什么，也不管某些人想要改变自己的愿望有多迫切，他们还是会固守某种管理方式。只要那些不愿意放弃在上一个领导层级获得成功的行为模型的经理存在，领导梯队就会因此而阻滞，而教练辅导就是一种帮助他们放弃那些行为的很好途径。

不管你运用什么样的教练辅导技巧，如果你只是进行常规的负面警告或者正面强化，而不往更深的层次教练辅导学员，你的教练辅导效果就不能持久。告诉某人如果他不停止现在的行为方式就会被辞退，或者承诺如果他们改变自己的工作方式就会获得晋升，这些都是远远不够的，或者只是在一段时间内奏效。人们在面对这些警告和允诺的时候只会对短期行为进行调整，他们可能会很快升到更高一个领导层，看起来好像得到了成长，事实上，他们只是带来了更严重的阻滞，因为现在他们仍旧在不合适的领导层上工作，并且现在所在的领导层级更高了。不可避免地，他们很有可能会继续依赖以前习惯的领导技能、时间管理能力和工作理念。教练需要让学员们深刻体会到，为什么他们要放弃这些旧的、让自己感觉舒服的工作方式，还要帮助学员们理解，为什么放弃这些方式对他们的职业发展和企业来说非常重要。领导梯队模型能够帮助实现两个目标。

激发更深入的理解　要求领导者们做出改变有许多"表面"

原因。有人告诉他们，他们的下属并没有对其提供最大的支持，或是他们缺少有效完成工作的重要能力。虽然这些理由很充分，但是并不能对他们产生足够的影响。领导梯队模型为教练辅导提供了一个可以产生更好效果的方法。领导梯队的逻辑有助于让人们认识到，关于改变的要求并不是主观意义上的或是可有可无的。当教练告诉某个领导者必须停止参与直接下属工作的行为时，他可以将这个要求以领导力开发的形式提出来。如果你打算通过第二个领导力发展阶段，需要放弃理念 A 并适应理念 B，必须放弃技能 C 而习得技能 D，必须放弃这种时间分配方式而以另一种方式来分配时间。教练可以告诉领导者他过去、现在和将来的领导角色的合适行为是什么。建立成熟的领导观念，并随着个人发展将"幼稚的"领导方式抛诸脑后，你就能更轻松地抛弃原先秉持的行为。

促进反思 意识到自己未能执行所在领导层级的工作要求会让你非常吃惊。你首先要意识到某件事出错了，但更重要的是要意识到你做的工作比实际所在层级低一级或更多级。领导梯队的概念耐人寻味。教练能够通过指出领导者在领导技能、时间管理能力和工作理念方面的不足，来颠覆他们的自满情绪。请记住，我们在这里讨论的都是最优秀、最聪明的领导者。通常，他们都会沉浸在自己职业生涯中已经取得的成功上。很有可能他们觉得，如果继续之前的行为方式并努力工作，自己的未来还会取得同样的成功。他们需要仔细思考的是，领导力由许多阶段构成，不管出于哪个原因，他们至少在一个领导力发展阶段上已经失败了。

教练需要传达出这样的信息：无论从领导者自身的职业发展还是企业的未来着眼，他们都需要冷静下来，好好思考一下自己属于哪种类型的领导者，以及想成为哪种类型的领导者。领导梯队模型在实现这一目标方面是一个快速、有效的工具。

从领导力发展的角度重新定义教练式领导

教练辅导经常要涉及问题的解决方案。当领导者有一名才华突出但存在诸多问题的直接下属，又想以不同于传统的（通常也是效率低下的）方式与他打交道时，他们会运用教练辅导的方式来处理。所以，他们与直接下属安排好时间，然后尝试以更加"个人的"方式与他交谈。领导者不是以上司的身份与直接下属交谈，而是从心理、情感和职业发展的角度去尝试沟通。虽然这种方式很好，但是仍没有改变这一事实：教练辅导的重点仍然是解决问题。

蒂娜的故事

领导梯队的教练辅导方法确实能够解决个人的问题，但它真正关注的是如何培养全面的领导者。从另一角度来说，各种问题的解决都是基于领导梯队模型这个大的背景。例如，不到一年前，蒂娜升任了某项业务的事业部总经理，她所在的业务部门属于中等规模。之前，在蒂娜还是一名职能主管（销售）的时候就备受关注，她创造性地对职能领域做出了修改，使其更能适应新的、多样化的客户要求。然而，蒂娜不善于从不同的角度思考全面的业务,也就是从"我们能不能做"到"我们该不该做"转变,这对事业部总经理来说是个非常重要的职责。

蒂娜曾在不止一个项目中贸然行动,她迅速调集资源以尽可能快速有效地完成工作,却没有停下来想一想在业务目标的大框架内,这个项目是否值得去做,以及结果是否具备可持续性。蒂娜的上司也注意到,她很少在盈利能力或长期发展问题研讨会议上分享自己的想法,而是仍旧停留在销售导向的战术思维上。

蒂娜的老板使用领导梯队模型对她进行教练辅导。他并没有试图从蒂娜那里获得有关"解决"其问题的承诺,或是质疑她为什么犯这样的错误,而是向她解释了职能主管和事业部总经理在工作理念上的区别,不仅如此,他还谈到了其他领导层级间的工作理念差异。很快,蒂娜就意识到,自己虽然具备了事业部总经理所需要的许多领导技能,但却缺乏适当的工作理念。一旦她意识到她的问题来自于自己的职能性理念,她就会愿意根据自己的新职务重新去评价那些工作理念。经过一番思考,蒂娜开始有意识地做出努力,使用与自己所处的领导层级相一致的工作理念,并且开始改变自己的工作方式。

按照领导梯队模型进行教练辅导,而不是处理最棘手的问题并不总是一件容易的事情。领导者经常会尝试"处理"和解决问题,而不是提高个人的领导能力。为了避免单纯的处理问题的心态,需要通过教练辅导方法重点处理好以下几方面的事务。

帮助领导者全面开发潜能 无论是转变、成长还是熟练,都要围绕这一潜能开发设计教练辅导项目。讨论领导者需要怎样做才能在他们目前所处的领导层上实现这些潜能的看法。不要忘记领导潜能（包括潜能的定义和识别）通常是变化的。

提供可靠的评估结果　要根据领导者的领导技能、时间管理能力和工作理念来确定其在领导梯队中的位置，进而实施有效沟通，即使他们个人的表现尚达不到所在领导层的要求。通过让他们了解怎样才能成为领导者，教练能够培养出他们的领导意识，并且形成开发与领导层级相符的态度和行为的兴趣。

对个人和企业都有益处　当教练将注意力放在问题本身的时候，他们也只是将重点放在企业层面。换句话说，他们实际上是对正在接收教练辅导的人说："如果你们不再引起这样的问题，那么企业就会好起来。"教练式领导应当包括如何帮助员工个人进行自我提升，领导梯队也有助于理解行为的改变将如何使领导者的职业生涯受益。

不过，领导梯队模型是一个能够让企业各层次领导者更方便地接受教练辅导的工具。它清晰的表达方式和视角将有助于教练把自己观点的影响发挥到最大程度。正如我们之前所指出的那样，教练辅导是各级领导者的关键任务。

常见问题

问：在选择教练的时候，我们应该采用什么标准？

答：关键是要有学员所在领导层级的工作经验。另一个重要的标准是有处理现有问题的经验。亲自解决过学员面临问题的教练，其所拥有的实践经验对学员非常有用。其他重要的标准就是要有理解各个领导层级所需要求的知识和经验，清楚地沟通相关知识，建立一种教练辅导关系，以及帮助学员提高自信心的能力。一位优秀的教练应该能够鉴别思想上接受建议和实际上做出改变这两种情况。教练辅导的费用和所在地域并不属于选择的标准。如果教练结果关系到企业成功与否，费用就应该放在次要位置。我们发现，很少有公司按照教练解决现有具体问题的知识水平对其进行评估，而这个因素却比费用重要很多——如果考虑到事关公司命运的话。

问：在进行教练辅导的时候，我们应该什么时候关注现在的工作，什么时候关注未来的工作？

答：在你确信学员已经能够胜任现有工作之前，都要将教练辅导的重点放在当前的职位上。对于那些业绩卓越的学员，可以在教练辅导中加强未来工作。只有在学员业绩远远超出当前职位的预期之后，才能考虑针对未来的潜能开发的教练辅导（也就是针对未来工作的教练辅导）。要确保教练辅导不会让学员在达到自己当前的基本要求之前好高骛远。最具进取心的员工也是最好的学员。不要让学员们过度自信，只有当他们满足当前职位对其的要求时，才促使他们去思考下一个职位的问题。

问：教练辅导和导师制之间有什么区别？

答：教练辅导一般关注的是解决现有工作问题，如何在现有职位上获得成功，其中大概 10%～15% 的重点放在下一个职位之上。导师制则相反，它将大部分的重点放在今后的发展之上（比例占到 80%～85%），只有 15%～20% 的部分关注当前的工作表现。这两个词有互用的倾向，但应该清楚这两者强调的重点有所不同。

一线观察

- 实际中的教练辅导往往质量平平甚至质量低劣。下面是我们发现的一些具体的问题：教练没有相应的资质，没有明确的教练辅导目标以及教练辅导效果评估，工作标准太低，领导者们将自己托付给没有经过严格训练的教练，员工们指望教练辅导能带来神奇效果。在本书第1版中，我们没有具体论述如何才能使教练辅导产生实效并对企业有利。让学员感觉到更好并不是一个真正有效的教练结果。

- 不要低估了教练辅导对成为一名优秀领导者的重要性。本书出版之后，在与公司进行合作的过程中，我们将教练辅导列为领导者职责的一部分，这一点深受各个公司的赞赏。当领导者了解到教练辅导下属能够更为有效地工作，有助于提升公司绩效的时候，他们也更加能够体会到教练辅导的价值。如果要将教练辅导任务交给一家声誉卓著，但对公司情况不够了解的教练辅导机构，公司老板就要亲自参与，否则无法实现教练辅导的价值。聘用一位专业的教练并不能减轻老板的责任。老板必须：①清晰沟通预期目标；②花时间和教练沟通，确保他能够胜任自己的工作；③跟踪教练辅导进度；④对结果进行测量；⑤确定教练辅导任务何时完成，如果没有改善，解聘教练。

- 对教练的选择需要一个好的选拔标准。不幸的是，我们发现，很多领导者都没有这个选拔标准。他们根据：①知名度、②地域是否方便、③教练价格、④中间人或者"教练公司"的推荐来选择教练。领导者们很少根据教练过去参与解决具体问题的成果来选择。我们相信,"多面手"一般鲜有价值。相关问题的专家,例如针对战略规划教练辅导的战略规划专家、从事员工选聘教练辅导的选聘专家等,都是公司的应有选择。如果你不能确定具体的教练辅导需求,你就不应该聘用教练。你可以自己进行教练辅导,直到你确认自己不具备某种技能或能力,或者不能够承担这一教练任务时再去聘用他人。多面手型的教练(他们一般去年在进行高管研究,前年在搞组织开发,大前年的工作又是离职安排)不会有太大帮助。在你想要完成的工作领域拥有经验的教练最有价值,即使他们的教练辅导技术并不完美也没有大碍。这就是为什么你本人可能才是下属的最佳教练的原因所在。

- 人们都高度重视学习,却不重视教练辅导。大多数人都愿意自学却不愿意被人教练辅导。领导者如果将教练辅导作为与下属对话的正常构成,将会取得最好的效果。在和下属讨论某个问题的时候分享一些想法和先前的成功经验,无疑是最具影响力的。其实完全不需要"教练辅导"这个特殊的环节。那些成功进行教练辅导的领导一般都在日常管理中有效地进行了教练辅导。员工们似乎也更愿意接受这种方式。当然,有些员工还是愿意有一个"教练",这表示公司最重视自己,并优先考虑他们的发展。业绩提升是教练辅导的一个关键,老板通常掌握着员工业绩提升的关键因素,而且他完全可以亲自教练辅导下属,不用聘请外部教练以增加公司成本。

第14章
领导梯队模型惠及全员

创建一个领导梯队模型需要的不仅仅是书面的文字和图表,更要求广大员工改变行为方式,尤其是组织最高领导层级的成员。首席执行官、集团高管和事业部总经理都需要审视自己的领导技能、时间管理能力和工作理念。如果他们发现自己没有在正确的层级上工作,就需要自己首先迈出第一步,将领导技能、时间管理能力和工作理念提升到与所在层级相匹配的水平之上。

要实现这些转变可能会面临巨大的阻碍,这会带来一些问题。很多高级管理人员并不愿意改变"让他们到达高层职位"的行为方式。很多企业并不重视对高级管理人员的培训,因此缺乏鼓励行为改变的激励措施和支持。而且,人力资源部门有时并不了解高层管理者的工作,也没有积极参与业务战略和发展要求的制定,所以也无法提供很多必要的支持。

但是,这些障碍也是很容易克服的。领导梯队模型为改变领导及其他员工的行为方式提供了理论和实践指导。我们相信领导梯队理论（六个不同的领导力发展阶段，每一阶段都要掌握特定的领导技能、时间管理能力和工作理念）会让组织和员工对领导层级有不同的认识。当今世界人才争夺战愈演愈烈。领导梯队模型提供了一种在人才竞争中胜出的方式。

不管你在企业的哪个职位上，都可以应用领导梯队模型来思考、谈论和决策如何培养企业的人才。此时，你可能需要说服自己和他人，采用领导梯队模型是很有必要的。一些人可能更愿意花钱去聘请业界明星人物，其他人则对抛弃传统的领导发展模型犹豫不决。

鉴于以上原因，我们来看一个来自万豪国际酒店集团的真实案例，该案例是关于万豪国际如何采用领导梯队模型的，它探讨了在当前和今后阶段，领导梯队模型对企业与个人的多样化收益。在某种程度上，我们已经论述了将合适的人安排在合适的位置上所带来的最大好处：如果领导梯队模型完整且运作正常，企业的整体业绩能得到提升，并且能够实现并保持竞争优势。对于特定的团队和个人来说还有很多其他的积极影响，我们不再详细讨论，这些积极的影响可以帮助你构建并使用该梯队模型。

使领导力开发成为核心竞争力：万豪国际的最佳实践

在新经济时代，房地产巨头万豪国际把自己打造成一个领导人才辈出的企业。万豪国际的成功经验在很多地方都有记述。万豪始建于1927年，最早是A&W汽水特许经销商，现在万豪已经发展成一家拥有180亿美元资产的国际性企业，管理着全球10个品牌下的2000多家酒店、高级生活社区、假日旅馆和行政公寓。万豪国际主席兼首席执行官比尔·马里奥特始终记着其父亲也就是公司创始人的一句话："成功永远没有止境。"他在1997年让总裁兼首席运营官比尔·肖和人力资源主管布伦达·基根在公司内部建立领导力开发项目。马里奥特知道，他需要一个强大的领导人才库来支持公司的快速成长计划，并且为公司在日益复杂和技术网络化趋势明显的全球商业环境中实施竞争行动做好准备。

基根意识到，即使公司在业界因其实力雄厚的管理团队而闻名，但是公司还是需要一个全新的意识和技能基础来推动和强化领导梯队模型。早在1998年的时候，基根就聘请了戴维负责该项事务，戴维是花旗集团人力资源部门高级管理人员，拥有工业和组织心理学博士学位。在花旗集团期间，戴维在该公司的全球化战略转型中发挥了不可或缺的作用，他为公司构建了高水准的领导力开发系统。另外，他还重点采用领导梯队模型，使企业各层级的经理人员都得到培训。随着花旗集团领导力发展系统的不断完善，戴维开始设想如何规划领导力发展程序，使员工、经理以及人力资源专业人士的角色能够形成有效的互补，而领导梯队模型所提供的框架和语言使他的设想变成可能。被聘为领导力发展项目的主管之后，戴维和万豪的同事通力合作，在吸收先前经验教训的同时也找到了最佳的实践方式。他们已经创建了一个既能反映万豪公司文化背景，又能应对全球经营挑战的系统。

马里奥特的努力的确卓有成效，除了建立起一个更宏大的杰出管理人才储备之外，万豪集团很有可能从中获得更多的收益。马里奥特想要得到华尔街的认可，他的股票估值要能够和其他著名品牌比肩，而不是仅仅限于宾馆行业。如果注意到这些知名品牌的影响力以及在盈利方面的经营记录，就会更加清楚如何成为这样的品牌。最近的研究显示，"管理质量"已经成为投资决策中一个越来越重要的因素。这可能是因为投资者认为一个拥有稳固、明确的领导梯队的企业更有可能创造持续性的利润。一个企业的"领导品牌"可以成为当今投资领域中极其有价值的一项资产。因此，马里奥特在领导力开发上的创新举动以及万豪在全球的品牌地位和经济实力能够保证公司在未来的良性发展。

万豪的领导力开发系统是建立在共同而又朴素的信念、实践和语言之上的，它们之间相互依存，并且拥有一个共同的领导梯队模型基础，因此强劲有力。

万豪领导力开发系统的一个根本原则是，一个公司的高级管理团队的素质会对人才梯队产生最重要的影响。与此相关的第二个原则是，高级经理们必须在开发下属层级的人才储备方面担负责任。总裁兼首席运营官肖本人就参与其中，实施直接领导职责，他亲自负责开发人才储备。他的每一位直接下属也都这么干。万豪国际250名最高级职位的候选人都参加了一个结构化的领导评估面试。评估面试、选拔程序以及新任领导的培训规划都以工作说明作为指导。

万豪领导力开发工作的第一项举措就是建立人力资本执行委员会。委员会由总裁兼首席运营官主持，其成员都是公司最高级管理人员，他们负责制定业务战略、经营其他形式的资本（例如财务资本）以及做出重要决策（例如企业收购）。与麦肯锡公司1998年的人才战争研究中所提出的准则一致，万豪已经将领导力开发提升到企业最重要的议事日程上来。委员会积极参与公司未来领导的确定、评估和培训，并且参与战略和政策的制定以强化万豪领导梯队。

万豪领导力开发系统的基石就是领导才能开发细则（LTDI）。这个开发细则是一套程序，万豪可以使用这个程序来评估各领导层人才的实力，确定当前已经做好准备能够获得晋升的经理。这个程序能保证所有经理的领导力开发都与领导梯队模型所设定的一致。万豪最初在250名最高级经理中使用了LTDI，现在这一细则已经推广到企业所有领导层级。

万豪的高级人力资源经理应掌握以下专业技能：管理人才的评估和开发、拟定工作规范以及诊断阻碍或促进员工绩效的组织问题等。万豪业绩优秀的高级一线经理都逐步接受此类技能培训。这是因为大家都意识到这样一个事实，那就是在新经济中，人力资源的有效性，尤其是领导人才的培养，将是决定竞争力的确定性因素。人力资源经理和一线经理的培训都要从领导梯队模型的使用开始。

万豪的领导力开发系统为经理们提供了工具，帮助他们对稀缺的培训资源做出合理的分配。在大多数公司里，这一决策都要求领导力开发的理念发生转变。万豪并不是主要依赖外部的教育或是最新、最时髦的理论，其领导力开发系统重点使用工作中的实际情境来促进经理的发展。而且，经理们被培训成从投资回报率的视角来考虑职业发展问题，同时将实现预期业绩目标的可能性考虑在内。这就保证了培训资源以一种最优化的方式得以配置。根据领导梯队模型所界定的该培训对象所处的领导层级，以及该层级的特定职责要求，这个员工及他的经理应当识别机会用以展示和强化新的领导技能、时间管理能力以及工作理念。经理应该发挥优秀的教练作用，并对下属的进步给予反馈。在这个过程中还要重点给那些"已经准备好了"的高绩效者安排新的并且更具挑战性的任务。外部和内部的培训项目都可以用于辅助在职的培训过程。

除了使用领导梯队模型作为领导发展系统的框架，万豪还创建了一个精简的高管竞争力模型，用于描述 250 名最高级经理的具体工作业绩。简而言之，竞争力模型是按照下面的等式制定的，该等式由领导力开发领域内的顶尖专家开发：

$$领导有效性 = 特质 \times 结果$$

例如，为了实现其运营的规模优势，万豪要求其领导者与他人开展合作，共享资源以提高下属的绩效。万豪已经重新调整了公司的高级经理培训课程，并且将领导梯队模型以外的外部课程以及万豪的高层竞争力模型整合在一起。

也许万豪的最突出之处在于创建了一个可测量的领导力开发系统。万豪通过使用一系列的网络工具，使得员工们能够输入自己过去的职业经验、目前的工作挑战、培训需求以及职业理想的信息，他们的经理和同事们则可以提供关于领导竞争力和相关管理技能的信息。万豪还使用一个网络化的心理测量工具来获取关键员工的信息，如创造力和自信心。在人才讨论环节，高级经理需要将各种信息资源整合起来，讨论所有经理的培训过程，确定那些能够承担更艰巨任务的高绩效人员以及那些还需要提升各方面能力的员工。拥有人才评估经验的人力资源专业人士会展开针对后者的深度面谈。在整个面谈过程中，应该以"什么培训活动将会带来最大的投资回报"为主线（尤其是关于一些最珍贵的培训资源配置，例如时间管理活动和挑战性的任务）。由于领导梯队模型对于不同层级的职责要求做出了界定，这一模型可以用于面谈过程。

深度面谈要综合运用通过信息技术和讨论环节搜集到的信息。除了证实最近的工作绩效以及确定面试者的技能能否与其领导层级相匹配之外，面谈的重点还包括评估那些对高层领导者的有效性产生重要影响的因素：学习的敏锐性，当今快速变化的商业环境要求领导们勇于探索，能够快速学习，适应下一个工作情境；处理逆境的能力，因为高绩效者通常要能够克服工作中的障碍，而不是将其作为失败的借口；情商，由于今天的技术发展已经使得与其他人合作变得更为重要。

在全面的领导力开发理念倡导下，万豪努力调整其他相关的程序和机制。例如，由于领导梯队模型的质量取决于基层领导人员的素质，万豪已经运用一种"组合管理"的方式来保持与大学的关系，促进校园招聘工作。按照这一方式，万豪对几个相关领域进行了评估，例如新录用学生的留任情况，以此来确定资源的分配并且提高高校顶级人才的招聘效果。这里有另一个例子，1999年万豪举行了第一个全球性女性领导会议，2000年主办了一个类似的活动，活动主题是多样化的领导。最后，与很多其他大公司一样，万豪正在努力创建以网络为基础的管理层招募和学习系统，这个系统能够以更高的效率更有力地实现多种功能，同时将资源重新分配到能产出更高价值的活动中去。

工作进展非常迅速，因此也强化了公司对该项工作的信心和决心。在短短几年内，通过高层领导者的努力、高素质员工队伍的支持以及领导梯队模型的强大力量，公司取得了巨大的进步。

使得人才发展更加简单可行

人人都在谈论人们应该如何对自己的个人发展负责，但并不是每个人都能说清楚如何负责。同样，每个企业都有一些极具发展潜力的员工，组织将他们安排在发展快速的职位上，但是"极具发展潜力的人"这个概念本身并没有什么意义，尤其是从发展的角度来看。一个具有很大潜力的人可能与另一个具有极大潜力的人有不同的培训需求，但是由于他们的职位接近，组织将他们赋予同样的培训内容。

让我们来看看领导梯队模型解决这些问题的两种方式。

建立共通的语言 "潜能""开发"以及"全面绩效"都是软性的、不清晰的概念，在真实的管理情境中实际用处不大。领导梯队模型对这些概念做了更清晰的定义。例如，领导梯队模型将潜能分成转型、成长和熟练三种类型，这种具体的划分更容易确定员工未来能够胜任的工作。很多时候，我们能看到两个人（通常是一位高层管理者和他的直接下属）在琢磨继任计划时，对继任者的潜能问题争论不休。他们发生争执并不是因为缺乏对候选人的了解或者不尊重对方的意见，而是因为他们对潜能的定义以及该职位的要求所持的观点不同。如果他们能够将潜能定义得更为具体，就不可能出现这种争论（可能也不会出现有关继任者的糟糕决定）。同样，与每一个人探讨六个领导层级和相应的特定领导技能、时间管理能力和工作理念，这将为员工提供一种有效的方法以确定他们是否有效地完成了自己的职责。

建立一个自我管理的框架 诚实的自我评估和对业绩差距的个人感知都能够强有力地推动自我发展。然而，不幸的是，大多数企业都缺乏一种使自我评估简单易行的体制，也没有制度确保能够给员工带来信心，相信自己工作的方式符合公司的预期。一旦企业把领导梯队模型当作黄金准则并传达给每一位员工，领导梯队模型就能提供通用的评测方式并且识别相应的职责要求。一位经理能够很快地确定为了向下一个领导层级发展，他需要掌握哪些领导技能、时间管理能力和工作理念。他还能够立刻确定自己是否具备当前层级所要求的领导技能、时间管理能力和工作理念。放眼全球，我们常常能看到有些经理全力以赴接受新的挑战性任务，以发展他们的领导能力。但是我们还发现，有些经理不愿意承担这些任务，原因是他们认为公司可能不欣赏他们的努力或是因为他们不确定自己是否在做正确的工作，缺乏一个有效的框架来指导他们做出正确的决策。

向董事会提供见解和信息

到目前为止，关于领导梯队模型如何协助董事会成员的讨论还很少。我们必须要探讨领导梯队模型如何以不同方式支持董事会工作，尤其在决定首席执行官的接班人选方面。最近几年，董事会在选择首席执行官的时候总是办事不力，大量首席执行官失败的例子可以作为佐证。我们发现，如果董事会使用领导梯队模型来解决以下问题，他们就能选出更合适的人选。

缺乏首席执行官职位的工作规范　在考虑首席执行官的继任问题时，董事会本能地将重点放在继任人选身上而不是该职位的要求上。由于董事会成员通常都是现任或者退休的首席执行官，他们通常觉得自己知道这个职位的职责要求是什么。虽然这些职位的要求有相似之处，但是由于公司文化差异、竞争环境以及面临的具体挑战不同也会导致不同公司的首席执行官职位职责要求有很大的差别。领导梯队模型的第六个阶段可以用于确定首席执行官的具体职责要求。公司可以运用该阶段所必需的领导技能、时间管理能力和工作理念来对候选人进行评估。董事会可以进一步添加一些组织的特定要求，并且调整职责的要求。但是领导梯队模型的标准很客观，不受董事会成员过去担任首席执行官时的工作经验的影响。

只考虑首席执行官职位　首席执行官的继任计划不应该仅仅

是选择一位新的首席执行官的问题，尤其是在当前高度复杂且多样化的环境中。要实现最高层的有效领导，需要团队合作，董事会应该将首席执行官和他的直接下属视为一个团队。然而，出于很多原因，董事会往往只重视首席执行官这个职位。评估和审核高层管理团队对董事会来说似乎是一个艰巨的任务。领导梯队模型降低了这一任务的难度。董事会可以使用不同领导层级的职责要求（包括领导梯队的职能分支）来评估高层管理者、首席财务官、人力资源主管和其他领导。至少董事会可以很快了解到谁能胜任自己的领导角色，同时还可以了解到谁可以朝着首席财务官、高层管理者等层级发展。

忽视了更大运营系统的健康　即使董事会在决定首席执行官继任人选时，考虑到了其他高层管理者，他们通常还是会忽视更大范围内的继任问题。董事会是领导梯队模型的管理者，他们需要时刻警惕确保梯队模型自上到下都运作正常。董事会不仅要解决高层管理者的任命问题，还需要经常提出以下问题确认员工是否正准备通过六个领导发展阶段。这些问题包括：

- 公司要采取什么措施来确定不同领导力发展阶段的合适人选？
- 公司应该怎样帮助员工通过这些发展阶段？
- 公司应该何时以及如何对每一个领导力阶段的领导技能、时间管理能力和工作理念进行评估？

我们已经发现，将领导梯队作为人力资源委员会工作的一部分,将能更好地保证各层级都有稳定的人才储备。

下面我们来讨论领导梯队模型对六个层级中的个体的益处。

首席执行官

显然,如果一家企业各个领导层级的业绩都非常良好,首席执行官也会从中获益许多。任何能够避免陷入人才争夺战,"发展自己的人才"的企业都将享受到梯队模型的最终益处,负责推行这种新的领导方式的首席执行官将会得到股东们的嘉奖。领导力方面的优势也是股价上涨的根本驱动因素。

领导梯队模型还可以作为企业领导的风险管理工具,很多首席执行官都清楚新产品、新服务所带来的风险,而且大多数首席执行官都在投入新产品之前就进行了适当的准备工作,例如市场研究、质量检查、实验品测试等。这些活动有助于管理风险。奇怪的是,企业在做出重大的人员选择决策时却不会运用同样严格的风险管理方法。部分原因是企业不十分了解自己的员工,以至于在提升某位员工时并不清楚相关的风险。他们没有意识到这位获得晋升的员工需要新的技能、时间管理能力和工作理念,而且,如果他缺乏这些素质或者不愿意开发这些素质时,将会产生很大的风险。

比如,企业要将一位职能主管提升为事业部总经理。要实现从职能经理到事业部总经理的转变有很多困难,其中一个难题就是学习如何将职能计划和行动结合起来,以一个统一协调的业务团队来工作。为了有效地完成这一整合,事业部总经理必须重视所有的职能。要想管理这个领导发展阶段的风险,首席执行官就应该向高层管理者询问以下问题:

- 关于新的事业部总经理,事业部副总经理从他们的感受中怎么看?
- 他负责的从概念到用户的新产品开发工作做得怎么样?
- 他的业务规划是否正确地反映了每一个职能部门的贡献能力?
- 我们有什么实例来证明他是否恰当地完成所在领导层级的工作?

基于以上问题的答案,首席执行官可以制订一个计划以解决这一层级的员工所遇到的(或可能遇到的)任何显性问题,从而管理其中的风险。领导梯队模型为首席执行官提供了一种工具,它要求高层管理者对事业部总经理的领导力发展负责。如果高层管理者不能回答这些与领导技能、时间管理能力以及工作理念相关的问题,表明他们没有培养事业部总经理——这是高层领导者的一项关键要求,企业将面临极大的风险。因此,风险存在于高层管理者层级而不是事业部总经理层级。不管怎样,领导梯队模型都能确定真正的风险在哪里。

领导梯队模型的另一个益处是职能部门的绩效将能够大大改善。一个企业的盈亏取决于职能人员是否很好地完成了自己的工作。但是在很多情况下,职能部门的运转有很多问题,原因是在所有的领导层级上都不需要对职能方面的运行状况负有足够的责任。领导梯队模型则向每一个领导层级传达需要完成哪些工作以及如何完成这些工作，这就保证了各领导层级担负起上述责任。表14-1是不同领导层级在职能方面的责任要求，可以作为指南。

表 14-1

项 目	责 任
岗位上有合适的人员，工作定义清晰	一线经理，企业职能经理
员工训练有素	一线经理
教练辅导和反馈促进绩效改善，适时地给予适当的奖励	由部门总监培训的一线经理
工作衔接恰当，并且在不同的职能以及业务之间实现整合	部门总监
将适当的技术领先作为职能战略的一部分	职能经理的战略
出于正确的动机传达清晰的业务战略，拥有适当的可用资源	事业部总经理
明晰职能未来的可能要求	集团职能主管
使用适当的标准，包括承担保护企业的免疫系统的职责	企业职能主管

集团高管

企业这一层级的领导者最有资格为事业部总经理选择继任者。实际上，高层管理者有时候会逃避这种责任，因为他们不知道如何承担这种责任。如果领导继任问题是偶然性的，或是企业的一项特殊活动，高层管理者就会很乐意允许人力资源部门来承担这项事务。然而领导梯队模型清楚地确定了每一个领导层的职责要求，这就充分推进了继任计划的制订。确定继任人选这个看似艰巨的任务就变得简单易行。

我们还发现，领导梯队模型让高层管理者受益良多，因为该模型使高层管理者的职责更加明晰。相对于其他层级的领导，高层管理者更不清楚自己的职责所在。他们尤其不清楚自己与企业领导和事业部总经理之间的职责区别。高层管理者与其上下级之间的职责经常会出现重叠和断层。有了领导梯队模型，高层管理者可以清楚地知道自己在组织中承担什么责任。

事业部总经理

这个领导层负责创造短期利润，以及制定实现长期成功的策略。因此，事业部总经理特别重视收入和成本。领导梯队模型可以为任何企业预防或者减少最大的一部分成本：员工在错误的层级上工作。让员工在正确的层级上工作不仅能够减少交易成本，还能压缩需要完成这些工作的员工人数。消除不同层级之间的职责交叉和责任断层能够提高业务运作效率，从而可以用更少的人员来完成更多的工作。

同样重要的是，要顺利地通过该领导阶段是极其困难的，来自高层管理的教练辅导有助于加速这一过程。但是在大多数情况下，事业部总经理都没有受到这一教练辅导。相反，新的事业部总经理往往会被派去参加为时几周的企业总经理培训课程。无论这种培训是否有效，当事业部总经理回到自己的工作岗位，只能依靠自身的努力开展工作，而且总是显得力不从心。领导梯队模型规定高层管理者要给予事业部总经理教练辅导和指导，而且明确了一点，那就是企业高管必须重视并且投入大量时间在事业部总经理的教练辅导工作上。

事业部副总经理（职能主管）

从事业部副总经理到事业部总经理是非常有挑战性的，很多事业部副总经理不能应对这种挑战，因为他们不了解实现这一转变所需要的领导技能、时间管理能力和工作理念。而领导梯队模型让他们明确其职责要求是什么以及他们应该制定什么样的职业发展目标。领导梯队模型特别指出了领导成熟度的重要性。梯队模型还有助于他们做出重要的职业生涯发展决定，尤其是关于他们想在今后从事职能方面还是业务领导方向的工作。当职能主管清楚了不同的发展方向所需要的特定要求后，就能做出更理智的选择。

部门总监

这可能是所有领导职位中最毫不起眼的了，某一个职位越不显眼就越需要更多的自我管理工具。有很多部门总监都深陷身份危机：他们不清楚自己职位的责任是什么，更不知道如何履行这些责任。领导梯队模型清楚地指出部门总监应该重视对一线经理的培训和指导——作为人才的开发者，他们要发挥领导梯队模型的优势。他们必须帮助员工个体实现角色转换，适应自己的第一份管理工作，而且要保证这些新经理能够重视自己的管理职责。

如果没有领导梯队模型，很多部门总监就不知道自己的工作是什么以及如何完成这些工作。通常企业会对一线经理、职能主管和事业部总经理进行培训，但是却遗漏了部门总监。部门总监只要看看自己在企业领导梯队上的角色和位置就会有很强的目标感，也会更清楚自己的职业发展方向。

一线经理

一线经理在决定成为一名管理者时必须清楚地知道某些事情，领导梯队模型也会迫使他们弄清这些事情，这就是他们是否已经确立某些理念、发展某种技能并且对自己的日程做出相应调整？当他们面临这些变化时，一般都会问自己，我真的想要成为经理吗？如果他们不想面对这些变化，他们只会成为追求金钱和地位的经理，而且在这个领导层上也不会有好的工作业绩。

从职业发展的角度来看，领导梯队模型对一线经理也是很重要的。一线经理总是对自己如何规划职业生涯以及他们的工作表现是否够好疑惑重重。一线经理可以用领导梯队模型来评估自己的绩效。领导梯队模型还可以指出要掌握下一层级所需的技能需要接受哪些培训和开发。

柔性领导梯队模型适应组织的变化

我们已经讨论过，六个领导力发展阶段和相应的领导技能、时间管理能力和工作理念并不是一成不变的。即使是现在，我们发现还需要对一些要求进行小小的修改以适应特定组织环境。在一些企业里，五个领导层级更能精确地反映企业的实际领导层级情况，在另一些企业，可能需要七个领导层级。我们要强调的是，对领导梯队模型的修改不仅是可以的，而且要想方设法去修改，使其更好地适用于企业的结构和文化。

实际上，我们发现，经过一些局部修改的领导梯队模型尤其适用于三类组织，它们都不遵循传统的商业模型。我们来简单探讨一下这种模型是如何解决电子商务、医疗保健和大型组织的领导问题的。

电子商务 由于电子商务企业的领导者大多来自旧的经济形态，因此这些企业在新经济时代将会面临很多风险。随着规模不断扩张，企业需要领导者具备传统业务方面的能力——战略能力、运营效率等。领导梯队模型为它们提供了风险管理的工具。领导梯队模型可以确定不同领导职位的具体要求而不是仅仅找到某些拥有类似"头衔"的人。对领导者来说，要改变旧经济形态下的工作方式，采取与新经济相适应的工作方式是很难的。但是如果使用正确的选择标准，这种转变也会变得更加简单。

医疗保健 首席执行官失败在这个行业是很常见的现象。我们不需要费时讨论 HMO 及其他医疗保健公司的问题。医疗保险行业，尤其是医生这个群体、医院和 HMO 都极其需要更好的领导模型。这个行业要求领导者提供更清晰的指示，提高服务的效率，实现有效的案例管理，并且和合作伙伴建立稳固关系。因为医疗保健行业的很多领导者都被当成医生来培训，他们一般都缺乏领导技能和培训能力。领导梯队模型能够帮助这些医生了解向新的领导层晋级所需的技能、时间管理能力以及工作理念。这个模型还有助于他们意识到自己没有得到很好的开发的方面，并且向他们提供一个确定和规划自己发展方向的路径图。

大型企业 尤其是在电子通信、汽车或者金融服务行业，由于企业间合并、收购和合作所导致的规模扩大而产生了史无前例的领导问题。过去从来没有出现过这样巨大、这么具有国际性而且极具竞争力的企业，因此关于如何有效运作这种巨大的企业仍然存在很多难题。

其中一个问题就是企业合并时会出现领导职位的冗余。一般情况下，一位领导留下，另一位就要离开，但是做出谁去谁留的决定一般并不是根据领导能力而是受公司政治的影响。有时候，甚至是随机做出这种决定的："我们从 A 公司那里留下 10 位领导，但是 B 公司只留了 4 位，因此现在我们必须再保留 B 公司的三四位经理。"同样，如果这两个公司的领导体制不同，通常会出现领导标准和领导方式的冲突。

领导梯队模型能够将各领导层级要求标准化，也能帮助企业挑选出最适合某个职位的员工。

最后，也许领导梯队模型最大的价值就是它提供了一种框架，企业可以基于这个框架建立新的组织结构，也可以以这个框架为指导对既定的组织结构进行调整。今后，我们所讨论的六种发展阶段都有可能发生变化。由于电子商务几乎影响了每一个企业，其他大的趋势也促使企业开始重新定位，确定必须要做的事情，领导力发展阶段当然也要做出变化以适应这种趋势。然而，无论外部环境怎样变化，领导梯队模型始终是有效的，因为它的核心内容是能够经历时间考验的：领导要经历几个发展阶段，每个阶段都有特定的工作理念、领导技能和时间管理要求。领导们绝不能跳过其中任何一个阶段，因为他们要在企业中承担更多的责任，施加更强大的影响力，如果他们处于不合适的层级，领导梯队就会发生阻滞现象。

掌握了领导梯队模型，任何企业都可以开发属于自己的人才，并且在当前和未来都能够实现领导能力的最大化。

常见问题

问：我们如何从领导梯队模型中获得最大收益？

答：你必须使用企业自身的术语、领导力发展阶段和业务目标来界定你自己的领导梯队模型。正如前面提到那样，这样做的企业在绩效和发展方面都取得了明显的进步。本书致力于在这方面给予指导，下一本书则会提供更多的内容，因为它有更多的关于"如何实施"的内容。在我们和企业合作的过程中发现，那些根据本企业的实际情况对领导梯队进行修改的企业相对于那些没有这么做的企业会获得更多的益处。与篮球及其他任何竞技性活动一样，商业只有在实践中才能看到效果。

问：在小型企业中推荐使用领导梯队模型吗？

答：很小的企业，比如说个体户或者仅仅是一位领导管理几名员工的情况，不会从领导梯队中获得多少益处，除非这个企业正在快速成长或者正准备这么做。随着企业的发展壮大以及领导层级的增加，企业所有者要学会转变。我们的客户年收入从200万美元到1000亿美元不等，他们都从领导梯队模型的表述、界定和诊断中获益良多。小型成长性公司看起来获益最大，因为它们过去没有对职员的任务进行专门化界定。这个模型能够让小企业的经理最大限度地获得员工支持。

问：最让人担忧的是哪个领导力阶段或领导层级？

答：虽然有关领导发展阶段的关注焦点都在首席执行官、事业部总经理以及其他经理身上，其实最大的问题存在于职能主管层面。要发现这一领导层级的问题较有难度。职能主管只要成功地解决了技术难题，并且在争夺资源的过程中领导本职能部门获胜，就会被认为是成功的。然而，职能主管要避免陷入日常的职能工作中，他们应当致力于开发竞争优势。他们应该授权下属去解决艰巨的技术性问题。职能主管通常会重视职能工作而非企业的发展成败，这往往会对公司的业务发展不利。

> **一线观察**
>
> - 我们发现，本章提及的万豪国际公司的案例仍能提供一定的参考价值，尽管时间已经过去相当久。案例中提及的一些人有的已经退休或者职位发生了变化，但是他们仍在采用优秀的领导力开发方法和惯例。虽然2001年的"9·11"事件以及2008年开始的金融危机导致旅游

量下降，万豪国际仍保持着良好的发展态势。

- 使用领导梯队模型的领导者会明显地感觉到这一模型在两个领导层级特别重要。越来越多的人意识到不同领导层之间的区别可以成为明晰工作职责和工作重点的有力工具，这一点可以应用到所有的领导层，尤其适合部门总监和高层管理者。大多数企业都没有对这两个领导层级进行很好的界定。多数企业都认为这两个层级是领导发展的过渡阶段，并没有将它们看成是可以带来巨大价值的职位。团队管理和事业部总经理这两个职位可能最难找到合适的人选。而部门总监（面向团队管理者）和集团高管（面向事业部总经理）在确定这两个职位的继任人选时发挥着至关重要的作用。另外，他们可能而且事实上也确实会在很大程度上导致新任团队管理者及事业部总经理失败。

- 每一个领导层的人力资源部门人员都会告诉我们领导梯队模型在他们的工作中的应用情况。他们一般会使用"我们的领导力发展圣经""我们的北极星"以及"我们的地图"这样的词来形容领导梯队模型。很多人力资源从业者都了解，他们并没有固定的一整套的工作程序，例如财务人员工作所需的总账、预算程序以及成本核算系统。行为科学理论在某些方面有一定的效用，但是它不能阐释领导者的工作，或者帮助人力资源人员了解业务情况。它不能自发生成有用的管理框架。领导梯队模型就是企业人力资源管理的核心框架。领导梯队模型对全公司产生的一个巨大益处就是它可以帮助将人力资源的项目和服务结合起来。它还可以帮助所有其他职能部门和事业部了解到企业中的人力资源要素以及各部门应该如何发挥作用。

- 领导梯队模型和相关术语已经录入商业词典，这说明了语言在思考和讨论中的重要价值。实际上，领导梯队模型的语言已经越来越普遍地应用于继任计划、领导力发展和教练辅导。当然语言表述之间存在着差别，因此有关企业的人力因素的思考以及讨论也会不同。我们已经发现了这种问题，但还没有很好的解决方案。很高兴能帮助大家创建领导梯队模型，即使它可能只是后见之明，但是我们已经开始了解到它真正的价值所在。

致　　谢

我从众多高层经理培训项目学员那里学到了非常多的知识，这些项目包括高管培训项目、企业内部项目（通用电气、联合利华、杜邦、福特和其他企业），以及大学开发的培训项目（哈佛大学、哥伦比亚大学、沃顿商学院、西北大学、杜克大学和宾夕法尼亚州立大学）。在此，我对它们深表谢意。

过去几年中，密歇根大学的 Noel Tichy 教授和 Patty Stacy 对我在这一领域的研究也有重要的启发。

与首席执行官们在一起工作的经历给我带来了很多启发，因为他们对员工非常了解（员工什么能够做得最好，他们在哪方面有缺陷），并且不受偏见和华丽辞藻的干扰，他们懂得如何培养领导者，同时，他们的信任对我的研究是必不可少的。在此，我对他们表示衷心的感谢。

拉姆·查兰

Walt Mahler 向我介绍了《领导梯队》一书所传达的观念。为了便于我能够充分地理解，他结合生活中的例子认真地为我讲解。

《领导梯队》在实践中的成功应用证明了本书的价值。我要向成功应用这一概念的人们表示感谢：南加州 Edison 公司的 Tom Flanagan，盖普的 Sam Wassaerman，BAT 公司的 Jane Howard 和 David Burrell，QR 有限公司的 Lance Hockridge、Jo Best 和 Tracey Waters，美国癌症治疗中心的 Steve Bonner 和 Matt McGuire，可口可乐希腊公司的 Doros Constantinou 和 Bernard Kunerth，Aker Solutions 公司的 Kjetil Kristiansen 以及微软的 Carrie Olesen。

我的一些成功推介领导梯队模型概念的同事和朋友包括 Barry Venter、Peter Ivanoff、Adriana Gontariu、Terry Gilliam 和 Greg Waldron。

Barbara Kostka 将我的草稿整理成可供阅读的手稿，他的工作非常棒。

斯蒂芬·德罗特

在组织如何开发那些对它们的成功至关重要的领导潜能方面，很多人对我的思想过程有着影响。不过，有一个人不仅对我的思想，同时也对我的职业生涯影响很深，他就是拉姆·查兰。拉姆·查兰非常出色，他在其岗位上帮助了许多人，能和他一同编写这本书使我感到非常荣幸。

此外，我还要特别感谢 David Dotlich，他在我担任顾问期间为我提供了很大的帮助。David 把我介绍给 CDR 国际的两名合伙人 Steve Rhinesmith 和 Peter Cairo，他们对我在培训和开发方面的思想也产生了一定的影响。最后，我要非常感谢 Neil Johnston，我非常享受与他共事的岁月。

有许多客户为我提供了很多能够带来个人乐趣的工作机会，在此我要感谢你们所有人。

最后，感谢我的妻子 Sarah，她对我非常重要。感谢我的孩子 Allison 和 Amy，以及 Amy 的丈夫 Ted、我的外孙子 Jeb，是你们赋予了我生命的意义。

詹姆斯·诺埃尔

翻 译 说 明

本书专业性很强，专业词汇较多，译者基于多年企业管理经验，通过与通用电气、联想集团等全球知名企业的高管人员探讨，对关键术语进行了反复核对，并考虑中文使用习惯进行意译。为了帮助读者更好地理解本书，特整理出两类关键术语的翻译说明，供读者参考。

领导者在六个领导力发展阶段都需要发展的三个方面：

- skill（requirement）——领导技能，本书着重强调的是领导力的发展，所以 skill 特指领导技能。
- time application——时间管理，即时间的应用和配置。
- work values——工作理念，直译为"工作价值观"，按照通常的说法其实就是工作理念。

从员工到首席执行官六个领导力发展阶段的称谓：

- managing self——管理自我，即"个人贡献者"。
- managing others——管理他人，即"一线经理"。

- managing managers——管理经理人员,即"部门总监"。
- functional manager——管理职能部门,通常是"事业部副总经理",在特定地方也翻译为"职能主管"。
- business manager——管理事业部,即"事业部总经理"。
- group manager——管理业务群组,即"集团高管"。
- enterprise manager——管理全集团,即"首席执行官"。

商业模式的力量

书号	书名	定价	作者
978-7-111-54989-5	商业模式新生代（经典重译版）	89.00	（瑞士）亚历山大·奥斯特瓦德（比利时）伊夫·皮尼厄
978-7-111-38675-9	商业模式新生代（个人篇）：一张画布重塑你的职业生涯	89.00	（美）蒂姆·克拉克（瑞士）亚历山大·奥斯特瓦德（比利时）伊夫·皮尼厄
978-7-111-38128-0	商业模式的经济解释：深度解构商业模式密码	36.00	魏炜 朱武祥 林桂平
978-7-111-57064-6	超越战略：商业模式视角下的竞争优势构建	99.00	魏炜 朱武祥
978-7-111-53240-8	知识管理如何改变商业模式	40.00	（美）卡拉·欧戴尔 辛迪·休伯特
978-7-111-46569-0	透析盈利模式：魏朱商业模式理论延伸	49.00	林桂平 魏炜 朱武祥
978-7-111-47929-1	叠加体验：用互联网思维设计商业模式	39.00	穆胜
978-7-111-57840-6	工业4.0商业模式创新：重塑德国制造的领先优势	39.00	（德）蒂莫西·考夫曼
978-7-111-55613-8	如何测试商业模式	45.00	（美）约翰·马林斯
978-7-111-30892-8	重构商业模式	36.00	魏炜 朱武祥
978-7-111-25445-4	发现商业模式	38.00	魏炜

拉姆·查兰管理经典

书号	书名	定价
47778	引领转型	49.00
48815	开启转型	49.00
50546	求胜于未知	45.00
52444	客户说：如何真正为客户创造价值	39.00
54367	持续增长:企业持续盈利的10大法宝	45.00
54398	CEO说：人人都应该像企业家一样思考（精装版）	39.00
54400	人才管理大师：卓越领导者先培养人再考虑业绩（精装版）	49.00
54402	卓有成效的领导者：8项核心技能帮你从优秀到卓越（精装版）	49.00
54433	领导梯队：全面打造领导力驱动型公司（原书第2版）（珍藏版）	49.00
54435	高管路径：卓越领导者的成长模式（精装版）	39.00
54495	执行：如何完成任务的学问（珍藏版）	49.00
54506	游戏颠覆者：如何用创新驱动收入和利润增长（精装版）	49.00
59231	高潜：个人加速成长与组织人才培养的大师智慧	49.00

关键时刻掌握关键技能

《纽约时报》畅销书,全美销量突破400万册
《财富》500强企业中的300多家都在用的方法

推荐人

史蒂芬·柯维 《高效能人士的七个习惯》作者
汤姆·彼得斯 管理学家
菲利普·津巴多 斯坦福大学心理学教授
穆罕默德·尤努斯 诺贝尔和平奖获得者
麦克·雷登堡 贝尔直升机公司首席执行官

樊登 樊登读书会创始人
吴维库 清华大学领导力教授
采铜 《精进:如何成为一个很厉害的人》作者
肯·布兰佳 《一分钟经理人》作者
夏洛特·罗伯茨 《第五项修炼》合著者

关键对话:如何高效能沟通(原书第2版)(珍藏版)

作者:科里·帕特森 等 书号:978-7-111-56494-2

应对观点冲突、情绪激烈的高风险对话,得体而有尊严地表达自己,达成目标

关键冲突:如何化人际关系危机为合作共赢(原书第2版)

作者:科里·帕特森 等 书号:978-7-111-56619-9

化解冲突危机,不仅使对方为自己的行为负责,还能强化彼此的关系,成为可信赖的人

影响力大师:如何调动团队力量(原书第2版)

作者:约瑟夫·格雷尼 等 书号:978-7-111-59745-2

轻松影响他人的行为,从单打独斗到齐心协力,实现工作和生活的巨大改变